PINCAMP: SUCHEN. BUCHEN. CAMPEN.

Camping-Vorfreude statt Urlaubsstress: *Auf PiNCAMP (www.pincamp.de), dem Campingportal des ADAC, können Camper ihren Urlaub von der Inspiration über die Campingplatzsuche bis zur Buchung bequem und kostenlos planen.*

Auf der Suche nach dem passenden Campingplatz ist PiNCAMP die richtige Adresse für alle Camper. Das Campingportal listet über 11 000 Campingplätze in ganz Europa, mehrere Tausend können davon direkt online gebucht werden. Camper erhalten somit auf PiNCAMP einen perfekten Überblick, welche Campingplätze in ihrer Wunschregion noch frei sind, und können sich direkt ihren Platz einfach und schnell online buchen. So steht dem nächsten Campingglück nichts mehr im Weg.

Um Camper bei der Urlaubsplanung bestmöglich zu unterstützen, bildet die europaweit einheitliche ADAC Klassifikation die perfekte Grundlage zum Vergleich von Campingplätzen.

Die ADAC Klassifikation basiert auf der objektiven Bewertung durch die ADAC Inspekteure. Diese geschulten und erfahrenen Camping-Experten durchleuchten regelmäßig 6000 Campingplätze europaweit einheitlich auf Basis eines standardisierten Fragebogens mit über 200 Messkriterien. Das Ergebnis ist eine objektive Analyse der Qualität von Ausstattung und Angebot. Die besten Camping-plätze mit einer 5-Sterne-Klassifikation erhalten die Auszeichnung ADAC Superplatz. Ein Platz mit zwei Sternen muss aber nicht automatisch weniger attraktiv sein als ein Platz mit vier oder fünf Sternen. Camper müssen sich lediglich darauf einstellen, dass Infrastruktur und Ausstattung bei wenigen Sternen einfacher gehalten sind. Aber manchmal sind gerade einfachere Plätze die charmanten Geheimtipps. Alle in diesem Buch vorgestellten Campingplätze wurden mit größtmöglicher Sorgfalt ausgewählt und bilden ganz bewusst das volle Spektrum der Sterne-Klassifikation ab. Campingplätze ohne Sterne sind ganz neu in der Datenbank und wurden noch nicht von ADAC Inspekteuren besucht.

Für genauere Informationen steht am Ende der Platzbeschreibung ein Link zu pincamp.de, dem Campingportal des ADAC. Dort gibt es alle Details, die für die Auswahl eines Angebots hilfreich sind. Viel Spaß beim Sichten und Auswählen!

Willkommen in der Straußwirtschaft: Im Sommer öffnen die Winzer ihre Höfe zur Einkehr – wie hier in der Pfalz (Rheinland-Pfalz ab S. 158, Pfälzer Weinstraße S. 230).

INHALT

DER KULINARISCHE CAMPINGFÜHRER

BEI DEN SCHÖNSTEN GASTHÖFEN KOSTENLOS ÜBERNACHTEN

von
Gesa Noormann und Katja Hein

Zu allen fünf Genusstouren in diesem Buch stehen für Sie GPX-Daten zum kostenlosen Download bereit. Einfach den nebenstehenden QR-Code scannen und losfahren!

»Eine gute Küche
ist das Fundament
allen Glücks«

Auguste Escoffier (1846–1935)

KULINARISCHE GESCHICHTEN

CAMPINGPLÄTZE

AUSFLÜGE

TOUREN FÜR GENIESSER

LIEBE LESERINNEN, LIEBE LESER,

Herzlich willkommen in Ihrem KULINARISCHEN CAMPINGFÜHRER!
Auf den folgenden Seiten erwarten Sie köstliche Entdeckungen, herzliche Gastwirtinnen und -wirte, Wissenswertes und spannende Geschichten und Anregungen rund ums Essen und Trinken auf Ihren Reisen mit dem Wohnmobil oder Campervan. Im hinteren Umschlag finden Sie die zum Buch gehörige Vignette. Mit dieser dürfen Sie bei den teilnehmenden Gastwirten kostenlos eine Nacht mit Ihrem Wohnmobil stehen. Bei einigen wenigen im Buch vorgestellten Wirten ist die Übernachtung nicht kostenlos – trotzdem wollten wir Ihnen diese feinen Adressen nicht vorenthalten. Die entsprechenden Wirte sind klar gekennzeichnet. Unseren kleinen kulinarischen Camping-Knigge für die Nutzung unserer Gäste-Vignette finden Sie in der vorderen Umschlagklappe.

Die letzten Jahre waren keine einfache Zeit für viele Gastwirte und -wirtinnen: Beschränkungen und Reiseverbote haben große Verluste verursacht. Ein Lichtblick dabei war die lebendige Community der Wohnmobil-Fahrer und -Fahrerinnen. Durch die begeisterte Aufnahme von Angeboten wie dem »Womo-Dinner«, bei dem man eine feine Mahlzeit im eigenen Wohnmobil serviert bekommen konnte, hat die Womo-Community einen Beitrag geleistet, Wirtinnen und Wirten durch die letzten Jahre zu helfen. Die Idee zu diesem Buch ist aus der dadurch gewachsenen Solidarität der Gastronomie und der Wohnmobil-Gemeinschaft entstanden.

Aufmerksamen Lesern wird es nicht entgehen: Ein paar Regionen kommen im Buch noch nicht vor, in Sachsen-Anhalt und in der Schweiz haben wir noch keine Gastronomen gefunden, die an unserem Angebot teilnehmen ..., aber das kommt noch, versprochen! Der KULINARISCHE CAMPINGFÜHRER von PiNCAMP, dem Camping-Portal des ADAC, wird in den kommenden Jahren wachsen und sein Angebot immer weiter ausbauen – und wenn Sie, liebe Leserin, lieber Leser, Gastwirte kennen, für die unser Konzept spannend sein könnte, oder falls Sie selbst Wirt oder Wirtin sind – dann melden Sie sich bitte direkt bei uns unter der E-Mail-Adresse: **kulinarisch-campen@ graefe-und-unzer.de**

Nun bleibt uns nur noch, Ihnen allzeit sichere Fahrt zu wünschen – und unterwegs stets einen guten Hunger!

Ihr Redaktions-Team vom KULINARISCHEN CAMPINGFÜHRER

Entlang der Deutschen Weinstraße (S. 230) verbinden sich Landschaftsgenuss mit kulinarischen Entdeckungen.

Schleswig-Holstein und Hamburg

Willkommen im hohen Norden!

Die Nähe zum Meer der beiden nördlichsten deutschen Bundesländer lädt nicht nur zu zahlreichen Ausflügen ein, sondern findet sich auch auf dem Speiseplan wieder: fangfrischer Fisch. Außerdem gibt's Grünkohl mit Kochwurst, Holsteiner Katenschinken oder auch Hackgrütze – mit regionaler und saisonaler Gemüsebeilage.

SCHLESWIG-HOLSTEIN UND HAMBURG

DEUTSCHE KÜCHE

1 2

REGIONALE SPEZIALITÄTEN

1 2 3

BIO/VEGETARISCH

2 3

CAMPINGPLÄTZE

1 – 4 s. S. 16

Bild vorangehende Doppelseite: Die kulinarische Entdeckungsreise beginnt in Schleswig-Holstein, dem Land zwischen Nord- und Ostsee, wo nach einem Tag an der Seeluft heimelige Gasthäuser ihre Regionalküche präsentieren.

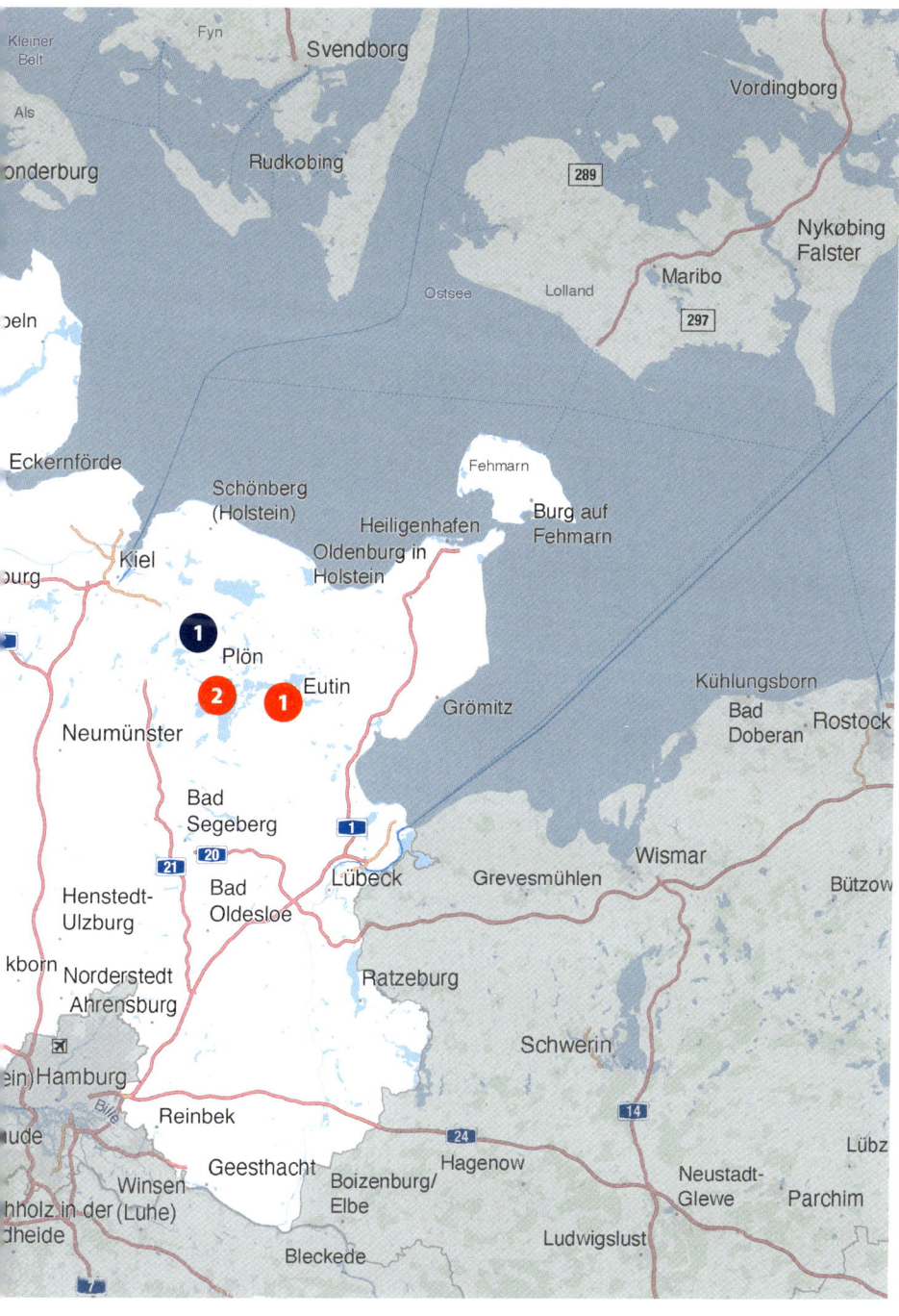

① FLAIR HOTEL NEETH

Preetzer Straße 1–3
24211 Lehmkuhlen, OT Dammdorf
Tel. 043 42/823 74
info@neeth.de
www.neeth.de
🕐 Mo, Di, Do–Sa 17.30–21,

Sa, So 12–14 Uhr, Mi Ruhetag
GPS 54.249418, 10.310770
➜ B76 bis Preetz, Richtung Süden
auf die L211 abbiegen, nach ca. 1 km
links abbiegen und ca. 2 km auf
Rethwischer Weg

Hauptgerichte 17–26 € – Deutsche Küche, regionale Spezialitäten.
Das Hotel Neeth hat wie jedes Flair Hotel einen ganz eigenen Cha-
rakter und spiegelt auf besondere Weise die Region wider. In dem familiengeführten Haus wird Nachhaltigkeit großgeschrieben, so kommen bei der hochwertigen deutschen Küche vor allem regionale Produkte
zum Einsatz: Eier aus artgerechter Tierhaltung und frei laufende Martinsgans vom Bauernhof Thormäh-
len, Kartoffeln vom Hof Kröger in Postfeld, das Schweinefleisch für die Filetspitzen aus Norddeutschland
und die Galloway-Rinder für den Burger von den Flächen des Stiftungslandes Schleswig-Holstein. Auch
für Gemüsefans bietet die Karte viele fleischlose Alternativen – wie alle Gerichte stets frisch zubereitet.

🏕 Auf dem großzügigen Restaurantparkplatz befinden sich zwei Wohnmobilstandplätze. Von hier aus
lassen sich die Schusterstadt Preetz und die Holsteinische Schweiz mit ihrer Seen- und Hügellandschaft,
die von Lübeck über Eutin und Plön bis nach Kiel und zu den Ostseestränden reicht, perfekt erkunden.

🚐 2 Plätze ⬜max. 7,5 t, 7 m ☺ 4 €/Tag 📡 nicht vorhanden WC gratis, nur zu den Öffnungszeiten 💧 kein
Frischwasseranschluss, keine Entsorgungsmöglichkeit für Grauwasser und Bordtoilette ℹ **Keine Reservierung er-**
forderlich. Hunde willkommen. Spielplatz. Schöne Spaziergänge möglich. Guter Ausgangspunkt für Radtouren.

---

② LANDGASTHOF ACHTRUPER STUBEN

Ladelunder Straße 24
25917 Achtrup
Tel. 046 62/77 52 24
info@achtruper-stuben.de
www.achtruper-Stuben.de

🕐 Mi–So 16.30–21 Uhr, Mo, Di
Ruhetage. Anreise bis 20.30 Uhr
GPS 54.793558, 9.026625
➜ B199 bis Schafflund, ca. 12 km
auf der L300 und K101 bis Achtrup

Hauptgerichte 6–30 € – Regionale Spezialitäten. Deutsche Küche
mit Liebe zum Produkt, serviert in gemütlicher, lockerer Atmosphäre:
In den Achtruper Stuben genießt man klassische Gerichte, die durch feine Details und erstklassige Zutaten einen modernen Twist bekommen. So gesellen sich Granatapfel zum Salat, Wildkräuter zum Ziegenkäse und Limonen-Seitlinge zu geschmorten Ochsenbäckchen. Wer Deftiges bevorzugt, nimmt Hähn-
chenburger oder Bauernfrühstück mit rohem Schinken, Gurke und Eiern. Für Vegetarier und Veganer
stehen wechselnde Gerichte wie Zucchinispaghetti oder Linsenbratlinge oder -burger auf der Karte.

🏕 Die Standplätze für die Wohnmobile bestehen aus festem Untergrund und liegen direkt am Landgasthof hinter dem Festsaal. Eine Tankstelle mit Backshop befindet sich genau gegenüber, hier gibt es
Brot und Gebäck fürs Frühstück. Aus der gasthauseigenen Manufaktur kann man frische, im Glas
eingekochte Spezialitäten mit nach Hause bzw. ins Wohnmobil nehmen.

🚐 3 Plätze ⬜max. 7,5 t, 7 m ☺ gratis 📡 nicht vorhanden WC gratis, nur zu den Öffnungszeiten 💧 Frischwasseranschluss, keine Entsorgungsmöglichkeit für Grauwasser und Bordtoilette ℹ **Reservierung erforderlich**.
Speisen/Getränke zum Mitnehmen. Hunde willkommen. Schöne Spaziergänge vom Gasthaus aus möglich.

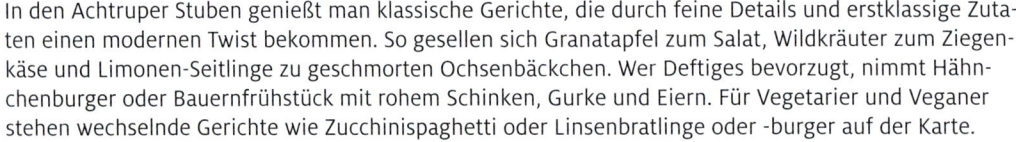

③ BERGER'S LANDGASTHOF

Dorfstraße 28
25917 Enge-Sande
Tel. 046 62/31 90
info@bergers-landgasthof.de
www.bergers-landgasthof.de
🕐 tgl. 16–22 Uhr,

Anreise bis 19 Uhr, an der Hotelrezeption anmelden
GPS 54.726682, 8.981543
➡ B199 bis Stadum, ca. 6 km auf
der L4 und K113 bis Enge-Sande, dort
rechts abbiegen auf Dorfstraße

Hauptgerichte 18–35 € – Regionale Spezialitäten. In diesem nord-
friesischen Kleinod dreht sich alles um frisches nordisches Design
und eine ideenreiche regionale Küche. Im Zentrum stehen die im eigenen Garten angebauten Wildkräuter, die alle Speisen um eine würzige, ursprüngliche Note bereichern. Je nach Saison sorgen
kulinarische Schwerpunkte wie die Spargel- und Erdbeerzeit oder das Galloway-Rind-Festival für
Abwechslung auf dem Speisezettel. Auf keinen Fall sollte man die frischen, selbst zubereiteten Kräuter-
limonaden, Kräuterliköre oder die friesischen Teespezialitäten verpassen!

🚐 Ihr Nachtquartier beziehen Wohnmobilbesitzer auf dem gekiesten Hotelparkplatz, der sich 100 m
vom Restaurant entfernt hinter dem Haupthaus befindet. In der Umgebung können sportlich Aktive
Rad fahren oder wandern. Wer Muße und Entspannung sucht, verbringt einen gemütlichen Strandtag in
Dagebüll oder Schlüttsiel. Anhänger des »grünen Sports« können auch Golf spielen.

🚐 2 Plätze   🔲 7,5 t, 7 m   ⊙ nicht vorhanden   📡 nicht vorhanden   🔲 nicht möglich   ⚓ Kein Frischwasseranschluss, keine Entsorgungsmöglichkeit für Grauwasser und Bordtoilette   🔋 Keine Reservierung erforderlich,
max. eine Nacht. Hunde willkommen. Waldgebiet direkt hinter dem Haus, schöne Spaziergänge möglich.

NOLDE MUSEUM IN SEEBÜLL

Einer der bekanntesten Künstler des 20. Jh.
ist Emil Nolde. Als Meister der Farbe zeichnet er sich durch ausdrucksstarke, leucht-
kräftige Werke aus und hat insbesondere
dem Aquarell eine ganz neue Wertigkeit
verliehen. Als typischer Vertreter des Ex-
pressionismus strebte auch Nolde nach einer Einheit von Leben und Kunst, die er in
seinem im Bauhausstil gestalteten Wohn-
und Atelierhaus in Seebüll realisierte. Das
heute hier untergebrachte Nolde Museum
gibt von den religiösen Arbeiten bis zu den
farbintensiven Aquarellen und Druckgrafi-
ken einen anschaulichen Einblick in das Leben und Schaffen des Künstlers.

Nolde Stiftung Seebüll
Seebüll 31, 25927 Neukirchen, März–Okt.
tgl. 10–18 Uhr, www.nolde-stiftung.de

Bei Ebbe tummeln sich die Krabben in den Prielen, mit Netzen lassen sie sich leicht fangen.

AUSFLÜGE IN SCHLESWIG-HOLSTEIN

MIT DEN KRABBEN IM WATT

Man kann seinen Urlaub im Norden Deutschlands natürlich mit einem Buch in der Hand am Strand der Nordsee verbringen. Wer aber mehr über die Flora und Fauna dieses einzigartigen Ökosystems wissen will, wandert das Watt entlang – am besten mit einem Profi an der Seite. Bei der Wattführung mit Krabbenfischen etwa (www. watterleben.de) steht das Leben der Tiere in und am Priel im Vordergrund. So steht man dann mit nackten Füßen im Schlick, die salzige Nordseeluft weht einem um die Nase, und man erfährt, welche Muschelarten es gibt, woran man einen Wattwurm erkennt – und was die knochenharte Arbeit der Krabbenfischer für die Region bedeutet. Und man staunt, welche kleinen Geheimnisse die Nordsee noch so in sich birgt. Ebbe, Flut, Artenreichtum, Sturmflut, Küstenschutz und Deiche – schon die ersten Meter werden zu einer Reise in die Gezeiten. Am Ende wissen auch Binnenland-Bewohner zwischen Priel und Siel, zwischen Koog und Hallig zu unterscheiden. Noch ein Tipp: Wer mit Kindern unterwegs ist, sollte für die Tour Eimerchen und Kescher nicht vergessen, denn hier lässt sich vieles entdecken.

AUF ZWEI RÄDERN VON HAFEN ZU HAFEN

Die gut 40 km lange Fahrradtour von einem Hafen zum nächsten gilt als eine der schönsten Routen auf Fehmarn. Zunächst geht es vom Hafen Fehmarn-Orth aus quer über die Insel Richtung Staberdorf und von dort entlang der Steilküste in Richtung Katharinenhof. Das blaugraue Meer verschmilzt am Horizont mit dem Himmel, Möwen spielen mit den Wellen – ein Traum vom ewigen Urlaub. Am Waldpavillon (www.waldpavillon.de) lockt den Urlauber verheißungsvoll die Speisekarte, also kehrt man kurz ein. Danach aber geht es gleich weiter über Marienleuchte. Man verlässt den Küstenweg und fährt links nach Puttgarden. Im Hafen lässt es sich dann gut den Sehnsüchten nach Ferne hingeben. Fähren kommen, Fähren gehen: Am liebsten würde man jetzt selbst auf eines der Schiffe steigen und aufbrechen ins Unbekannte; vielleicht ein anderes Mal. Ein letzter Gruß also, Schiff ahoi, zurück aufs Rad mit dem Ziel: Burg auf Fehmarn. 6000 Einwohner zählt Fehmarns größte Stadt. Der Wind pfeift um die Nase, und nachdem man sich das Meereszentrum angeschaut hat, macht man einen kurzen Schlenker in den Hafen von Burgstaaken. Nach einer weiteren Rast hält man sich wieder östlich und ist dann beinahe schon wieder am Ausgangsort zurück – und noch immer scheint auf der »Sonneninsel« die Sonne.

Radfahren auf Fehmarn ist wohl die schönste Art, die sonnenreiche Ostseeinsel zu erkunden.

Naturcamping Spitzenort bietet Wohnmobilisten Logenplätze ganz nah am Wasser.

CAMPINGPLÄTZE

Naturpark-Camping Prinzenholz
★ ★ ★ ★ ☆

1 Der familiär geführte Platz am See lädt zum Entspannen ein. Das Gelände, das in Terrassen angelegt und durch unterschiedlich hohe Hecken und Bäume aufgelockert und unterteilt ist, schmiegt sich in ein großes Waldgebiet, das sich am Westufer des Sees erstreckt und zu endlosen Spaziergängen einlädt. Zum Platz gehört auch eine etwa 25 m lange und bis zu 10 m breite Sandbucht, an die sich eine kleine Liegewiese anschließt – perfekt für einen geruhsamen Badetag am See. Wer sich vom Liegestuhl lösen kann, leiht sich ein Kanu oder ein SUP-Board und paddelt über den See oder von Bucht zu Bucht. Ein Kiosk am Campingplatz versorgt die Gäste mit frischen Brötchen fürs Frühstück und regionalen Bio-Produkten und bereitet auch kleine Mahlzeiten zu.

▶ Prinzenholzweg 20, 23701 Eutin, Tel. 045 21/52 81, Anfang April–Ende Okt., GPS: 54.16, 10.6022
■ pincamp.de/sl8300

Naturcamping Spitzenort ★ ★ ★ ★ ☆

2 Der Campingplatz bezaubert durch seine traumhafte Lage im Herzen der Holsteinischen Schweiz und direkt am Plöner See. Das ebene, durch Büsche, Hecken und hohe Laubbäume gegliederte Wiesengelände erstreckt sich auf einer Landzunge und ist an drei Seiten von Wasser umgeben. In das Platzgelände ist ein Wohnmobilhafen mit eigener Zufahrt integriert. Direkt am Platz befindet sich das Wassersportzentrum Plön mit Segelschule, Kanu-, Kajak- und Bootsvermietung. Von hier aus startet man auch zu einem Sightseeingerlebnis der besonderen Art, einer Stadtführung per Kanu durch das Städtchen Plön. Ein angenehmer Badetag lässt sich am naturbelassenen Grasufer mit mehreren kleinen Sandbuchten, zwei Badestegen und Badeplattform verbringen.

▶ Ascheberger Straße 76, 24306 Plön, Tel. 045 22/27 69, Anfang April–Ende Okt., GPS: 54.147283, 10.398567
■ pincamp.de/sl8500

Nordseecamping Zum Seehund ★ ★ ★ ★ ★

3 Die gepflegte Anlage am Wattenmeer direkt hinter dem Deich ist ideal für Naturliebhaber und Menschen, die, umweht von frischer Nordseeluft und fernab von Straßen und Autolärm, eine Auszeit brauchen. Das ebene, von Laubbäumen begrenzte Wiesengelände ist durch Büsche und teils hohe Hecken in Standplatzfelder unterteilt. Auf der Landseite grenzt an den Deich ein ca. 7 ha großes Rückhaltebecken mit Bademöglichkeit. Nur einen Katzensprung ist es zur Nordsee, hier wartet ein etwa 40 m langer und 5 m breiter Sandstrand mit vorgelagertem Schilfgürtel auf Badefreunde. Große und kleine Wattwanderer können an geführten Wanderungen teilnehmen.

▶ Lundenbergweg 4, 25813 Simonsberg, Tel. 048 41/39 99, Anfang April–Anfang Nov., GPS: 54.455333, 8.972150
■ pincamp.de/sl900

Comfort-Camp Eider ★ ★ ★ ★ ★

4 Der familienfreundliche Campingplatz befindet sich vor den Toren des Nationalparks Schleswig-Holsteinisches Wattenmeer und setzt mit Ökostrom, Pelletanlage, Solaranlagen und vielen anderen umweltfreundlichen Features auf Nachhaltigkeit. Das ebene, teils mit Gräben durchzogene Wiesengelände erstreckt sich hinter dem Deich und ist durch Büsche in Standplatzfelder gegliedert. Für Wohnmobile gibt es auch Übernachtungsplätze vor dem Deich, hier warten zwei separate Wohnmobilhäfen. Für Wohnmobilbesitzer, die für einen Ausflug in die Umgebung vom großen Gefährt auf ein kleines umsteigen wollen, gibt es einen Pkw-Verleih (Smart).

▶ Am Freizeitpark 1a, 25832 Tönning, Tel. 048 61/61 71 48, ganzjährig geöffnet, GPS: 54.311033, 8.937067
■ pincamp.de/sl1400

Campen mit Weitblick: Comfort-Camp Eider liegt vor den Toren des Nationalparks Schleswig-Holsteinisches Wattenmeer.

Niedersachsen und Bremen

Regionales & Saisonales

In Niedersachsen und Bremen wird am liebsten bodenständig gegessen – Fleisch von der Heidschnucke, vom Wild oder Fisch, Obst, Gemüse und nicht zuletzt: Spargel. Dazu, danach oder zwischendurch trinkt man Tee mit Kluntje und Wölkje (Ostfriesland), Kartoffelschnaps (Lüneburger Heide) oder Altländer Apfelbrand.

NIEDERSACHSEN UND BREMEN

RUSTIKAL
6 7 8 9 13 15

DEUTSCHE KÜCHE
6 7 8 9 10 12 13

INTERNATIONALE KÜCHE
5 10 11 12 14

REGIONALE SPEZIALITÄTEN
4 7 8 9 11 13 15
16

GOURMETKÜCHE
5 14 16

BIO/VEGETARISCH
6 10 12 16

BRAUEREIGASTHOF
6

CAMPINGPLÄTZE
5 – 12 s. S. 34

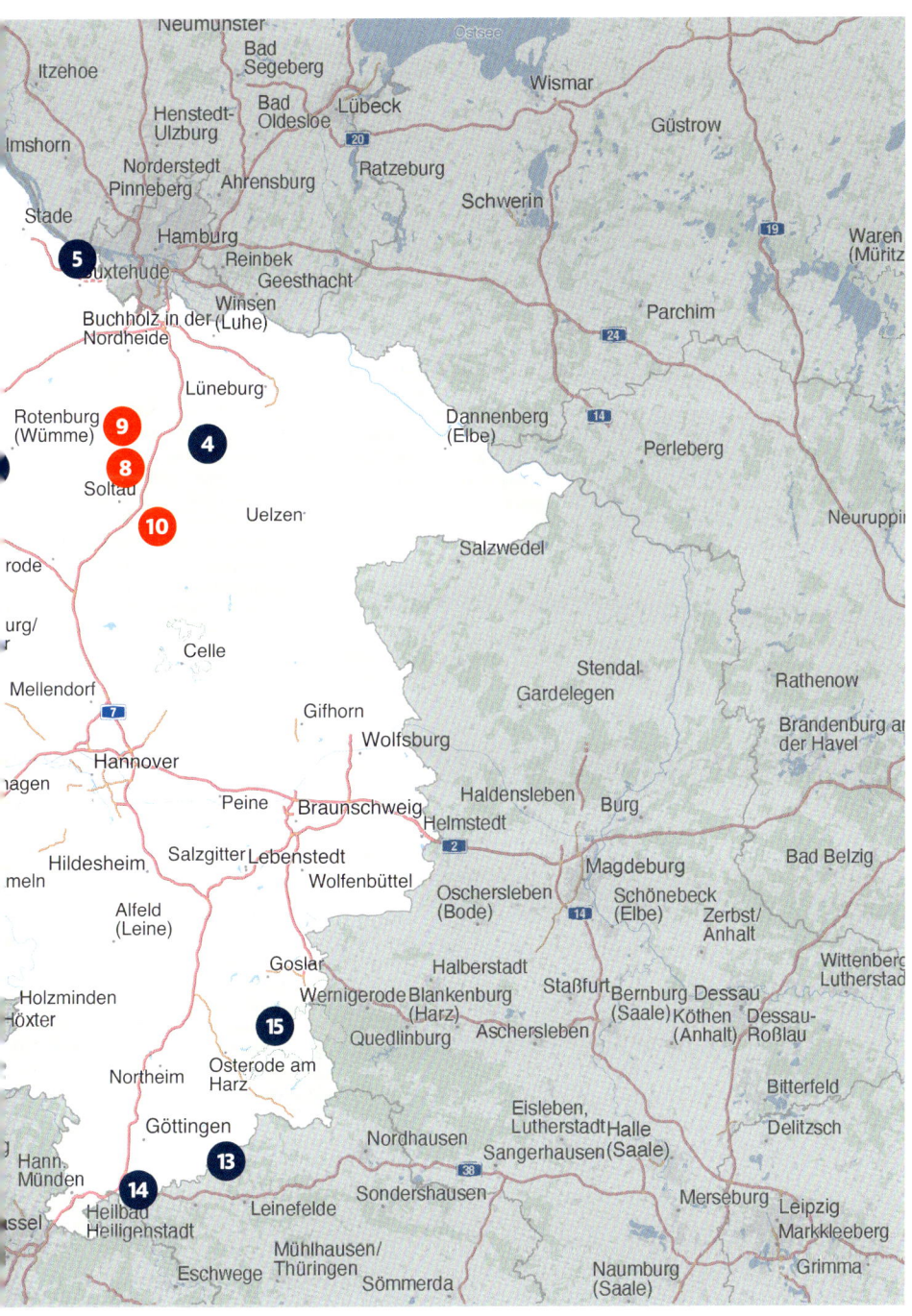

④ LANDGASTHAUS NIEDERSACHSEN

Soltauer Straße 3
21385 Amelinghausen
Tel. 04132/9394868
info@landgasthaus-niedersachsen.com
www.landgasthaus-niedersachsen.eatbu.com/?lang=de

🕐 Mi–Fr 17–21, Sa, So 12–21 Uhr, Mo, Di Ruhetage. Anreise bis 21 Uhr, an der Hotelrezeption anmelden
GPS 53.124862, 10.211634
➡ A7, Ausfahrt Evendorf, ca. 12 km nach Südosten auf der K45, K9 und B209 bis Amelinghausen

Hauptgerichte 16–35 € – Regionale Spezialitäten. Im Herzen der Lüneburger Heide steht das 300 Jahre alte, traditionelle Fachwerkhaus mit seinen rustikalen, gemütlichen Gasträumen und einem schönen Außenbereich. Die regelmäßig wechselnde Speisekarte orientiert sich an den jeweiligen Saisonprodukten und zeichnet sich durch gutbürgerliche, mit viel Leidenschaft und Kreativität zubereitete Küche aus. In die Gerichte mit liebevollen, nach Heimat klingenden Namen wie »Ragout von der Heidschnucke« oder »Heidesaibling vom Grevenhof« kommen ausschließlich frische regionale Zutaten.

🥾 Der Parkplatz ist komplett mit Kopfsteinpflaster ausgelegt, verfügt über zwei Wohnmobilstandplätze an der befahrenen Hauptstraße und zwei weiterer hinter dem Gasthaus. Gourmets erfreuen sich an Events wie Weinproben oder Martinigans-Essen, Naturliebhaber entdecken die Lüneburger Heide.

🚐 4 Plätze max 7,5 t, 7 m ☺ nicht vorhanden 📶 gratis WC gratis, auch außerhalb der Öffnungszeiten 💧 kein Frischwasseranschluss, keine Entsorgungsmöglichkeit für Grauwasser und Bordtoilette ℹ **Reservierung erforderlich**. Bewirtung der Gäste auch im Wohnmobil, Hunde willkommen. Schöne Spaziergänge möglich.

⑤ DIE MÜHLE JORK

Am Elbdeich 1
21635 Jork
Tel. 04163/6395
info@diemuehlejork.de
www.diemuehlejork.de
🕐 Mi–So ab 18, Sa, So 12–17,

Mo, Di Ruhetage. Anreise bis 19 Uhr
GPS 53.539774, 9.692689
➡ B73 bis Neukloster, ca. 8 km nach Nordosten auf der K26 bis Jork und weiter zum Ortsteil Borstel

Hauptgerichte 24–34 € – Gourmetküche. Allein schon die Architektur der historischen Mühle und ihre Lage mitten im Alten Land bei Hamburg ist einen Besuch wert. Gäste speisen unter Fachwerkdecken und vor Ziegelsteinmauern – perfekt für ein romantisches Candle-Light-Dinner. Aber das ist längst nicht alles: Die produktorientierte Küche wurde gerade wieder mit 16 Punkten im Gault Millau und sieben Gusto-Pfannen bewertet. Stets spielt ein regionales und saisonales Produkt wie Deichkäse, Forelle oder Kürbis die Hauptrolle – neu interpretiert und unter Einbeziehung internationaler Einflüsse.

🥾 Der ebene, asphaltierte Standplatz fürs Wohnmobil befindet sich auf einem Teilbereich des Restaurantparkplatzes. Von hier aus bieten sich Spaziergänge an der Elbe, nach Jork oder das mittelalterliche Stade an. Essig und Handgemachtes gibt es im Shop, die Genusswerkstatt lädt zu kulinarischen Workshops ein.

🚐 1 Platz max 7,5 t, 7 m ☺ nicht vorhanden 📶 gratis WC gratis, nur zu den Öffnungszeiten 💧 kein Frischwasseranschluss, keine Entsorgungsmöglichkeit für Grauwasser und Bordtoilette ℹ **Reservierung erforderlich**. Hunde willkommen. Schöne Spaziergänge vom Gasthaus aus möglich.

⑥ OSTFRIESEN BRÄU

Voerstad 8
26629 Großefehn-Bagband
Tel. 04946/203
post@ostfriesenbraeu.de
www.ostfriesenbraeu.de
🕐 Mi–So 11–21 Uhr, Mo, Di

Ruhetage. Mittwochs Anreise erst ab
frühem Abend möglich
GPS 53.350313, 7.611115
➜ A28, Ausfahrt Filsum, ca. 11,5 km
nordwärts auf der B72, rechts abbiegen und ca. 700 m auf der B436

Hauptgerichte 10–23 € – Rustikal, deutsche Küche. Wer deftige
Küche und eine zünftige, familiäre Atmosphäre liebt, ist in diesem
historischen Brauereigasthof im Herzen Ostfrieslands genau richtig. Spezialität ist das dunkle Landbier,
das seit 1999 hausgebraut wird. Die perfekte Begleitung dazu ist das mit Malz panierte Braumeister-
Schnitzel mit Bratkartoffeln und frischem Salat. Zu den Klassikern des Hauses zählt auch das nach dem
Bierdorf benannte Bagbander Schnitzel mit Speck, Zwiebeln und Spiegelei. Auch Vegetarier werden nicht
vergessen, für sie gibt es Gerichte wie Sellerieschnitzel oder orientalische Bowl.

🔋 Im Hinterhof direkt bei der Brauerei stehen ebene, gepflasterte Wohnmobilstandplätze zur Verfügung. Kinder können auf dem hauseigenen Spielplatz toben, das Braumuseum lädt zum Besuch ein. Die
Umgebung lockt mit viel Grün, Windmühlen und dem Nationalpark Niedersächsisches Wattenmeer.

🚐 4 Plätze   max. 7,5 t, 15 m   ☺ gratis   📶 gratis   WC gratis, nur zu den Öffnungszeiten   💧 kein Frischwasseranschluss, keine Entsorgungsmöglichkeit für Grauwasser und Bordtoilette   🅸 **Keine Reservierung**
erforderlich. Bewirtung der Gäste auch im Wohnmobil. Speisen/Getränke zum Mitnehmen. Hunde willkommen.
Spielplatz. Schöne Spaziergämge vom Gasthaus aus möglich.

Mühlen prägen das Bild Ostfrieslands. In vielen Orten entlang der Nordsee findet man sie, wie hier in Westgroßefehn.

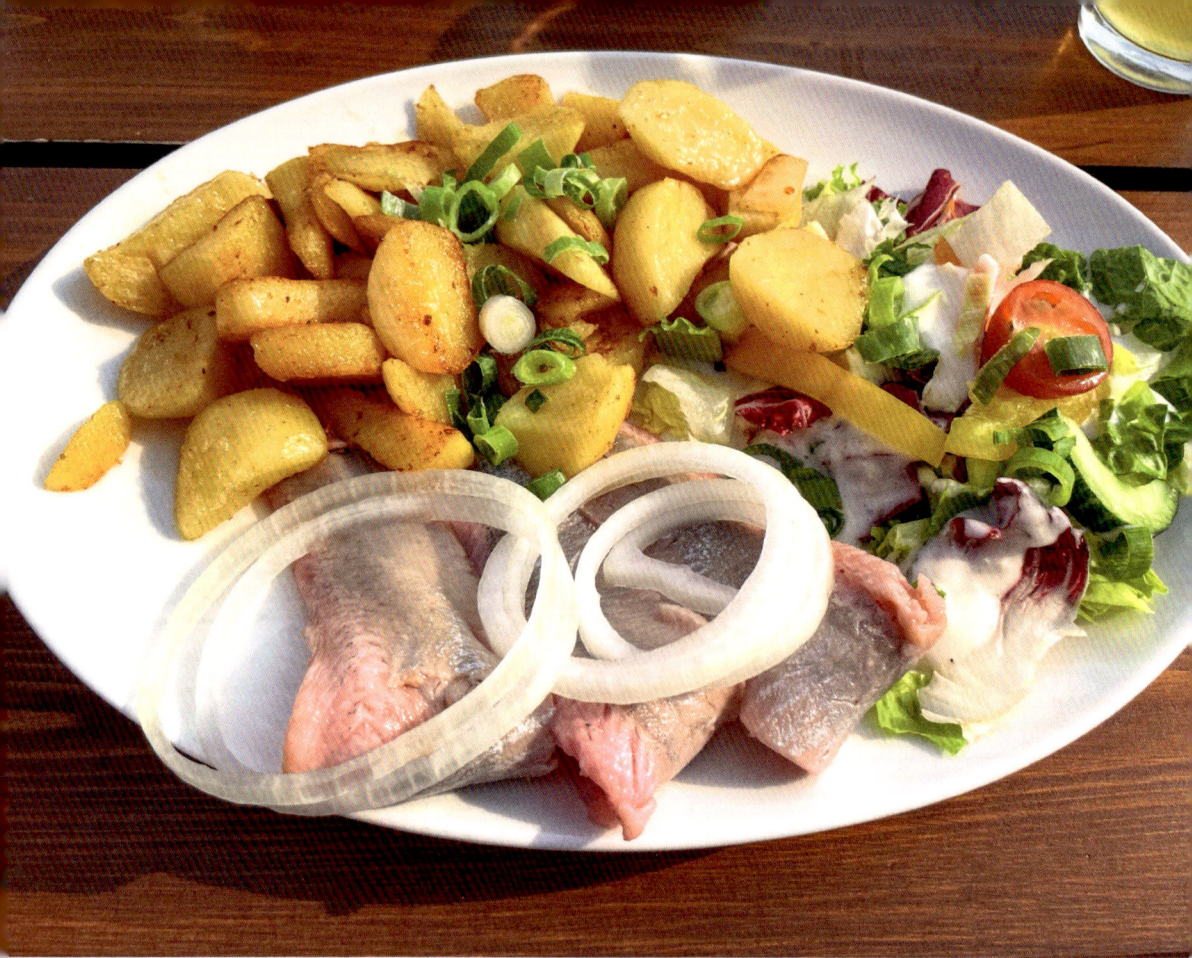

⑦ GASTHOF PRANGEN

Kirchstraße 25
26899 Rhede (Ems)
Tel. 049 64/215
info@gasthof-prangen.de

www.gasthof-prangen.de
🕐 Mi, Do ab 17, Fr–So ab 12 Uhr, Mo, Di Ruhetage. Anreise bis 21 Uhr, in der Gaststätte anmelden

GPS 53.059554, 7.269201
➡ A31, Ausfahrt Rhede (Ems), ca. 2,5 km Richtung Osten auf der Bellingwolder Straße bis Rhede

Hauptgerichte 9–13,50 € – Rustikal, deutsche Küche. Der seit über hundert Jahren in Familienbesitz befindliche Gasthof Prangen hat sich ganz den Traditionen des Emslandes und der gutbürgerlichen Küche verschrieben. Dass es nicht weit zur niederländischen Grenze ist, offenbart sich nicht nur an der Zweisprachigkeit der Karte: Auch Speisen wie eingelegter Matjes mit Bratkartoffeln und Salat verraten die Nähe zu Friesland. Neben typischen Fischgerichten gibt es auch eine große Auswahl an Schnitzel- und Wurstgerichten, Salaten und Pfannkuchen mit Apfelmus. Den kleinen Hunger stillen Strammer Max und Burger. Die Gerichte zum Mittagstisch wechseln täglich, und während der Hauptsaison sorgen Themenwochen wie etwa Geflügel-, Kartoffel- oder Nudelwochen für weitere Abwechslung auf der Karte.

🚐 Wohnmobile finden auf den verschiedenen Parkplätzen des Gasthofes Unterschlupf. Wer ganz in die landestypische Traditionen eintauchen möchte, mietet mit Freunden oder Familie einen mit Verpflegung ausgestatteten Bollerwagen oder unternimmt eine Planwagenfahrt.

🚐 6 Plätze ⬛max > 7,5 t, 15 m ⊙ nicht vorhanden 📡 nicht vorhanden WC gratis, nur zu den Öffnungszeiten 🌊 kein Frischwasseranschluss, keine Entsorgungsmöglichkeit für Grauwasser und Bordtoilette 🅸 **Keine Reservierung erforderlich. Speisen/Getränke zum Mitnehmen. Hunde willkommen. Spielplatz. Spaziergänge möglich.**

OSTFRIESISCHE TEEZEREMONIE

Teetrinken gehört zu Ostfriesland wie Deiche, Krabben und Seebären. Von Leer bis Aurich, von Emden bis zu den Ostfriesischen Inseln lebt die Tradition, seinen Besuchern eine Tasse Tee anzubieten. Denn auch wenn die Ostfriesen mitunter als eigen gelten, sind sie ausgesprochen gastfreundlich und gesellig. Um auch ein zweites Mal eingeladen zu werden, sollte der Fremde die Grundregeln der »Teetied«, der ostfriesischen Teezeremonie, kennen. Dazu gehören zarte Teetassen mit der typischen »ostfriesischen Rose«, ein Sahnekännchen, ein »Kluntjepott« mit »Kluntjezange« (ostfriesische Kluntje sind große weiße Kandis-Brocken) und das Stövchen mit der dickbauchigen Kanne. Getrunken wird erst, wenn alle Schritte erfolgt sind: Kluntje einlegen, langsam Tee eingießen, Sahne einlaufen lassen und behutsam mit dem »Rohmlepel« (Sahnelöffel) um den Kluntje legen und warten, bis die »Wolkje« (Wolke) aufsteigt. Wer es genau wissen möchte, macht eine Ostfriesische Teezeremonie im Teemuseum in Norden mit. Am besten gleich eine Teetafel mit Gebäck im gemütlichen »Rummel« (Ratssaal) im Alten Norder Rathaus dazu buchen und echten Tee auf Ostfriesisch genießen.

Ostfriesisches Teemuseum
Am Markt 36, 26506 Norden, März Di–So 10–17, April–Okt. tgl. 10–17, Nov.–Feb. Mi, Sa, 11–16 Uhr, Ostfriesische Teezeremonie mit Voranmeldung (3 €/Pers. zzgl. Eintritt) April–Okt. Di, Mi, Sa 14, Fr 11, Nov.–März Mi, Sa 14 Uhr, www.teemuseum.de

⑧ HOF IGGEWARDEN

Iggewarden 1
26969 Butjadingen
Tel. 047 33/317
iggewarden@t-online.de
www.hof-iggewarden.de
🕐 Mi–So 11–17 Uhr,

Mo, Di Ruhetage, nach Anreise im
Gasthaus anmelden
GPS 53.586499, 8.327217
➡ B212 bis Ellwürden, ca. 19 km
nach Nordwesten auf der L860 und
L859, links abbiegen auf Iggewarden

Hauptgerichte 10–30 € – Rustikal, deutsche Küche. Das ländlich rustikale Restaurant mit überdachter Außenterrasse und großem Garten bietet rustikales friesisches Ambiente und regionale Spezialitäten wie hausgemachtes Labskaus mit Spiegelei und Rote Beete. Im Sommer kommen leckere Delikatessen aus dem Smoker und vom Grill, im Winterhalbjahr steht traditioneller Grünkohl auf der Karte. Wer kein Fleisch mag, kann vegane Klopse mit Kapernsoße oder veganes Schnitzel bestellen. Für ein Stück Friesland zum Mit-nach-Hause-Nehmen bietet der Bauernladen jede Menge regionale Köstlichkeiten.

🚐 Das Wohnmobil stellt man auf dem geschotterten Parkplatz ab, direkt neben der Tierwiese. Ein Besuch des Hofs Iggewarden ist ein Erlebnis für die ganze Familie, die sich bei kleinen ländlichen Abenteuern wie einem Hofrundgang mit Tierfütterung oder dem lustigen Friesengolf vergnügen kann.

🚐 20 Plätze ⬜ 7,5 t, 15 m ⊙ in Gebühr inkl. 📶 in Gebühr inkl. ⬜WC⬜ in Gebühr inkl., auch außerhalb der Öffnungszeiten ⬥ Frischwasseranschluss, Entsorgungsmöglichkeit für Grauwasser und Bordtoilette
🔢 € Übernachtung nicht kostenlos, Standplatzgebühr 10 €/Tag. **Reservierung erforderlich** . Bewirtung der Gäste auch im Wohnmobil. Speisen/Getränke zum Mitnehmen. Hunde willkommen.

---

⑨ RESTAURANT WALDHOF

Hauptstraße 26
27356 Rotenburg (Wümme), OT
Unterstedt
Tel. 042 69/53 43
info@waldhof-rotenburg.de
www.waldhof-rotenburg.de

🕐 Mo, Di, Fr ab 16, Sa, So 11.30–
14.30 und 17.30–21 Uhr,
Mi, Do Ruhetage
GPS 53.076875, 9.354575
➡ A1, Ausfahrt Stuckenborstel, ca.
13 km auf der B75 bis Rotenburg und
ca. 6,5 km auf der B215 südwestwärts

Hauptgerichte 12–28 € – Rustikal, deutsche Küche. Ein gepflegt rustikales Ambiente sowie typische regionale Gerichte, leichte Kost und heimische Wildspezialitäten zeichnen das Restaurant »Försterstuben« im Waldhof Unterstedt aus. Neben dem À-la-carte-Angebot sind die Themenbüfetts besonders beliebt. Sie reichen von leckeren Schnitzelvariationen (immer dienstags) bis hin zum sonntäglichen Wildbüfett mit Braten vom Hirsch, Reh und Wildschwein sowie knusprigen Entenkeulen. Typisch für die Region ist deftiger Grünkohl, der vom ersten Frost bis Mitte März erhältlich ist. Toll für Gemüsefans: Bei allen Angeboten ist stets auch eine fleischlose Variante verfügbar.

🚐 Die Wohnmobilstandplätze befinden sich direkt hinter dem Haus am Waldrand. Ob Naturerlebnispfad »Dör't Moor« rund um die Bullenseen oder Fahrradtour auf dem Wümmeradweg fernab der Hauptstraßen: Krönender Abschluss ist das vom Waldhof organisierte Picknick im Wald.

🚐 3 Plätze ⬜ 7,5 t, 15 m ⊙ nicht vorhanden 📶 nicht vorhanden ⬜WC⬜ gratis, nur zu den Öffnungszeiten ⬥ kein Frischwasseranschluss, keine Entsorgungsmöglichkeit für Grauwasser und Bordtoilette 🔢 Keine Reservierung erforderlich. Speisen/Getränke zum Mitnehmen. Hunde willkommen. Schöne Spaziergänge möglich.

⑩ KRÄUTERHOTEL HEIDEJÄGER

Rotenburger Straße 62
27356 Mulmshorn
Tel. 04268/930300
info@heidejaeger.de
www.heidejaeger.de

🕐 Mo–Sa 17.30-21, So 12–14 und
17–20 Uhr, Anreise bis 20 Uhr
GPS 53.176948,9.291861
➜ A1, Ausfahrt Bockel, ca. 2 km
Richtung Süden auf der B71

Hauptgerichte 14–25 € – Deutsche und mediterrane Küche. Das Restaurant Heidejäger liegt nicht nur mitten in der Kräuterregion Wiesteniederung, sondern bringt das Markenzeichen der Region auch auf den Teller. Deshalb empfiehlt sich ein Besuch vor allem im Sommer, wenn die feinen Kräuter Saison haben. Am Herd steht Frank Westermann, dessen Familie den Heidejäger schon seit 40 Jahren führt. Entsprechend der Jahreszeiten stellt er für die Gäste leckere Menüs zusammen. À la carte gibt es Burger, Wildspezialitäten, Signature Dishes mit verschiedenen Schnitzeln und vegetarische Gerichte.

🏕 Eine bequeme Nacht im Wohnmobil lässt sich auf dem gepflasterten Restaurantparkplatz hinter dem Haupthaus verbringen, drei weitere Standplätze bietet die ebene feste Grünfläche, für diese Plätze steht auch ein Stromanschluss gegen eine Gebühr zur Verfügung. Der Landkreis Rotenburg (Wümme) hat sich zu einer tollen Wanderregion entwickelt, die direkt vor der Restauranttür beginnt.

🚐 6 Plätze ⌈max⌉ >7,5 t, >15 m 🙂 gegen Gebühr 📶 gratis ⌈WC⌉ gratis, auch außerhalb der Öffnungszeiten 🌊 Frischwasseranschluss (gegen Gebühr), keine Entsorgungsmöglichkeit für Grauwasser und Bordtoilette 🛏 Übernachtung kostenlos auf Plätzen ohne Stromanschluss, mit Stromanschluss 10 €/Tag. Reservierung erwünscht. Bewirtung der Gäste auch im Wohnmobil. Speisen/Getränke zum Mitnehmen. Hunde willkommen. Spielplatz.

Die Kreisstadt Rotenburg (Wümme) des gleichnamigen Landkreises im Nordosten Niedersachsens ist ein Postkartenidyll.

IM ALTEN LAND

Rund 500 Apfelbauern gibt es im Alten Land. Viele der Betriebe existieren bereits seit Generationen. Besonders schön ist ein Besuch der Region im Frühjahr zwischen April und Mai zur prächtigen rosa-weißen Obstblüte. Da die einzelnen Sorten nacheinander blühen, zieht sich der Blütenzauber über drei bis vier Wochen hin. Vom Sommer bis in den Herbst gibt es frisches Obst. Über das Jahr verteilt dreht sich bei zahlreichen Veranstaltungen alles ums Obst: Anfang Mai wird beim Altländer Blütenfest die Altländer Blütenkönigin gekrönt. Kirschen in allen Variationen gibt es zur Altländer Kirschwoche im Juli, und einen Blick hinter die Kulissen der Obsthöfe ermöglichen Mitte September die Altländer Apfeltage.

Herrlich ist ein Obsthofpicknick unterm Apfelbaum, das verschiedene Höfe im Sommer anbieten. Im Hofladen oder Hofcafé erwirbt man dafür einen liebevoll gefüllten Picknickkorb mit ausgewählten Köstlichkeiten und sucht sich dann einen schönen Picknickplatz inmitten der Obstbäume – frische Brise, Möwenkreischen und vor allem der unvergleichliche Apfelduft inklusive.

Die Familienbetriebe der Obsthöfe arbeiten mit modernen und möglichst naturnahen Anbaumethoden, viele erzeugen in Bioqualität. Bei Führungen erfahren Besucher mehr über Anbau und Ver-

marktung des Obstes, Sorten, Lagerung und Sortierung. Daneben gibt es auch Informatives zu Altländer Traditionen und über die Kulturlandschaft des Alten Landes. Obsthofführungen bieten etwa der Obsthof Liefers (www.lefers.de), Obsthof Bey (www.günstige-äpfel-altes-land.de) oder Herzapfelhof Lühs (www.herzapfelhof.de) an. Auf dem Obsthof Matthies (www.obsthof.de) fährt im August und September der Obsthof-Express. Dabei erlebt man mit Familienoberhaupt Wilhelm Matthies den ganzen Obsthof und hört neben spannenden Geschichten Interessantes und Skurriles.

OBSTBÄUME UND FACHWERK

Zum Obstreichtum kommt im Alten Land historische Baukunst mit herrlichen Fachwerkbauten in Buntmauerfachwerk, die etwa im kleinen Ort Jork zuhauf die Straßen säumen. Hier ist man mitten im Alten Land und nicht weit weg von den traditionsreichen Städten Stade und Buxtehude. Entlang der Straßen locken Straßenstände und Hofläden mit reichem Angebot

---

HERZAPFELHOF LÜHS

Der Besuch auf dem Herzapfelhof von Familie Lühs in Jork ist ein Erlebnis. Denn hier wachsen 250 Apfelsorten, darunter auch ganz besondere Schätze: Herzäpfel und andere Motiväpfel sind eine besondere Leidenschaft von Obstbauer Hein Lühs und echte Verkaufsschlager. Inzwischen gibt es mithilfe eines selbst entwickelten Laser auch Äpfel, Birnen und Nüsse mit Wunschmotiv oder persönlichem Spruch. **Osterjork 102, 21635 Jork, April–Okt. Fr 18 Uhr Führung, www.herzapfelhof.de**

---

rund um Äpfel, Kirschen, Pflaumen & Co. Direkt im Ortskern befindet sich ein großer Stellplatz auf einem gemischten Parkplatz. Auch wenn sonst alles voll ist, findet man in der Regel hier immer noch ein Plätzchen. Eine weitere Möglichkeit gibt es am Yachthafen, direkt am Deich.

Weißrosa blühende Obstbäume, grüne Deiche, blau schimmernde Kanäle, Fachwerkdörfer und alte Obsthöfe – das Alte Land vor den Toren Hamburgs weckt viele Bilder.

⑪ JASPATHO

Amtsstraße 15 (in der Burg)
27624 Geestland, OT Bad Bederkesa
Tel. 047 45/93 17 2 02
info@jaspatho.de
www.jaspatho.de
🕐 Mi 17–21, Do–Sa 14–21, So

10–21 Uhr, Mo, Di Ruhetage
GPS 53.626589, 8.842874
➡ A27, Ausfahrt Debstedt, ca.
13 km Richtung Osten auf der L120
und L117. Achtung: schmale Einfahrt
auf den Burgparkplatz

Hauptgerichte 10,50–24,50 € – Regionale Spezialitäten. In den modern gestalteten Räumen der mittelalterlichen Burg Bederkesa begleiten Speisen die Getränke und nicht umgekehrt. Die mit Leidenschaft ausgewählte Karte umfasst eine Vielzahl erlesener Weine, deutsches und englisches Bier vom Fass, Whisky und Rum aus Fassabfüllung bis hin zu Kaffee und Kaffeespezialitäten. Dazu gibt es Steak, Schnitzel und Burger sowie eine Auswahl an Vesperplatten. Die extra für das Jaspatho kreierten Brote sind reichhaltig und lecker belegt.

🛑 Der Burgparkplatz ist unter der Woche nur bedingt, an den Wochenenden jedoch immer abends nutzbar. Seitlich und im hinteren Bereich der Burg befinden sich große öffentliche Stellflächen mit ausgeschilderten, kostenfreien Wohnmobilstandplätzen. Den Ortskern von Bederkesa erreicht man in wenigen Gehminuten, das Schwimmbad Moortherme liegt direkt gegenüber.

🚐 4 Plätze 🔲 max. 3,5 t, 7 m ☺ nicht vorhanden 📶 nicht vorhanden WC gratis, nur zu den Öffnungszeiten ⬤ kein Frischwasseranschluss, keine Entsorgungsmöglichkeit für Grauwasser und Bordtoilette ℹ Reservierung erwünscht. Bewirtung der Gäste auch im Wohnmobil. Speisen/Getränke zum Mitnehmen. Hunde willkommen. Spielplatz. Schöne Spaziergänge vom Gasthaus aus möglich.

⑫ GASTHAUS ZUM ROHRBACH

Am Rohrbach 9
31619 Binnen, OT Glissen
Tel. 050 23/711
www.rohrbach-glissen.de
🕐 Mi–Fr 17–22, Sa, So 11–22 Uhr,

Mo, Di Ruhetage, Anreise bis 20 Uhr,
im Gasthaus anmelden
GPS 52.639998, 9.097257
➡ Von B6/214 nach Süden abbiegen und ca. 2,5 km auf der K30

Hauptgerichte 8–28 € – Deutsche und internationale Küche. Gastfreundschaft mit Tradition im Landkreis Nienburg: Seit 1982 macht es sich der familiengeführte Betrieb zur Aufgabe, den Aufenthalt in diesem schönen Haus so angenehm und familiär wie möglich zu gestalten. Fernab vom Alltag bieten das Kaminzimmer und das Restaurant eine stimmungsvolle Umgebung, um sich bei deutschen und internationalen Köstlichkeiten zu entspannen. Auf der Karte stehen verschiedene Schnitzel- und Steakgerichte, Burger sowie üppige Salatteller und vegetarische Aufläufe. Je nach Saison serviert das Gasthaus zusätzlich Spargel- oder Grünkohlgerichte, Gans und Ente. Besonders beliebt ist das an jedem Freitagabend stattfindende Drei-Länder-Büfett mit seiner legendär üppigen Auswahl.

🛑 Wohnmobile stehen auf dem Restaurantparkplatz. Jenseits von Hektik und Großstadtlärm bietet der inmitten einer reizvollen Landschaft gelegene Ort Glissen ideale Möglichkeiten zur Entspannung. Im Sommer lässt es sich herrlich im Bier- und Kaffeegarten sitzen, während die Kinder auf dem Spielplatz toben.

🚐 5 Plätze 🔲 max. 7,5 t, 15 m ☺ gegen Gebühr 📶 gratis WC gratis, nur zu den Öffnungszeiten ⬤ kein Frischwasseranschluss, keine Entsorgungsmöglichkeit für Grauwasser und Bordtoilette ℹ **Reservierung erforderlich**. Speisen/Getränke zum Mitnehmen. Hunde willkommen. Spielplatz. Schöne Spaziergänge möglich.

⑬ SCHÖNE AUSSICHTEN

Auf dem Pferdeberg 999
37115 Duderstadt/Gerblingerode
Tel. 01 51/14 78 03 92
info@schoene-aussichten-pferdeberg.de
www.schoene-aussichten-pferdeberg.de

🕐 Sa, So 12–20 Uhr,
Mo–Fr Ruhetage
GPS 51.488846, 10.246470
➡ B247 bis Gerblingerode, nach Westen abbiegen auf Brückenstraße und ca. 2 km Richtung Immingerode

Hauptgerichte 10–25 € – Deutsche Küche, regionale Spezialitäten.
Ob in den neu gestalteten Gasträumen oder auf einer der sonnigen Terrassen: Ein entspannter Aufenthalt mit herrlichem Panorama ist in dem traditionsreichen Ausflugslokal garantiert. Bis auf Weiteres verwöhnt das engagierte Team um Inge und Peter-Michael Adams vor allem Süßschnäbel und hat sich auf einzigartige Kuchen und Torten verlegt. Markenzeichen des Hauses ist ein frischer, moderner »Bakery Style«, der neben köstlich duftendem Gebäck auch Raffinessen wie luftige Macarons und edle Trüffel umfasst. Für alle, die Herzhaftes bevorzugen, gibt es eine kleine wechselnde Auswahl an Tagesgerichten.

🎯 Der Parkplatz an der Straße bietet für Wohnmobilisten ein ruhiges Nachtquartier mit herrlicher Aussicht. Der bekannte Grenzlandweg, das Grenzlandmuseum und der hölzerne Aussichtsturm laden zu spannenden Spaziergängen ein. Nicht weit ist Duderstadt mit mittelalterlich geprägtem Stadtbild.

🚐 1 Platz max. 3,5 t, 7 m ☺ nicht vorhanden ((•)) gratis WC gratis, nur zu den Öffnungszeiten ☁ kein Frischwasseranschluss, keine Entsorgungsmöglichkeit für Grauwasser und Bordtoilette ℹ **Reservierung erforderlich**. Speisen/Getränke zum Mitnehmen. Hunde willkommen. Spielplatz. Schöne Spaziergänge möglich.

Das Fachwerkjuwel Duderstadt ist einen Besuch wert, wenn man im südöstlichen Niedersachsen unterwegs ist.

⑭ GENIESSER STUBE IM LANDHAUS BIEWALD

Weghaussraße 20
37133 Friedland
Tel. 055 04/935 00
kontakt@biewald-friedland.de

www.biewald-friedland.de/
geniesserstube
🕐 Di–Fr 12–14 und 18–22,
Mo, Sa 18–22 Uhr, So Ruhetag,

Anreise bis 22 Uhr
GPS 51.419025, 9.918608
➜ A38, Ausfahrt Friedland,
ca. 3 km nach Osten auf der B27

Hauptgerichte 45–49 € – Gourmetküche. In der Genießer Stube im Landhaus Biewald ist der Name Programm. Produkte bester Qualität und Herkunft stehen in der Küche des Spitzenkochs Daniel Raub im Mittelpunkt. Von der Maresto-Auster bis zum Alba-Trüffel lassen allein die Zutaten auf außergewöhnliche Genusserlebnisse schließen. Intensive Geschmacksnoten, spannende Kontraste in stimmigen Kombinationen und schnörkellose Umsetzung machen Raubs Handschrift aus. So wird die bretonische Rotbarbe mit Safranschaum und einem Meeresschnecken-Risotto kombiniert, der Rehrücken mit Tonkabohnenjus und Dauphin-Kartoffeln serviert – nicht umsonst verteidigt der Küchenchef seinen Michelin-Stern seit 2014.

🅟 Für Wohnmobile steht ein gepflasterter Parkplatz in direkter Nähe zum Restaurant bereit, dort bieten drei Standplätze ein ruhiges Nachtquartier nach dem Gourmetmahl. Idyllisch im alten Ortskern von Friedland gelegen, lädt die Umgebung am Ufer der Leine zum Wandern ein.

🚐 3 Plätze   max 3,5 t, 15 m   ⊙ nicht vorhanden   〽 nicht vorhanden   WC nicht möglich   ⚓ kein Frischwasseranschluss, keine Entsorgungsmöglichkeit für Grauwasser und Bordtoilette   🅱 **Keine Reservierung erforderlich. Hunde willkommen. Schöne Spaziergänge vom Gasthaus aus möglich.**

⑮ KAMINRESTAURANT »KLEINE OKER«

Kleine Oker 34
38707 Altenau
Tel. 053 28/255, 053 28/981 68 78
landhausaltenau@aol.com
www.kaminrestaurant-altenau.info

🕐 Mo–Mi, Fr–So 17–20.30 Uhr, Do Ruhetag, Anreise bis 22 Uhr

📶 GPS 51.799696, 10.457021

➡️ B498 bis Altenau, nach Osten abbiegen und ca. 650 m auf der Straße Kleine Oker

Hauptgerichte 9–21 € – Rustikal, regionale Spezialitäten. Das herrlich zwischen Wiesen und Bergen gelegene Restaurant steht mit seinem offenen Kamin für echte Harzer Gemütlichkeit. In charmantem, rustikalem Ambiente genießen Gäste die typischen Spezialitäten der Region, darunter Schmorwurst mit Bratkartoffeln und Sauerkraut oder deftige Sülze. Schnitzelgerichte stehen ebenso auf der Karte wie Gemüseteller, Pellkartoffeln mit Kräuterquark oder knackige Salate. Dazu passen ausgewählte Weine oder ein frisch gezapftes Altenauer Bier.

📸 Ein Wohnmobilstandplatz befindet sich unterhalb des Restaurants, weitere neben dem Hotel, oberhalb des Restaurants und hinter dem Appartementhaus. Der Nationalpark Harz lädt im Sommer zum Wandern ein, im Winter sorgen Loipen und Skipisten für perfektes Schneevergnügen.

🚐 4 Plätze 📏 7,5 t, 15 m ☺ gegen Gebühr 📶 gratis 🚾 gratis, nur zu den Öffnungszeiten 💧 Frischwasseranschluss und Entsorgungsmöglichkeit für Grauwasser (gegen Gebühr), keine Entsorgungsmöglichkeit für Bordtoilette ℹ️ Keine Reservierung erforderlich. Speisen/Getränke zum Mitnehmen. Hunde willkommen. Schöne Spaziergänge vom Gasthaus aus möglich. Pisten in der Nähe, Waldschwimmbad fußläufig erreichbar.

---

⑯ LANDGASTHOF BACKERS

Kirchstraße 25
49767 Twist
Tel. 059 36/90 47 70
info@gasthof-backers.de
www.gasthof-backers.de
🕐 Mi, Do 15–23, Fr, Sa 13–23,

So 12–14.30 und 17– 21.30 Uhr, Mo, Di Ruhetage

📶 GPS 52.637822, 7.061327

➡️ A31, Ausfahrt Twist, ca. 9 km westwärts auf der L47 nach Twist, Zufahrt über die Straße Auf dem Bült

Hauptgerichte 17–29€ – Regionale Spezialitäten, Gourmetküche.
Im familiär geführten Landgasthaus Backers setzt Küchenchef Helmut Backers auf regionale und saisonale Küche. Ganz im Sinne der Slow-Food-Bewegung, die sich für eine nachhaltige und verantwortungsbewusste Esskultur einsetzt, steht die Erhaltung der regionalen Produktvielfalt im Vordergrund. So ziert das Emsländer Rumpsteak mit frischen Pfifferlingen ebenso die Speisekarte wie der regionale Käseteller. Im Frühjahr gibt es frischen Spargel und Bärlauch, im Winter kommt Wild aus heimischer Jagd auf den Tisch. Als besonderes Highlight wird jeden Donnerstag das Duett-Menü auf den Tisch gezaubert, ein Drei-Gänge-Menü für zwei Personen.

📸 Direkt am Landgasthaus können Wohnmobilbesitzer die ebenen, asphaltierten Standplätze nutzen. Von hier aus laden Rad- und Wanderwege zur Erkundung des Emslandes und seiner Naturräume ein. Ein Bäcker und eine Tankstelle befinden sich nur wenige hundert Meter entfernt.

🚐 3 Plätze 📏 7,5 t, 15 m ☺ nicht vorhanden 📶 nicht vorhanden 🚾 gratis, nur zu den Öffnungszeiten 💧 kein Frischwasseranschluss, keine Entsorgungsmöglichkeit für Grauwasser und Bordtoilette ℹ️ **Reservierung erforderlich**. Speisen/Getränke zum Mitnehmen. Hunde willkommen. Spielplatz. Schöne Spaziergämge möglich.

Der Campingplatz Kransburger See liegt verkehrsgüstig und doch ruhig zwischen Cuxhaven und Bremerhaven.

CAMPINGPLÄTZE

Campingplatz Beckmann-Duhnen
★★★★☆

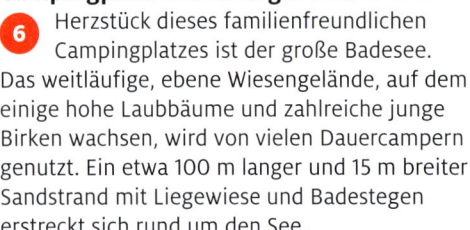 Der kleine, gepflegte Platz befindet sich am Rand von Cuxhaven, hier verbringen viele Dauercamper ihre Urlaube und Wochenenden. Das Gelände ist in verschiedene Parzellierungen für Dauercamper und Touristen aufgeteilt.

▶ Windeichenweg 32, 27476 Cuxhaven,
Tel. 047 21/651 91, Ende März–Anfang Nov.
GPS: 53.87802, 8.651833
■ pincamp.de/ns0190

Campingplatz Kransburger See ★★★☆☆

Herzstück dieses familienfreundlichen Campingplatzes ist der große Badesee. Das weitläufige, ebene Wiesengelände, auf dem einige hohe Laubbäume und zahlreiche junge Birken wachsen, wird von vielen Dauercampern genutzt. Ein etwa 100 m langer und 15 m breiter Sandstrand mit Liegewiese und Badestegen erstreckt sich rund um den See.

▶ Kransburger Straße 1, 27639 Midlum,
Tel. 047 42/929 80, ganzjährig geöffnet
GPS: 53.710999, 8.633067
■ pincamp.de/ns0450

HanseCamping ★★★☆☆

Das ebene Wiesengelände des Campingplatzes nur 6 km von der Bremer Innenstadt entfernt ist durch Hecken und mittelhohe Baumreihen in großzügige Standplatzfelder unterteilt. Der Platz liegt inmitten eines Erholungsgebietes. Von der Straße trennt ihn ein hoher Lärmschutzwall. Über einen Fahrweg gelangt man zum platzeigenen Strandbad am 20 ha großen, von einem Schilfgürtel begrenzten Badesee. Hier gibt es eine rund 25 m breite, sandige Einstiegsstelle, eine Liegewiese und einen separaten FKK-Bereich.

▶ Hochschulring 1, 28359 Bremen, Tel.
04 21/30 74 68 25, ganzjährig geöffnet,
GPS: 53.114588, 8.833094
■ pincamp.de/hb50

Campingplatz Auf dem Simpel ★ ★ ★ ★ ★

8 Nomen est omen: Das Campingplatzgelände im Heidewald liegt auf einer »simplen« Erhöhung von 80 m. Es ist von vielen Fichtenreihen und Hecken durchzogen. Geführte Radtouren und eine Gokart-Bahn sorgen für Abwechslung.

▶ OT Wolterdingen, Auf dem Simpel 1, 29614 Soltau, Tel. 051 91/36 51, ganzjährig geöffnet, GPS: 53.025417, 9.859167
■ pincamp.de/ns4200

Camping-Park Lüneburger Heide
★ ★ ★ ★ ★

9 Der parkähnlich gestaltete Platz, der an Felder grenzt, punktet mit einem Naturbadeteich mit kleiner Sandbucht und schmalem Wiesenstreifen und liebevoll angelegten Miniaturgärten zu unterschiedlichen Themen. Das ebene Wiesengelände, das mit einigen größeren Laubbäumen bestanden und durch Hecken und Büsche gegliedert ist, wird von einem Bach durchflossen. Einige Standplätze sind mit Steinplatten befestigt. Ein separater Wohnmobilhafen befindet sich im Einfahrtsbereich. Wer die Gegend erkunden möchte, nimmt an einer geführten Erlebniswanderung oder einer Radtour teil. Wer es lieber bequem angeht, bucht eine organisierte Kutschfahrt. Für die Kleinen unter den Gästen gibt es einen Streichelzoo, der etwas ältere Nachwuchs freut sich über die BMX-Bahn und den Kettcar-Verleih.

▶ Badeweg 3, 29640 Heber, Tel. 051 99/275, ganzjährig geöffnet, GPS: 53.071033, 9.864617
■ pincamp.de/ns4100

Südsee-Camp ★ ★ ★ ★ ★

10 Der kinderfreundliche Platz erstreckt sich über ein weitläufiges Wald- und Heidegebiet und bietet ein breit gefächertes Angebot für Groß und Klein. Die Standplätze kann man sich teils selbst im lichten Hochwald suchen, teils sind sie durch Büsche und Bäume in Einzelplätze oder kleinere Gruppen unterteilt. Darüber hinaus steht ein offenes Wiesengelände zur Verfügung, das durch verschiedenartige Anpflanzungen gegliedert ist. Ein separater Wohnmobilhafen befindet sich gegenüber der Platzeinfahrt. Mehrere Automaten bieten Entsorgungsmöglichkeiten für Kassettentoiletten. Zum Angebot an Freizeitaktivitäten gehö-

ren etwa ein Hallenspaßbad, eine Erlebnis-Minigolfanlage, ein Hochseil-Klettergarten, ein Fahrradcross-Parcours und ein Reiterhof mit Pferdepension. Auf einer geführten Wanderung oder Radtour kann man die Umgebung erkunden. Und wer einfach nur Ruhe und Entspannung sucht, legt sich auf eine Liege am großen Badesee, der von einem 50 m breiten, überwiegend sandigen Strand gesäumt wird. Dort gibt es auch eine spezielle Kinderbadebucht.

▶ Südsee-Camp 1, 29649 Wietzendorf, Tel. 051 96/98 01 16, ganzjährig geöffnet, GPS: 52.931917, 9.965067
■ pincamp.de/ns4600

Emsland-Camp ★ ★ ★ ★ ★

11 Emsland-Camp ist ein sehr gepflegter, äußerst komfortabel und innovativ ausgestatteter Campingplatz mit kleinem Badeweiher. Das ebene Wiesengelände ist weitgehend unbepflanzt. Die Standplätze auf Pflaster und Splitt verfügen jeweils über einen eigenen Rasenvorplatz und eine eigene Sanitäreinheit. Von der Straße ist das Gelände durch einen 3 m hohen Erdwall abgeschirmt. Der Platz ist am Ortsrand gelegen und fügt sich harmonisch in die ländliche Umgebung ein. Ein u-förmig verlaufender Sandstrand sorgt für Badevergnügen am Badeweiher, an den eine Liegewiese anschließt.

▶ Harener Straße 34, 49733 Fehndorf, Tel. 059 35/80 44, ganzjährig geöffnet, GPS: 52.77845, 7.1216
■ pincamp.de/nw2480

Campingplatz Emstal ★ ★ ★ ★ ★

12 Dieser idyllisch von Haupt- und Nebenarm der Ems eingerahmte Urlaubsplatz in wunderschöner ursprünglicher Natur ist ideal für Erholungsuchende, die Wert auf Ruhe und Komfort legen. Das ebene Wiesengelände ist von hohen Bäumen und Feldern umgeben. Wer gerne baden möchte: Es gibt eine kleine Badestelle an der Ems mit einem Steg und einer Treppe, die ins erfrischende Nass hineinführt.

▶ Brinkstraße, 49762 Sustrum, Tel. 059 39/959 98 60, Anfang April–Anfang Okt. GPS: 52.909367, 7.300799
■ pincamp.de/nw2350

Mecklenburg-Vorpommern

Fisch, Fisch und nochmals Fisch

Die Ostsee und zahlreiche Binnengewässer bringen viel Fisch auf den mecklen-
burg-vorpommerschen Tisch, ob geräuchert, als Kak't Dösch (Dorsch mit Gemüse),
Saßnitzer Herings-Kartoffeln oder Rügener Aalsuppe. Zu kulinarischen WoMo-Ent-
deckungstouren laden zahlreiche Bauerncafés, Hofläden und Wochenmärkte ein.

MECKLENBURG-VORPOMMERN

RUSTIKAL
17

DEUTSCHE KÜCHE
17 18

**REGIONALE
SPEZIALITÄTEN**
18

BIO/VEGETARISCH
18

CAMPINGPLÄTZE
13 – 17 s. S. 46

Bild vorangehende Doppelseite: Unterwegs auf Mecklenburg-Vorpommerns grünen Alleen: Hinter der nächsten Kuppe wartet sicherlich ein hübsches Gasthaus, das die vielseitige Landesküche auf den Tisch zaubert.

Sassnitz

Bergen auf Rügen

Barth

Stralsund

Rügischer Bodden

Greifswalder Bodden

Grimmen

Greifswald

Wolgast

Kamien Pomorski

Demmin

Heringsdorf

Swinemünde

Miedzyzdroje

Wolin

Gryfice

Anklam

Dziwna

Oderhaff

Wolin

Friedland

Torgelow

Nowogard

Neubrandenburg

Police

Goleniów

Maszewo

Varen Müritz)

Stettin

Neustrelitz

Prenzlau

Stargard

Greifenhagen

Dolice

Templin

11

Schwedt/ Oder

Pyrzyce

Rheinsberg

Angermünde

Königsberg in der Neumark

Barlinek

Zehdenick

Oder

Odra

Mysliborz

Neuruppin

Löwenberg

Cedynia

Finowfurt Eberswalde

⑰ LANDHAUS LEVITZOW

An der Landstraße 13
17168 Sukow-Levitzow
Tel. 03 99 75/702 57
info@landhaus-levitzow.de
www.landhaus-levitzow.de
🕐 Mi–Fr 17–21, Sa 11–21, So
11–20 Uhr, Mo, Di Ruhetage,

Anreise bis 19 Uhr
GPS 53.848157, 12.592033
➡ B108 bis Thürkow, auf der L23
Richtung Nordosten bis Levitzow,
dort zum Ortsausgangsschild und
direkt gegenüber der katholischen
Kirche von Levitzow

Hauptgerichte 13–25 € – Rustikal, deutsche Küche. Eine ehrliche
Küche mit frischen, ursprünglichen und möglichst regionalen Produkten zeichnet das Landhaus am
Rande des Naturparks Mecklenburgische Schweiz und Kummerower See aus. Konsequent wird auf
Fertigprodukte und Geschmacksverstärker verzichtet, stattdessen drücken gutbürgerliche Gerichte wie
das traditionelle Würzfleisch oder Saibling vom Peenehof die Liebe zur Heimat aus. Die Spezialität des
Hauses, »Bocki's Burger« im selbst gebackenen Brötchen mit hausgemachtem Rinder-Patty und gebrate-
nen, selbst geräucherten Bauchspeckscheiben, ist so lecker, dass er sogar namensgeschützt wurde.

🚐 Wohnmobile nutzen die ebenen, gepflasterten Standplätze auf dem Restaurantparkplatz, der an einer nachts wenig befahrenen Durchgangsstraße liegt. Auf dem gepflegten Außengelände mit Kinderspielplatz gibt es auch einen kleinen Hofladen mit hausgemachten und regionalen Erzeugnissen.

🚐 4 Plätze max. 7,5 t, 7 m ⊙ 5 €/Tag 📶 gratis WC gratis, nur zu den Öffnungszeiten ≈ Kein Frischwasseranschluss, keine Entsorgungsmöglichkeit für Grauwasser und Bordtoilette **ℹ Reservierung erforderlich**.
Speisen/Getränke zum Mitnehmen. Hunde willkommen. Spielplatz. Schöner Blick.

⑱ LANDGASTHOF ZUR MOOREICHE

Rostocker Chaussee 18
18184 Broderstorf
Tel. 03 82 04/152 30
zurmooreiche@freenet.de
www.zurmooreiche.de
🕐 Mo, Di, Do–So 11–21 Uhr,

Mi Ruhetag. Nach Anreise im
Restaurant anmelden
GPS 54.079476, 12.263206
➡ A19, Ausfahrt Rostock-Süd,
ca. 4 km ostwärts auf der B110, nach
links zur Gaststätte abbiegen

Hauptgerichte 14–25 € – Deutsche Küche. Jeanette Gründer und ihr
engagiertes Team verwöhnen ihre Gäste in Broderstorf bei Rostock
mit frisch zubereiteter gutbürgerlicher Küche. Im stilvoll eingerichteten und liebevoll dekorierten Restaurant genießt man typische Meck-
lenburger Gerichte wie mit Backobst gefüllte Ente, hauseigenes Sau-
erfleisch oder gebratenen Boddenzander. Auch Vegetarier werden fündig. Kinder sind in der Mooreiche
gerne gesehen: Für sie gibt es eine Spielecke und eine spezielle Kinderkarte.

🚐 Wohnmobilbesitzer nächtigen auf dem gepflasterten Parkplatz vor dem Haus. Dank guter Anbindung
zur A19 und A20 gelangt man schnell nach Rostock und Warnemünde oder unternimmt einen Ausflug
auf die Halbinsel Fischland-Darß-Zingst mit dem Künstlerort Ahrenshoop und wunderschönen Stränden.

🚐 5 Plätze max. 7,5 t, 15 m ⊙ nicht vorhanden 📶 nicht vorhanden WC gegen Gebühr, nur zu den
Öffnungszeiten ≈ Kein Frischwasseranschluss, keine Entsorgungsmöglichkeit für Grauwasser und Bordtoilette
ℹ Reservierung erforderlich. Bewirtung der Gäste auch im Wohnmobil. Spielplatz. Spaziergänge möglich.

REGIONALE MÄRKTE AUF FISCHLAND-DARSS-ZINGST

Auf einem der schönsten Fleckchen der deutschen Küste gibt es nicht nur den herrlichen Weststrand, das Künstlerdorf Ahrenshoop und Zeesenboote auf dem Bodden – auch die lokalen Produkte können sich sehen und schmecken lassen. Die an den hübschesten Orten der Halbinsel Fischland-Darß-Zingst stattfindenden Märkte bilden von Mai bis Oktober das ganze Spektrum an handgemachten Erzeugnisse der Region ab. Ein eigenes Flair hat jeder dieser regionalen Märkte: Im Hafen von Dierhagen eröffnet sich ein toller Blick über den Bodden, in Ahrenshoop kauft man zwischen Museen- und Galeriebesuchen etwas Frisches fürs Picknick ein oder genießt die entspannte Atmosphäre unter der Linde des beschaulichen Bodden-Ortes Wieck. Viele der frischen Produkte stammen aus ökologischem Anbau und reichen von Obst und Gemüse, Wurst und Bio-Fleisch, Backwaren und Fisch bis hin zu Spezialitäten wie exzellenten Ziegenkäse, selbst gemachte Sanddornprodukte und Landschaftshonige. Ergänzt wird das vielfältige Angebot durch Seifen, Tees, Kräuter, Öle, Gewürze und röstfrischen Kaffee. Ebenfalls nicht fehlen darf Kunsthandwerk wie Keramik, Schmuckdesign, Bernstein, Wolliges vom Schaf, Malerei oder Holzkunst. Ein Plausch mit den Produzenten lohnt immer und gibt vielfältige Einblicke in dieses besondere Stück Land zwischen Himmel, Bodden und Meer.

Die Märkte finden immer vormittags bis in den frühen Nachmittag statt. Wochentage und genaue Öffnungszeiten: www.fischland-darss-zingst.de/regionalergenuss/frischemaerkte

BISMARCKHERING

Wussten Sie, dass...?

... für Bismarckhering gerne Hering aus der Nord- und Ostsee verwendet wird? Verarbeitet wird der rohe Fisch nach regional unterschiedlichen Rezepten. Dabei wird er zur Konservierung gewürzt oder ungewürzt in eine Essigmarinade eingelegt. Der Salzgehalt liegt bei 14 Prozent. Diese Kombination macht die Fischdelikatesse besonders haltbar und gibt ihr den typischen frischen Geschmack.

»Wenn Heringe genauso teuer wären wie Hummer, würden ihn die Leute weitaus mehr schätzen«, soll der deutsche Reichskanzler Otto von Bismarck gesagt haben, der den sauer eingelegten fettreichen Fisch, der mit seinem Namen verbunden wird, wohl sehr gerne und oft verzehrte.

Traditionell genießt man den sauren Hering mit Bratkartoffeln oder als Belag für Brot und Brötchen. Durch die Kombination mit Zwiebeln, Remoulade oder gekochtem Ei wird der Geschmack noch verfeinert.

Bereits im Mittelalter war Hering ein wichtiges Nahrungsmittel, und die Hansestadt Stralsund spielte dabei eine wichtige Rolle. Während der Hansezeit kam der Heringsfang in Rügen an Land und gelangte auf der historischen Heringsstraße, einer alten Handelsstraße, von Vitt nach Stralsund. Dort wurde er zu Salzhering verarbeitet und in die ganze Welt verschifft. Im 19. Jh. begann man damit, filetierten Hering sauer in einem Sud aus Essig und Salz für den Transport zu konservieren.

Auch Johann Wiechmann und seine Frau Karoline aus Stralsund legten Heringe sauer ein. Ihre Kreation schmeckte, und das Geschäft wuchs. Der geschäftstüchtige Händler schickte Otto von Bismarck 1871 zu dessen Amtsantritt als Reichskanzler ein Fass seiner Delikatesse, verbunden mit der Bitte, die Fischspezialität unter seinem Namen verkaufen zu dürfen. Der »wahre« Bismarckhering ist also in Stralsund zu Hause. Vielleicht stand aber auch die Stadt Bismark in der Altmark bei der Namensgebung Pate. Oder es war doch ganz anders? Denn im 19. Jh. erhielten, auch aus Marketinggründen, viele Dinge, etwa Türme, Straßen, Aussichtspunkte, Salate oder Süßigkeiten, den Beinamen des prominenten Reichskanzlers.

Egal, wie der Bismarckhering zu seinem Namen kam: Zum Besuch in Stralsund – und jedem anderen Ort an der Küste – gehört unbedingt ein Fischbrötchen. Besonders gut schmeckt die Delikatesse bei einer leichten Brise und dem Geräusch der Wellen mit Blick auf Hafen oder Meer. Ob dabei Bismarckhering oder doch lieber Matjes zum Einsatz kommen, ist Geschmackssache. Eine schöne Geschichte ist es auf jeden Fall.

UNBEDINGT PROBIEREN

Der originale Stralsunder Bismarckhering, hergestellt nach der alten Wiechmannschen Rezeptur von 1871, ist bei Fischhandel und Räucherei Henry Rasmus erhältlich und ein ideales Urlaubsmitbringsel.
Fischhandel und Räucherei Henry Rasmus, Heilgeiststraße 10, 18439 Stralsund, Mo–Fr 10–17, Sa 8.30–12.30 Uhr, www.bismarckhering.com

Eine weitere Heringsvariante ist der Roll-
mops: Wie Bismarckhering sauer eingelegt,
wird er um eine Gewürzgurke gewickelt
und mit einem Holzspieß festgesteckt.

Mit geringem Gefälle fließt die Peene gemächlich durch unberührte Natur.

AUSFLÜGE IN MECKLENBURG-VORPOMMERN

WANDERN AN DER OSTPEENE

Die Peene erstreckt sich über 85 km vom Kummerower See bis zur Insel Usedom – 20 000 ha geschützte Flusslandschaft. Kein Wunder also, dass es dort jede Menge Wandermöglichkeiten gibt. Eine schöne, rund 13 km lange Tour durch leicht hügelige Landschaft führt an der Ostpeene entlang. Guter Ausgangspunkt dafür ist der Parkplatz am dortigen Ufer. Nun der Ausschilderung »Querweg zum Wanderrundweg« folgen und über die Brücke Richtung Duckow gehen. An der nächsten Kreuzung rechts abbiegen und sich an dem Hinweis »Wanderrundweg

Ostpeene« orientieren. Von hier geht es immer weiter durch das Durchbruchstal der Ostpeene bis nach Pinnow und von dort nach Demzin. Hinter Demzin folgt man schließlich der Landstraße etwa 600 m – und nun geht es auch schon am Westufer der Ostpeene entlang zurück zum Parkplatz. Wer von Ende Mai bis Mitte Juni unterwegs ist, wird Tausende blühende Orchideen sehen können. Also die Kamera oder das Handy nicht vergessen! Und wer weiß, vielleicht kreuzt ja auch ein Eisvogel den Weg. Auch Fischotter sind hier übrigens beheimatet.

ABSEITS GROSSER STRASSEN: VON PARCHIM NACH LÜBZ

Diese rund 35 km lange Tagestour verbindet die beiden Städte Parchim und Lübz miteinander und wird etwa zur Hälfte den Mecklenburgischen Seen-Radweg entlanggeführt. Lübz ist eine beschauliche Kleinstadt, bekannt vor allem für ihre Brauerei. Die Tour startet am Schwimmbad in Parchim, von dort geht es, vorbei am Café Wockersee, immer weiter geradeaus bis nach Darze. Im Ort biegt man nach rechts Richtung Stralendorf ab, passiert die Ortschaft Lancken, bis man schließlich auf einem wunderbaren, von Wiesen und Wäldern gesäumten Weg die Ortschaft Lübz erreicht. Wer mag, besucht für einen Restaurantbesuch die Altstadt, schlendert durch die Gassen – oder besucht das Museum am Markt mit dem Amtsturm. Dann steigt man entweder am ZOB (Zentralem Omnibusbahnhof) mit seinem Fahrrad in den Bus und fährt zurück nach Parchim – oder aber man radelt auf der wenig befahrenen Hauptstraße entlang Richtung Klein Niendorf. Von dort der Straße immer weiter folgen, bis man schließlich wieder Parchim erreicht. Der Mecklenburgische Seen-Radweg ist in seiner Gesamtheit freilich deutlich länger: Über 600 km warten darauf, erkundet zu werden – von Wolgast bis ins niedersächsische Lüneburg.

Wer in Lübz noch nicht genug hat, setzt die Tour auf dem Mecklenburgischen Seen-Radweg bis Plau am See fort.

Der Campingpark Ostseebad Kühlungsborn bietet Fünf-Sterne-Luxus direkt an der Ostsee.

CAMPINGPLÄTZE

Camping am See ★★★★☆

13 Auf einem mehrere hundert Meter langen Wiesenstreifen bietet der gepflegte Platz fast ausschließlich Standplätze direkt am See. Das Gelände ist mit einzelnen Bäumen und Hecken bewachsen, ein öffentlicher Radweg führt mitten hindurch. Von der verkehrsreichen Straße und der Bahnlinie ist der Platz durch einen bewaldeten Hang abgeschirmt. Mehrere über kleine Stufen zugängliche Badestellen reihen sich am langen, steinigen Strand entlang. Auf einer kleinen Liegewiese kann man sein Handtuch ausbreiten.

▶ An den Schaftannen 1, 17214 Alt Schwerin, Tel. 03 99 32/420 73, Anfang April–Anfang Nov., GPS: 53.523133, 12.318283
■ pincamp.de/mk5900

Ferien-Camp Börgerende ★★★★☆

14 Der Familiencampingplatz liegt direkt an der Ostsee auf der Landseite des Deichs und erstreckt sich über ein ebenes Wiesengelände, das

mit mehreren Baumreihen und zahlreichen jungen Sträuchern bewachsen ist. Zur Ostsee und zum rund 300 m langen, steindurchsetzten Sandstrand sind es nur wenige Schritte über den Deich. Ein separater Strandteil ist für FKK-Anhänger reserviert.

▶ Deichstraße 16, 18211 Börgerende, Tel. 03 82 03/811 26, Anfang April–Ende Okt. und über den Jahreswechsel, GPS: 54.152517, 11.899750
■ pincamp.de/mk0500

Campingpark Ostseebad Kühlungsborn ★★★★★

15 Der gepflegte Spitzenplatz direkt am Ostseestrand sorgt mit großzügigen, bestens ausgestatteten Standplätzen für einen Rundum-Wohlfühl-Urlaub – und das ganzjährig, denn viele Standplätze sind für den Ganzjahresbetrieb eingerichtet. Das Gelände besteht aus teils naturbelassenem, durch verschiedenartige Hecken gegliedertem Dünen- und Waldgelände mit größeren Wiesenflächen und vereinzelten Palmen. Zum

Ostseebad Kühlungsborn mit klassizistischer Bäderarchitektur und elegantem Flair sind es nur ein paar Schritte. Meereswellen und Ostseestrand sind auch nicht weit, hier verbringt man am rund 750 m langen und 30 bis 40 m breiten Sandstrand angenehme Badetage. Ein separater Strandabschnitt ist für Gäste mit Hund vorgesehen.

▶ Waldstraße 1b, 18225 Kühlungsborn,
Tel. 03 82 93/71 95, ganzjährig geöffnet,
GPS: 54.151367, 11.719417
■ pincamp.de/mk0400

Ostseecamp Dierhagen ★★★☆☆

16 Von diesem freundlich geführten Platz aus kann man die Ostsee ebenso wie den Saaler Bodden in einem kurzen Spaziergang erreichen. Auf dem ebenen Wiesengelände, das auf der einen Seite an einen Kiefernwald, auf der anderen an eine Straße grenzt, wachsen vereinzelt Schatten spendende Laubbäume. Sportlich Aktive buchen in der Surf- und Kitesurfschule Kurse oder versuchen sich im Stand-Up-Paddling.

▶ Ernst-Moritz-Arndt-Straße 1a, 18347 Dierhagen Strand, Tel. 03 82 26/80 7 78, Mitte März–Ende Okt., GPS: 54.291649, 12.343783
■ pincamp.de/mk780

Camping Sternberger Seenland ★★★★☆

17 Direkt am Luckower See, mitten im Naturpark Sternberger Seenland, erstreckt sich der Campingplatz über eine kleine Anhöhe. Im vorderen Platzteil gibt es zwei große Wiesen, die mit Laubbäumen bestanden sind. Eine etwa 50 m lange und 15 m breite Sandbucht mit Badesteg und Bootsverleih sorgt für Badevergnügen. Unter den Freizeitaktivitäten gibt es ein besonderes Angebot: durch »Fluss-Ranger« geführte, auch mehrtägige Kanufahrten. Auf alle, die mit Hunden reisen, wartet eine Hundebetreuung durch den Platz in Zusammenarbeit mit einer Hundepension.

▶ Maikamp 11, 19406 Sternberg, Tel. 038 47/25 34, Anfang April–Ende Okt., GPS: 53.713333, 11.812833
■ pincamp.de/mk5500

Auf dem Platz Camping Sternberger Seenland lassen sich angenehme Urlaubstage verbringen.

Brandenburg und Berlin

Von bodenständig bis hip

Spätestens seit Friedrich der Große der Kartoffel per Dekret zum Durchbruch verholfen hat, ist sie aus der brandenburgischen Küche nicht mehr wegzudenken, z. B. mit Karpfen und Spreewaldsoße. Berlin bietet mehr als nur Currywurst, nämlich praktisch alles, was das Genießerherz begehrt.

BRANDENBURG UND BERLIN

RUSTIKAL
19 **20** **21** **24**

DEUTSCHE KÜCHE
19 **21** **23** **24**

REGIONALE SPEZIALITÄTEN
19 **20** **22** **23**

GOURMETKÜCHE
22

BIO/VEGETARISCH
20 **22**

BRAUEREIGASTHOF
24

CAMPINGPLÄTZE
18 – **22** s. S. 62

Bild vorangehende Doppelseite: Feinschmecker können sich freuen: Brandenburgs Küche ist so vielfältig wie seine Natur (hier die Fürstenwalder Spree). Sie reicht von bodenständiger Hausmannskost über innovatives Streetfood bis hin zu Gourmetküche.

⑲ ROULADEN-BISTRO

Briesker Straße 27
01968 Brieske
Tel. 0179/466 52 74
annett@rouladen-bistro.de
www.rouladen-bistro.de

🕐 Mo–Fr 6.30–14 Uhr,
Sa, So Ruhetage
GPS 51.503627, 13.968844
➡ A13, Ausfahrt Ruhland, ca.
10 km auf der B169 bis Senftenberg

Hauptgerichte 4–8,50 € – Rustikal, deutsche Küche. Anetts Rouladen-Bistro in Senftenberg ist ein echtes Brandenburger Original. Nicht nur die Preise sind unschlagbar, sondern auch die einfache, gemütliche Atmosphäre. Hier sitzen die Gäste an schlichten Holztischen mit karierten Tischdecken und lassen sich die hausgemachten Rouladen mit Rotkohl und Kartoffeln schmecken. Neben den namensgebenden Rouladen stehen belegte Brötchen etwa mit Hackepeter, Bockwurst, Knacker und Soljanka auf der Karte. Schnitzelfans kommen am besten am Dienstag, dann ist Schnitzeltag. Die vielen Stammgäste wissen Anetts Mittagstisch zu schätzen, denn hier gibt es jeden Tag einfache deutsche Hausmannskost sowie regionale Spezialitäten.

🚐 Für Wohnmobile gibt es große gepflasterte Parkflächen vor- und hinter dem Gasthaus. Hier in der Niederlausitz bieten sich Ausflüge zum Lausitzer Seenland und nach Senftenberg an.

🚐 3 Plätze 〔max.〕 7,5 t, 15 m ☉ nicht vorhanden 〔⊤〕 nicht vorhanden 〔WC〕 gratis, nur zu den Öffnungszeiten ♒ kein Frischwasseranschluss, keine Entsorgungsmöglichkeit für Grauwasser und Bordtoilette 🔋 Keine Reservierung erforderlich. Speisen/Getränke zum Mitnehmen. Hunde willkommen.

---

⑳ GASTHAUS STUCKATZ

Hauptstraße 29
03238 Dollenchen
Tel. 03 53 29/364
kontakt@gasthaus-stuckatz.de
www.gasthaus-stuckatz.de
🕐 Di, Mi, Fr, Sa 10–21, So
10–14 Uhr, Mo, Do Ruhetage,

Anreise nach Absprache, im Gasthaus anmelden
GPS 51.607066, 13.861894
➡ A13, Ausfahrt Großräschen,
ca. 6 km auf der B96 Richtung
Nordwesten bis Dollenchen

Hauptgerichte 9–19 € – Rustikal, regionale Spezialitäten. Seit 1917 in Familienbesitz, kombiniert das urige Gasthaus mit gemütlicher Sofaecke und wärmendem Kachelofen alte Traditionen mit moderner kreativer Küche und greift dabei auf heimische Zutaten zurück. So stehen regionale Gerichte wie Spreewälder Kartoffeln mit Quark und Leinöl genauso auf der Karte wie ein BBQ-Burger mit Süßkartoffel-Pommes, wobei die berühmte Spreewaldgurke niemals fehlen darf. Spezialität des Hauses ist »ein Meter Jörgs Kräuter mit Sauerstoff« – man lasse sich überraschen.

🚐 Im Garten des Gasthauses befindet sich auf einer großen Rasenfläche der Stellplatz mit Grillmöglichkeit und Liegewiese. Ruhig und doch verkehrsgünstig gelegen, lassen sich von hier aus die Ausflugsziele der Umgebung im Elbe-Elster-Land und im ehemaligen Braunkohlerevier Lausitzer Seenland erkunden.

🚐 20 Plätze 〔max.〕 > 7,5 t, > 15 m ☉ gratis 〔⊤〕 gratis 〔WC〕 gratis, auch außerhalb der Öffnungszeiten ♒ Frischwasseranschluss, Entsorgungsmöglichkeit für Grauwasser und Bordtoilette 🔋 Keine Reservierung erforderlich. Bewirtung der Gäste auch im Wohnmobil. Speisen/Getränke zum Mitnehmen. Hunde willkommen. Schöne Spaziergänge vom Gasthaus aus möglich.

Blick auf den Senftenberger See, der 1972 durch Flutung des ehemaligen Braunkohletagebaus Niemtsch entstand.

BEELITZER SPARGEL

Wussten Sie, dass...?

... es in Beelitz auch ein Spargelmuseum gibt? Die vielen Exponate, Infotafeln und die detailgetreu eingerichtete Gründerzeitküche vermitteln einen lebendigen Eindruck der jahrhundertealten Beelitzer Spargelkultur.
Mauerstraße 12, 14547 Beelitz, Di–So 11–16 Uhr, www.beelitzer-spargel verein.de/spargel museum.html

»Bis Johanni nicht vergessen, sieben Wochen Spargel essen«, sagt der Volksmund. Und tatsächlich lieben die Deutschen ihre weißen Stangen: Mit 115 700 Tonnen verzehrtem Spargel im Jahr 2021 ist der Hype ungebrochen, und zwischen April und Juni kommt kaum eine Speisekarte ohne Spargelgerichte aus. Auf den meisten europäischen Märkten dürften Reisende das einstige Königsgemüse allerdings vergeblich suchen – ein Grund mehr, im Frühling einen Abstecher ins brandenburgische Beelitz einzuplanen und den frischen Spargel direkt vor Ort zu genießen.

Deutschlands wohl bekanntestes und größtes geschlossenes Spargelanbaugebiet liegt 50 km südlich von Berlin rund um die historische Stadt Beelitz. Es erstreckt sich über 4800 ha, und seit März 2018 darf Spargel aus Beelitz sogar das EU-Siegel »geschützte geografische Angabe (g.g.A.)« tragen. Seine hohe Qualität verdankt er dem kargen, früher als »Streusanddose« geschmähten märkischen Boden, der sich für den Anbau von Spargel allerdings besonders gut eignet. Die ersten Stangen werden Anfang April von der jährlich gekrönten Beelitzer Spargelkönigin in Begleitung der Beelitzer Spargelfrauen in traditioneller Tracht ge-

◄ Schon vor über 150 Jahren wurde in Beelitz der erste Spargel angebaut. Heute gilt das begehrte Edelgemüse als Markenzeichen der Stadt.

stochen. Nach dem symbolischen Akt verrichten die Feldarbeit rumänische und georgische Erntehelferinnen und -helfer – in Brandenburg findet sich kaum jemand, der für den Mindestlohn auf den Spargelfeldern schuften würde.

Wie ihre süddeutschen Weinkolleginnen wirbt die märkische Spargelhoheit auf Hoffesten und landesweiten Veranstaltungen für das Edelgemüse. Und die sind inzwischen fester Bestandteil der Beelitzer Spargelsaison. Höhepunkt ist das Beelitzer Spargelfest, das immer am ersten Juniwochenende gefeiert wird.

SPARGELHÖFE NOCH UND NÖCHER

In den Hofläden verkaufen die Beelitzer Spargelbauern neben frischem Spargel regionale Produkte wie hausgemachte Marmeladen, Erdbeeren, Kürbisse sowie Wurst und Käse. Empfehlenswert sind auch die Hofküchen: Auf dem Jakobs-Hof Beelitz (www.jakobs-hof.de) laden die Jakobs Stuben mit Kaminzimmer und bei schönem Wetter mit Hofterrasse ein, beim Spargelhof Märkerland (www.spargelhof-maerkerland.de)

gibt es am Springbrunnen vor der Gartenlaube Kaffee und Kuchen, und im Hofrestaurant Servus des Obst- und Spargelhofs Leue schmecken gutbürgerliche Küche wie auch innovative, saisonale Angebote (www.obst-spargelhof-leue.de).

Eine tolle Alternative für Wohnmobilreisende sind die neuen Take-away-Angebote der Spargelhöfe. So bietet etwa der Drive-in des Spargelhofs Klaistow (www.spargelhof-klaistow.de) Beelitzer Spargelgerichte zum Mitnehmen. Wer lieber selbst kocht, bekommt im Hofladen auch den passenden Spargelschäler – oder kauft direkt geschälten Spargel. Zum Übernachten bietet sich der schön gelegene Wohnmobilstellplatz auf dem Hof an. Er ist perfekt, um abends bei Sonnenuntergang leckeren Spargel zu genießen, sich zum Frühstück im Hofladen mit frischen Brötchen zu versorgen und dann einen ausgedehnten Spaziergang in der Landschaft des Naturparks Nuthe-Nieplitz zu unternehmen. Bevor es mit der Reise entlang der Beelitzer Spargelstraße weitergeht, lohnt eine Besichtigung der restaurierten Beelitzer Altstadt mit dem Spargelmuseum.

Am 24. Juni, dem Johannistag, heißt es dann: »Kirschen rot, Spargel tot«. Ein harter Tag für Spargelfans, die sich jetzt wieder ein Jahr gedulden müssen, um ihr liebstes Gemüse in allen Varianten genießen zu können.

ENTLANG DER BEELITZER SPARGELSTRASSE

Ein absoluter Traum für Spargelfreunde: Besichtigen Sie Spargelfelder und -höfe der Region, kaufen Sie frischen Spargel direkt am Feldrand, an der Straße, in den Orten und in Hofläden, erfahren Sie alles über Anbau, Ernte, Verarbeitung, Vermarktung und Zubereitung des »weißen Goldes«. Die Landschaft vor den Toren Berlins und Potsdams, durch die sich die Spargelstraße hindurchschlängelt, zählt zu den reizvollsten Naturräumen der Mark Brandenburg. Markante Höhenzüge mit dichten Kiefernmischwäldern, stille Seen sowie Wiesen und Luchgebiete prägen das Landschaftsbild. Die Landschaftsschutzgebiete Nuthetal-Beelitzer Sander und Potsdamer Wald- und Seengebiet stoßen hier direkt aneinander. Lassen Sie sich unbedingt Zeit, auf dieser Spargel-Tour von www.pincamp.de die Schönheit dieser Natur kennenzulernen – ein echter Genuss!
www.pincamp.de/magazin/inspiration/routen-touren

21 ZUR SCHEUNE

Friedensstraße 96
14715 Milower Land, OT Milow
Tel. 03386/280360
Carsten-Froehlich@t-online.de
www.gaststaettezurscheune.
eatbu.com

🕐 Mi–So 11–20 Uhr, Mo, Di Ruhetage, Anreise bis 18 Uhr
GPS 52.521006, 12.311685
➡️ B102 bis Premnitz, in Richtung Südwesten abbiegen auf die L963 und ca. 2 km bis Milow

Hauptgerichte 6–17 € – Rustikal, deutsche Küche. Schon mal inmitten historischer Geräte aus der Landwirtschaft gespeist? In diesem urigen Lokal im westbrandenburgischen Milow geht das. Das rustikale, familiäre Restaurant bietet handfeste Hausmannskost, in der Schnitzel und Steaks die Hauptrolle spielen – in so üppigen Portionen, dass selbst die Hungrigsten satt werden. Wer es etwas leichter mag, greift zum Lachs auf Blattspinat oder Salat mit Hähnchenbruststreifen. An Werktagen bietet die Scheune gutbürgerlichen Mittagstisch.

🚐 Wohnmobile parken auf der ebenen, gepflasterten Stellfläche vor der Gaststätte, die direkt an einer Landstraße liegt. Ganz in der Nähe befindet sich eine schöne Naturbadestelle, die flussabwärts am linken Havelufer am Rande des Naturschutzgebietes liegt. Im Naturparkzentrum erläutert eine interaktive Ausstellung den Naturpark und den Artenreichtum der Niederungslandschaft der Unteren Havel.

🚐 3 Plätze   max. 3,5 t, 7 m   ☺ nach Absprache zu den Öffnungszeiten   (¶) gratis   WC gratis, nur zu den Öffnungszeiten   💧 kein Frischwasseranschluss, keine Entsorgungsmöglichkeit für Grauwasser und Bordtoilette   ℹ️ **Reservierung erforderlich**. Bewirtung der Gäste auch im Wohnmobil. Speisen/Getränke zum Mitnehmen. Hunde willkommen. Schöne Spaziergänge vom Gasthaus aus möglich.

22 KLOSTERHOTEL NEUZELLE & WILDE KLOSTERKÜCHE

Bahnhofstraße 18
15898 Neuzelle
Tel. 033652/823991
reservierung@wildeklosterkueche.de
www.wildeklosterkueche.de

🕐 tgl. 8–22 Uhr, Anreise bis 18 Uhr
GPS 52.091931, 14.648904
➡️ A12, Ausfahrt Frankfurt (Oder)-Mitte, ca. 30 km Richtung Süden auf der B112 bis Neuzelle, Achtung: schmale Auffahrt

Menü 65–95 € – Gourmetküche, regionale Spezialitäten. Der ländlichen Idylle rund um das Kloster Neuzelle verleiht eine Prise Berliner Coolness die nötige Würze. Der Name Wilde Klosterküche steht für Mut und Offenheit, neue Geschmackserlebnisse auf der Basis regionaler Produkte zu kreieren. Denn schließlich braucht eine authentische Küche gute Zutaten und Menschen, die Lust haben, damit zu experimentieren. So widerlegt Küchenchef Manuel Bunke mit Gerichten wie »Birne, Kamille, Heu, Kefir« oder »Zander, Sellerie, Knochenmark, Buttermilch« den scheinbaren Widerspruch zwischen Fine Dining und deftiger deutscher Küche – das Resultat kann sich sehen lassen.

🚐 Der Wohnmobilstandplatz, der nach dem kulinarischem Erlebnis Quartier bietet, liegt im ebenen Hinterhof. In der Nähe lohnen das Kloster Neuzelle und das Dorchetal einen Besuch.

🚐 1 Platz   max. 3,5 t, 7 m   ☺ nicht vorhanden   (¶) gratis   WC gratis, nur zu den Öffnungszeiten   💧 kein Frischwasseranschluss, keine Entsorgungsmöglichkeit für Grauwasser und Bordtoilette   ℹ️ € Übernachtung kostenlos bei MIndestverzehr von 35 €/Pers. (So–Mi) und 75 €/Pers. (Do–Sa). **Reservierung erforderlich**. Schöne Spaziergänge vom Gasthaus aus möglich.

㉓ PENSION & GASTHAUS KATTENSTIEG

Kattenstiegweg 2
16909 Heiligengrabe, OT Königsberg
Tel. 03 39 65/402 15
info@kattenstieg.de
www.kattenstieg.de
🕐 März–Okt. Do–Mo 11.30–20 Uhr,

Nov.–Feb. Fr–So 11.30–18 Uhr, Di, Mi
Ruhetage, Anreise bis 18 Uhr
GPS 53.045284, 12.454183
➡ A24, Ausfahrt Herzsprung, ca.
8 km nach Südwesten auf der L18
und L14. Achtung: Die letzten 500 m
bis zur Gaststätte sind unbefestigt.

Hauptgerichte 12–25 € – Deutsche Küche, regionale Spezialitäten. Am Naturschutzgebiet Königsberger See, Kattenstiegsee gelegen, ist dieses familiengeführte Gasthaus eine Oase der Ruhe und Erholung. Gäste lieben die rustikalen Speisen, die vorwiegend mit Zutaten aus eigenem Anbau oder von regionalen Vermarktern zubereitet werden. Auf der Speisekarte stehen etwa die Kattenstieger Fischplatte mit drei Sorten Fischfilet nach Angebot oder geschmorte Hirschroulade von heimischem Wild. Bei schönem Wetter kann man auf der Sonnenterrasse zusehen, wie an den hauseigenen Teichen Fische geangelt werden.

📷 Mit Blick auf die Angelteiche und das Naturschutzgebiet liegen auf einem Teilbereich des Restaurantparkplatzes drei Standplätze für Wohnmobile direkt neben dem Haus. Die naturbelassene ruhige Gegend inmitten von Wäldern und Seen lädt zum Wandern, Radfahren, Walken, Angeln und Rudern ein.

🚐 3 Plätze   max. 7,5 t, 15 m   😊 5 €/Tag   📡 nicht vorhanden   WC 2 €/Pers./Tag   ⚓ kein Frischwasseranschluss, keine Entsorgungsmöglichkeit für Grauwasser und Bordtoilette   ℹ **Reservierung erforderlich**. Bewirtung der Gäste auch im Wohnmobil. Speisen/Getränke zum Mitnehmen. Hunde willkommen. Schöne Spaziergänge möglich.

Kloster Neuzelle ist ein Meisterwerk des Barocks. Sehenswert ist auch der nach Originalplänen wiederhergestellte Garten.

SO GEHT IMBISS IN BERLIN

... es bereits in der Antike Streetfood gab? Die alten Griechen sollen die Darreichung von Speisen auf die Hand von den Ägyptern übernommen und in die römische Welt getragen haben. Auf dem Ausgrabungsgelände von Pompeji finden sich Überreste sogenannter Thermopolia, Vorfahren moderner Imbissbuden.

Currywurst mit oder ohne Darm? Lange war es vor allem diese Frage, die an jedem Imbiss der Stadt täglich unzählige Male gestellt wurde, an Nachtschwärmer und Frühaufsteher, an Bauarbeiter und Manager. Heiß, fettig, lecker – und vor allem unkompliziert musste und muss es sein im schnelllebigen Berlin. Mit dem rasant an Fahrt aufnehmenden Wandel der kulinarischen Szene und einer zunehmend kosmopolitisch geprägten Stadt entstand eine Synthese aus lieb gewordener Imbisskultur, internationalen Einflüssen und angesagten Foodtrends.

URBAN CUISINE AUF DIE HAND

Was in Asien normal ist und in den USA hip, ist nun auch in Berlin eingezogen: Von Dim Sum über Pulled-Pork-Burger bis hin zum Slow-Food-BBQ bieten Straßenküchen schnelle, originelle Köstlichkeiten auf die Hand. Den Grundstein für die boomende Streetfoodkultur in Berlin legte der Street Food Thursday in der Markthalle Neun (www.markthalleneun.de) in der Kreuz-

◄ Jeden Donnerstag bietet der Street Food Thursday in Berlin-Kreuzbergs Markthalle Neun hungrig-neugierigen Besuchern Gaumenfreuden aus nah und fern.

berger Eisenbahnstraße. In der eindrucksvollen Markthalle aus dem 19. Jh. erwacht seit 2013 an jedem Donnerstag von 17 bis 22 Uhr ein lebhaftes Treiben, bei dem Foodies an dicht aneinandergestellten Essensständen für Kulinarisches aus der ganzen Welt anstehen.

Konzipiert wurde der Street Food Thursday, um unterschiedlichen Köchen eine Bühne für oft experimentelle Ideen zu geben, ohne dafür gleich ein Restaurant mieten zu müssen. Dementsprechend spannend ist das variierende Angebot, das von tibetischen Momos, britischen Pies und gesmoktem Pulled-Pork-Schweinefleisch (»Big Stuff«) bis hin zu mexikanischen Tacos und Allgäuer Kässpatzen reicht. Guten Wein und Heidenpeters Bier, gebraut im Keller der Markthalle, gibt es auch. Die Marktstände verlängern ihre Öffnungszeiten an diesem Tag ebenfalls, sodass der Wochenendeinkauf gleich mit erledigt werden kann.

Über 40 000 Touristen und Einheimische besuchen jeden Sonntag den Mauerparkflohmarkt auf dem Mauerstreifen zwischen Prenzlauer Berg und Wedding. Wer sich durch Antiquitäten, Trödel und Kunsthandwerk gewühlt hat, findet auf dem Streetfoodmarkt im Mauerpark 30 Stände mit saisonalen Speisen und Getränken aus aller Welt. Von japanischen Gemüsepfannkuchen über italienische BBQ-Sandwiches bis hin zu Zuckerrohrsaft aus Costa Rica reicht das Angebot – da geht keiner hungrig nach Hause, und ordentlich »Berlin-Atmo« hat man auch getankt.

Street Food auf Achse heißt der im Hof der KulturBrauerei (www.kulturbrauerei.de) stattfindende Streetfoodmarkt. Seit Januar 2016 wird das anfänglich experimentelle Foodevent in Prenzlauer Berg mit Ausnahme der Adventssaison jeden Sonntag abgehalten. Hinter dem Markt steht die Idee, besonders den in Berlin und Umgebung beheimateten und mit viel Liebe und Profession kochenden Food Trucks eine Platt-

form zu bieten. Neben den Angeboten der Trucks wird auch an Ständen geköchelt, gebrutzelt und experimentiert. In der kalten Jahreszeit wärmen Feuerkörbe, es gibt ein mit Schirmen überdachtes Areal, und bei ganz schlechtem Wetter steht der angrenzende Frannz Club für den Verzehr der erworbenen Köstlichkeiten zur Verfügung.

Im inzwischen zum Thai Park unbenannten Preußenpark in Berlin-Wilmersdorf tummeln sich auf der zentralen Wiese jeden Sonntag unzählige Thailänderinnen, die selbst gekochtes Thai Food anbieten (www.thaipark.de). Angesichts der unter bunten Sonnenschirmen auf Bastmatten und Decken sitzenden Frauen, die aus Kühltaschen exotische Köstlichkeiten zaubern, fühlt man sich direkt auf einen der traditionellen Märkte in Bangkok versetzt. Am besten eine Picknickdecke mitbringen, Spezialitäten wie Papaya-Salat, Fleischbällchen, Schweinerippchen und diverse Currys besorgen und die Atmosphäre auf sich wirken lassen. Dazu ein kühler Cocktail und zum Dessert Klebreisbällchen mit Mango – und der Thailand-Urlaub ist perfekt.

FÜR TRADITIONALISTEN: DIE TOP THREE DER CURRYWURSTBUDEN

Auch wenn Berlins traditionelle Imbissbuden gegen die Street Food Trucks ein bisschen alt aussehen, feiert die Currywurst in Berlin immer noch Hochkultur. Zu den besten Adressen zählen Curry36 am Mehringdamm (www.curry36.de), Konnopke's Imbiss (www.konnopke-imbiss.de) an der Eberswalder Straße und Bier's Kudamm 195 in der City West (www.bierskudamm195.de). Und wenn Sie sich nicht als Zugezogener outen möchten, antworten Sie so lässig wie möglich »ohne Darm«.

㉔ LANDHOTEL & BRAUHAUS PRIGNITZER HOF

Hauptstraße Buchholz 4
16928 Pritzwalk, OT Buchholz
Tel. 03395/304090
hotel-prignitzer-hof@t-online.de
www.prignitzer-hof.de

🕐 Mo–Do 16–22, Fr, Sa 11.30–14
und 18–22 Uhr, So Ruhetag,
Anreise bis 22 Uhr

GPS 53.120252, 12.182022

➡ A24, Ausfahrt Pritzwalk, ca.
16 km westwärts auf der B189 bis
Pritzwalk Süd, ca. 2 km auf der B103
nach Süden bis Buchholz

Hauptgerichte 9,80–19,20 € – Rustikal, deutsche Küche. Mitten in der Naturlandschaft des nördlichen Brandenburg genießen Gäste des Prignitzer Hofs eine gutbürgerliche Küche. Mit seinem Restaurant Schnitzelschmiede hat sich Inhaber Rico Knorr auch weit über die Prignitz hinaus einen Namen gemacht. Die Auswahl reicht vom puren »0815«-Schnitzel über Varianten mit Champignons, Letscho, »Hawai« mit Käse und Ananas oder »Caprese« mit Tomate und Mozzarella. Spezialität des Hauses, das auch über eine eigene Brauerei verfügt, ist die Bierkutscher-Pfanne, ein deftiger Auflauf aus Speck, Zwiebeln, Kartoffeln, Leberkäse und Käse. Dazu passt ein hausgebrautes Bier wie das Rotbier »Wolfsblut« oder das Schwarzbier. Saisonale Angebote wie Knieper, Spargel, Pilze und Spanferkel sorgen für Abwechslung.

🏕 Der Stell- und Übernachtungsplatz liegt hinter dem Hotel. In der Nähe locken Fahrradtouren wie die Bischofstour, die Gänsetour und die Tour Brandenburg, die mitten durch die Prignitz führen.

🚐 4 Plätze ⬜max 7,5 t, 15 m 🕐 5 €/Tag 📶 gratis WC gratis, nur zu den Öffnungszeiten 💧 Frischwasseranschluss (5 €/Tag), keine Entsorgungsmöglichkeit für Grauwasser und Bordtoilette 🛎 Keine Reservierung erforderlich. Speisen/Getränke zum Mitnehmen. Hunde willkommen. Schöne Spaziergänge möglich.

SCHLOSS RHEINSBERG

Zwischen Hamburg und Berlin liegt in einem der schönsten Teile Brandenburgs das romantische Städtchen Rheinsberg. Herzstück des Ortes ist das herrliche Schloss, das sich fast unerwartet inmitten märkischer Wälder und Felder erhebt. Es besticht nicht nur durch seine malerische Lage direkt am Grienericksee, sondern auch durch ein harmonisches Zusammenspiel zwischen Natur, Kunst und Architektur. Das Rheinsberger Schloss ist das erste Bauwerk im Stil des sogenannten Friderizianischen Rokokos und diente später als Vorbild für Schloss Sanssouci in Potsdam. Friedrich II. lebte von 1736 bis zu seiner Thronbesteigung 1740 mit seiner Frau Elisabeth Christine im südlichen Flügel des Schlosses und bezeichnete die Zeit als »seine glücklichsten Jahre«. Literarische Berühmtheit erlangte das Schloss in Theodor Fontanes »Wanderungen durch die Mark Brandenburg« und Kurt Tucholskys »Rheinsberg. Ein Bilderbuch für Verliebte« – Letzterem wurde sogar ein eigenes Literaturmuseum gewidmet, das in den Innenräumen untergebracht ist. Das aufwändig restaurierte Ensemble vermittelt anhand der ausgestellten Gemälde und kunsthandwerklichen Objekte ein gutes Gefühl für die Lebensweise und Wohnkultur seiner einstigen Bewohner. Als vielseitiger Kulturort bietet das Schlosstheater regelmäßig Konzerte, Musicals, Theater, Kino oder Lesungen, und während der Festivalsaison der Kammeroper Schloss Rheinsberg werden auch Opern gegeben.

Alle Infos, Öffnungszeiten und Veranstaltungen: www.rheinsberg.de

Im Familienpark Senftenberger See findet auch der Nachwuchs Abwechslung und Spaß.

CAMPINGPLÄTZE

Familienpark Senftenberger See
★ ★ ★ ★ ★

Der Campingplatz am Senftenberger See ist Teil einer großen Ferienanlage mit Bungalows und zahlreichen Freizeiteinrichtungen. Auf dem ebenen Sand- und Grasgelände unter hohen lichten Kiefern findet jeder sein perfektes Plätzchen für eine angenehme Nachtruhe. Für besonders Lärmempfindliche: Mitunter kann es (untertags) zu Geräuscheinwirkungen durch den nahe gelegenen Steinbruch kommen. Wer Entspannung sucht, kann das Massageangebot am Platz nutzen. Und wer sich lieber bewegt, bucht eine geführte Radtour. Einen FKK-Bereich finden diejenigen, die gern hüllenlos baden, an einem separaten Strandteil des 600 m langen und bis zu 60 m breiten Sandstrandes, an den eine Liegewiese anschließt.

▶ Straße zur Südsee 1, 01968 Großkoschen, Tel. 03573/80 08 00, Anfang April–Ende Okt., GPS: 51.491383, 14.044517
■ pincamp.de/bd5500

Erlebniscamping Lausitz ★ ★ ★ ★ ★

Der ruhige und familiäre Platz, am Fernradweg Tour Brandenburg gelegen, eignet sich perfekt für einen längeren Aufenthalt oder einen Zwischenstopp. Das ebene Wiesengelände, auf dem sich die Standplätze verteilen, ist mit einigen überwiegend jüngeren Bäumen und Sträuchern bewachsen und von dichten Büschen und Laubbäumen umgeben. Am Platzrand wartet ein Angelteich. Auch ein Freibad mit einem Nichtschwimmerbereich steht zur Verfügung.

▶ Am Bad 1, 01990 Ortrand, Tel. 03 57 55/55 35 09, ganzjährig geöffnet, GPS: 51.372799, 13.77945
■ pincamp.de/bd5300

Campingpark Buntspecht ★ ★ ★ ★ ★

Ebenes Wiesengelände mit Kiefern und junger Bepflanzung bildet den Platz, der auf einer Lichtung im Wald oberhalb des Ferchesarer Sees liegt. Über Holztreppen gelangt man zur Sandbucht am ansonsten mit Büschen und Schilf bestandenen Ufer. Daran grenzt eine Liegewiese an. Ein separater Bereich ist für Gäste mit Hund vorgesehen. Ein Streichelzoo erfreut die kleinen Gäste, sportlich Aktive buchen eine Kanutour.

▶ Weg zum Zeltplatz 1, 14715 Ferchesar,
Tel. 03 38 74/900 72, Anfang April–Mitte Okt.,
GPS: 52.654899, 12.429717
■ pincamp.de/bd2320

Campingplatz Wusterhausen ★ ★ ★ ★ ★

21 Der komfortable Ferienplatz ist am Ortsrand von Wusterhausen zwischen Straße und Klempowsee gelegen. Die Standplätze sind über das leicht geneigte Wiesengelände verstreut, vor Sonne schützen die lichten Kiefern. Viele Dauer-camper haben hier ihre Zelte und Wohnwägen abgestellt. Spezielle Standplätze für Touristen-gäste befinden sich auf mehrere kleine Bereiche des Platzes verteilt. Ein Hallenbad ist auch für Nicht-Camper zugänglich. Über mehrere Zugänge gelangt man zum See, der durch einen Wander-weg vom Platz getrennt ist.

▶ Seestraße 42, 16868 Wusterhausen,
Tel. 03 39 79/142 74, Anfang April–Ende Okt.
GPS: 52.907117, 12.46085
■ pincamp.de/bd500

Touristenzentrum Zabakuck ★ ★ ★ ★ ★

22 Bereits in Sachsen-Anhalt, doch nur wenige Kilometer hinter der Landesgrenze schmiegt sich der Campingplatz in landschaftlich reizvoller Umgebung an einen Baggersee. Die großzügig dimensionierten Standplätze verteilen sich über ein ebenes Gelände, das von einem Kiefernwald begrenzt wird. Viele Dauercamper haben sich hier eingemietet. Standplätze für Touristengäste gibt es auf einer Wiese mit jüngeren Baumbestand. Zum Campingplatz gehört ein Strandbad, das mit etwa 80 m langem und bis zu 10 m breitem Sandstrand Badefreuden verheißt.

▶ Am See 1, 39307 Zabakuck, Tel. 03 93 48/93 90,
Anfang April–Ende Okt.,
GPS: 52.468617, 12.201617
■ pincamp.de/sh1300

Auf dem Gelände des Touristenzentrums Zabakuck lädt der Baggersee Schwimmer und Nichtschwimmer zum Baden ein.

Sachsen

Süßes & Salziges

»Die Eierschecke ist eine Kuchensorte, die zum Schaden der Menschheit auf dem Rest des Globus unbekannt geblieben ist«, stellte Erich Kästner mit Recht fest. Bekannt dagegen sind Leipziger Lärchen oder Dresdner Christstollen. Und für einen Vogtländischen Karpfen mit Salzkartoffeln lohnt sich immer ein Stopp.

SACHSEN

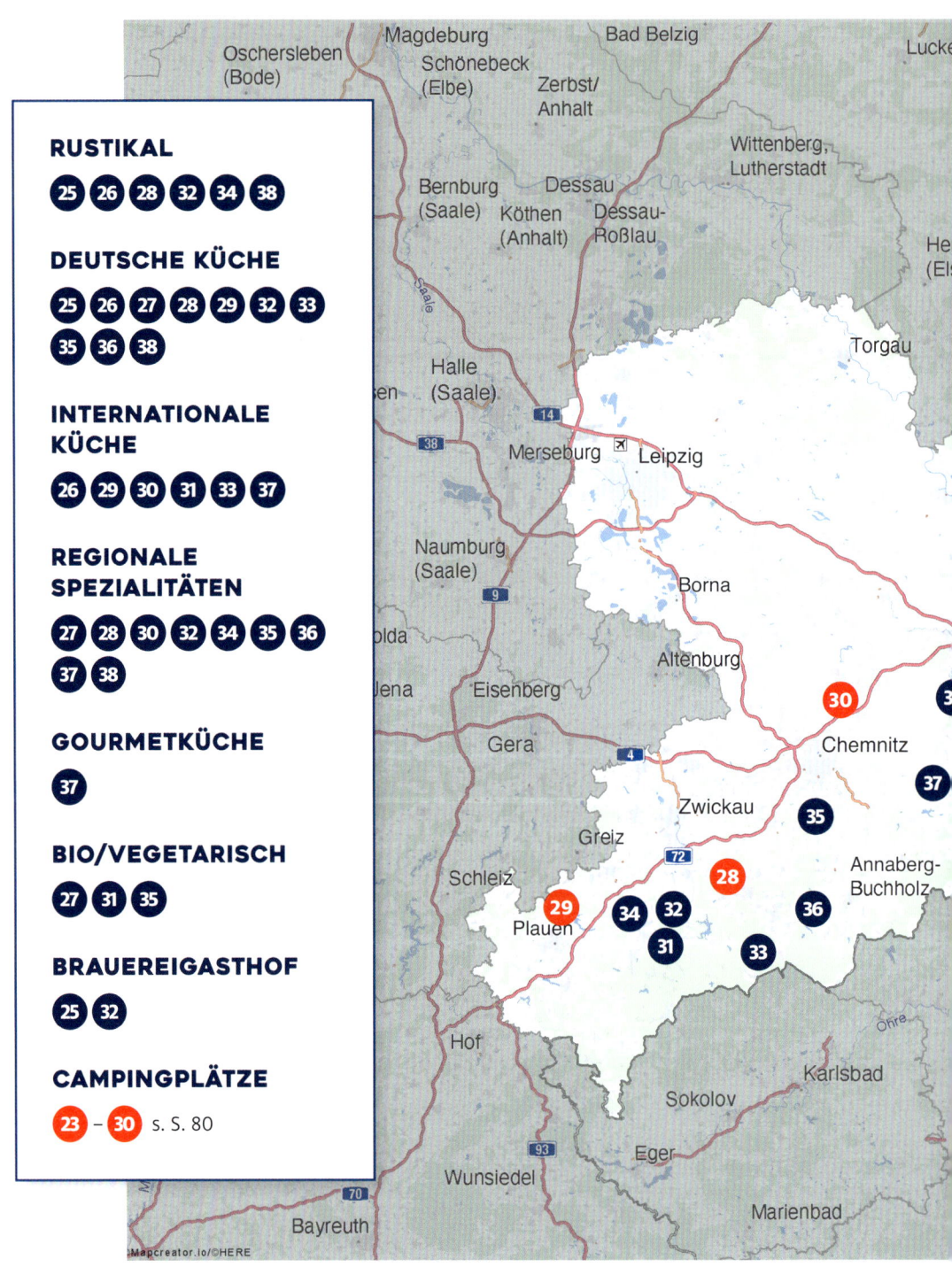

RUSTIKAL
25 26 28 32 34 38

DEUTSCHE KÜCHE
25 26 27 28 29 32 33
35 36 38

INTERNATIONALE KÜCHE
26 29 30 31 33 37

REGIONALE SPEZIALITÄTEN
27 28 30 32 34 35 36
37 38

GOURMETKÜCHE
37

BIO/VEGETARISCH
27 31 35

BRAUEREIGASTHOF
25 32

CAMPINGPLÄTZE
23 – 30 s. S. 80

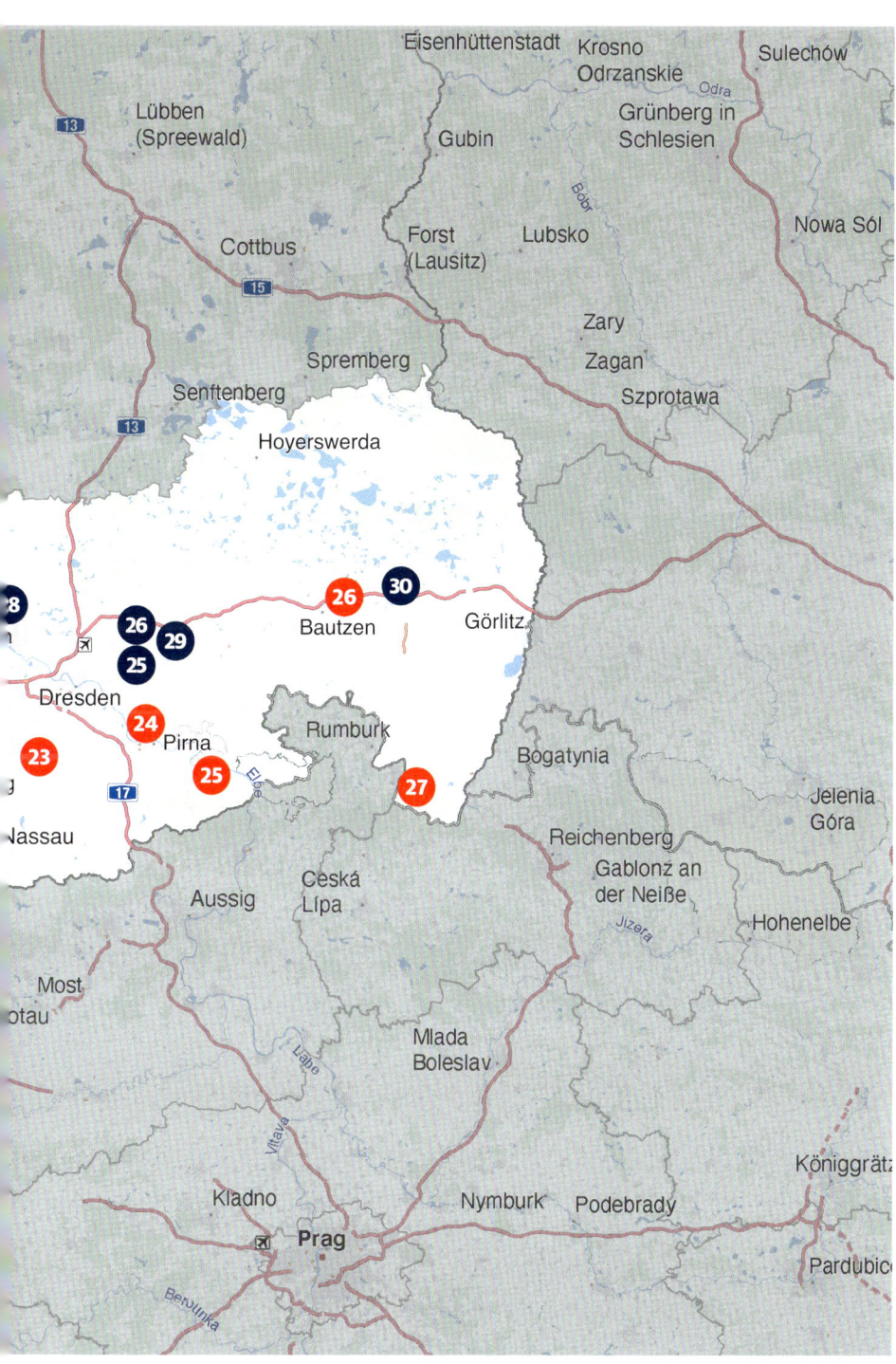

25 RADEBERGER BRAUEREI AUSSCHANK

Hauptstraße 62
01454 Radeberg
Tel. 03528/40970
gast@kaiserhof-radeberg.de

www.kaiserhof-radeberg.de/de/restaurant/brauerei-ausschank
Mo–Sa 12–23 Uhr, So Ruhetag
GPS 51.115906, 13.916968

A4, Ausfahrt Ottendorf-Okrilla, ca. 9 km Richtung Südosten auf der S177 nach Radeberg, Vorsicht: schmale Zufahrt

Hauptgerichte 10–28 € – Rustikal, deutsche Küche. Hier erwartet die Gäste eine urige, gemütliche Brauereigaststätte, in der historische Bilder und Ausstellungsstücke die Geschichte der Radeberger Exportbierbrauerei illustrieren. Wer mag, lässt sich an der langen, zünftigen Theke nieder, im Sommer sitzt man im gemütlichen Biergarten. Auf der Karte stehen rustikale sächsische Leckerbissen wie Omas Hackbraten, Rödertaler Feuerfleisch und Radeberger Bierfleisch, moderne Akzente setzen Craft-Beer-Burger und vegetarische Gerichte. Eine Besonderheit des Hauses ist das frisch vom Fass gezapfte, unfiltrierte Radeberger, zum Nachtisch lockt unter anderem die Radeberger Bierpraline.

Direkt am Restaurant besteht die Möglichkeit, das Wohnmobil auf dem betonierten Parkplatz abzustellen. Wer frühstücken möchte, sollte am Vorabend reservieren. Die 1210 erstmalig urkundlich erwähnte Bierstadt Radeberg lohnt einen Besuch, und auch Dresden ist nur einen Katzensprung entfernt.

2 Plätze max. 7,5 t, 7 m nicht vorhanden nicht vorhanden WC gratis, nur zu den Öffnungszeiten kein Frischwasseranschluss, keine Entsorgungsmöglichkeit für Grauwasser und Bordtoilette **Keine Reservierung erforderlich. Speisen/Getränke zum Mitnehmen. Hunde willkommen. Spielplatz.**

㉖ TIMMERMANNS RESTAURANT IM HOTEL SPORTWELT

Am Sandberg 2
01454 Radeberg
Tel. 035 28/488 00
info@timmermanns-restaurant.de
www.timmermanns-restaurant.de

🕐 Mo–Sa 17–23 Uhr, So Ruhetag
GPS 51.129564, 13.917729
➡ A4, Ausfahrt Ottendorf-Okrilla, ca. 9 km Richtung Südosten auf der S177 nach Radeberg

Hauptgerichte 12–26 € – Rustikal, deutsche Küche. In dem modern eingerichteten Restaurant geht der Gaumen auf kulinarische Entdeckungsreise: Die Küche zeichnet sich durch kreative Leichtigkeit und stets frische Zutaten aus. Auf der Karte ist vom Caesar Salad über Saltimbocca vom Kalb bis zu geschmorten Ochsenbäckchen für jeden Geschmack etwas dabei. Ergänzt wird das Angebot durch Burger- und Grillvariationen. Dazu gibt es frisch gezapftes Radeberger Pils oder ein Glas Wein aus Sachsen oder internationalen Weinbauregionen.

🚏 Das Wohnmobil parkt man auf dem Hotel- und Restaurantparkplatz. Radeberg ist ein idealer Ausgangspunkt für Ausflüge in die Sächsische Schweiz, die Oberlausitz, das reizvolle Elbsandsteingebirge oder das barocke und nicht umsonst Elbflorenz genannte Dresden. Das Restaurant bietet auf Anfrage Craftbeer-Tastings an, während sich Fitnessbegeisterte in der Sportwelt Radeberg austoben können.

🚐 5 Plätze   max. 7,5 t, 15 m   ☺ nicht vorhanden   📶 nicht vorhanden   WC gratis, nur zu den Öffnungszeiten   💧 kein Frischwasseranschluss, keine Entsorgungsmöglichkeit für Grauwasser und Bordtoilette   🔋 **Keine Reservierung erforderlich. Speisen/Getränke zum Mitnehmen. Hunde willkommen. Spielplatz. Spaziergänge möglich.**

Wissenswertes über Stadt und Land erfährt man im Heimatmuseum Radeberg, untergebracht im Schloss Klippenstein.

㉗ LANDGASTHOF & HOTEL ZUM ROSS

An der Weinstraße 50
01612 Diesbar-Seußlitz
Tel. 03 52 67/51 80
info@zum-ross-diesbar.de
www.zum-ross-diesbar.de

🕐 Mi, Do, Sa, So ab 11, Fr ab 15 Uhr, Mo, Di Ruhetage,

GPS 51.226932, 13.426136

➜ B6 bis Meißen, ca. 12 km Richtung Norden auf der B101 und S88

Hauptgerichte 10–25 € – Deutsche Küche, regionale Spezialitäten. Inmitten der sächsischen Elbweindörfer liegt dieser traditionelle Landgasthof, der seit 1942 und bereits in der vierten Generation von der Familie Dörner geführt wird. Moderner Komfort in alten Mauern ist das Motto des Hauses, aus dessen Küche eine gelungene Synthese aus sächsischen Spezialitäten und mediterranen Gerichten kommt. Auf der Karte stehen viele Köstlichkeiten, die Fisch- und Fleischliebhaber, aber auch Vegetarier glücklich machen. Viel Wert legt die Wirtsfamilie, die selbst Rebstöcke der Traube Solaris anbaut, auf eine gute Auswahl lokaler Weine.

🚐 Der weiträumige, befestigte Parkplatz mit Stellmöglichkeit für Wohnmobile befindet sich direkt gegenüber dem Haus an der Hauptstraße S88. Die Umgebung des historischen und sehr sehenswerten Weinbauorts Seußlitz bietet jede Menge Abwechslung: Aktive entdecken den Elberadweg, Kulturfans besuchen Dresden oder die Moritzburg mit dem Jagdschloss von August dem Starken.

🚐 5 Plätze   max. 7,5 t, 15 m   ☺ nicht vorhanden   📶 nicht vorhanden   WC 0,50 €, nur zu den Öffnungszeiten   💧 kein Frischwasseranschluss, keine Entsorgungsmöglichkeit für Grauwasser und Bordtoilette   🏨 **Keine Reservierung erforderlich. Bewirtung auch im Wohnmobil. Speisen/Getränke zum Mitnehmen. Hunde willkommen.**

Sächsische Qualitätsweine entstehen aus den Trauben, die an den sonnigen Hängen rings um Diesbar-Seußlitz gedeihen.

28 LANDHAUS NASSAU

Nassauweg 1
01662 Meißen
Tel. 035 21/73 81 60
info@landhotels-meissen.de
www.landhotels-meissen.de
🕒 tgl. ab 18, So 11–14 Uhr,
mittags auf Anfrage

GPS 51.171668, 13.517582

➡️ B6 bis Meißen, ca. 4 km Richtung Osten auf der B101 und S80, Zufahrt zum Stellplatz nur über Niederauer-Straße (S80)

Hauptgerichte 12–18 € – Rustikal, deutsche Küche. Nahe dem schönen Meißen befindet sich dieser helle, im Jagdstil eingerichtete Landgasthof, der seine Gäste mit gutbürgerlicher sächsischer Küche verwöhnt. Alle Gerichte werden frisch und aus regionalen Produkten mit sächsischem Touch zubereitet. Spezialitäten des Hauses sind Wildschweinbraten oder -gulasch mit Klößen und Rotkohl, es stehen aber auch andere Fleischgerichte, Fisch und vegetarische Küche auf der Speisekarte. Alle Portionen, die auf den Tisch kommen, sind erfreulicherweise so großzügig bemessen, dass auch die Hungrigsten satt werden.

🚐 Die Standplätze am Hotel Landhaus Nassau bestehen teils aus Schotter, teils sind sie asphaltiert und liegen eingerahmt von üppiger Bepflanzung inmitten des Landschaftsschutzgebietes Nassau am Rande der historischen Porzellanstadt Meißen – bis zum Zentrum sind es nur 3,5 km – und in der Nähe von Moritzburg (12 km). Auch nach Dresden ist es nicht weit (20 km).

🚐 15 Plätze 🔲 max. 3,5 t, 7 m ☉ 2,50 €/Tag 📶 nicht vorhanden WC 2 €/Tag 🌊 Frischwasseranschluss, Entsorgungsmöglichkeit für Grauwasser und Bordtoilette 🔋 € Übernachtung nicht kostenlos, Standplatzgebühr 9,50 €/Tag. Keine Reservierung erforderlich. Spielplatz. Hunde willkommen. Schöne Spaziergänge möglich.

---

29 SEETERRASSE/LUXOASE

Arnsdorfer Straße 1
01900 Kleinröhrsdorf
Tel. 03 59 52/42 94 11
info@seeterrasse-luxoase.de
www.seeterrasse-luxoase.de

🕒 März–Okt. Mo–Fr 17–22, Sa, So 12–22 Uhr

GPS 51.120506, 13.980424

➡️ A4, Ausfahrt Pulsnitz, ca. 6 km nach Süden auf der S95 und K9254

Hauptgerichte 7–19 € – Deutsche und internationale Küche. In diesem mediterran anmutenden Ausflugslokal an der Talsperre Kleinröhrsdorf stellt sich unmittelbar Urlaubsgefühl ein. Idyllisch eingebettet im Camping- und Freizeitpark LuxOase genießen Gäste im großzügigen Biergarten regionale sächsische Spezialitäten oder internationale Klassiker, begleitet von einem frisch gezapften Radeberger Pils oder einem Schoppen der charaktervollen sächsischen Weine. Von der Mozzarella Caprese über knackige Salate bis zum leckeren Pastagericht oder Pizza ist für jeden Geschmack etwas dabei. Beliebte Klassiker des Hauses sind Rödertaler Feuerfleisch, Brauerschnitzel und Sauerbraten.

🚐 Die Wohnmobilstandplätze sind auf dem Gelände des Campingparks LuxOase verteilt und mindestens 100 qm und bis zu 200 qm groß. Erholungsuchende genießen die Ruhe am See, Kulturinteressierte fahren nach Dresden, und Naturfreunde erkunden die Sächsische Schweiz.

🚐 100 Plätze 🔲 max. 7,5 t, 15 m ☉ 0,65 €/kWh 📶 in Gebühr inkl. WC in Gebühr inkl. 🌊 Frischwasseranschluss, Entsorgungsmöglichkeit für Grauwasser und Bordtoilette 🔋 € Übernachtung nicht kostenlos, Standplatzgebühr ab 9,50 €/Tag (plus ab 8 €/Pers.). **Reservierung erforderlich** (www.luxoase.de). Speisen/Getränke zum Mitnehmen. Hunde willkommen. Spielplatz.

㉚ WEICHAER HOF

Hauptstraße 24
02627 Weißenberg, OT Weicha
Tel. 03 58 76/465 20
info@weichaer-hof.de
www.weichaer-hof.de

🕐 Mo–Sa ab 17, So ab 11 Uhr oder nach Vereinb., Anreise bis 20 Uhr
GPS 51.200061, 14.635845
➜ A4, Ausfahrt Weißenberg, ca. 1 km südwärts auf der S55 und Straße der Einheit bis Weißenberg, ca. 2,5 km Richtung Westen auf der Breitscheid-, Bahnhof- und Hauptstraße bis Weicha

Hauptgerichte 8–18,80 € – Regionale Spezialitäten und italienische Küche. Der familiäre Weichaer Hof mit seinem ländlichen Charme ist der perfekte Ort, um Frische und Vielfalt aus der Oberlausitz zu genießen. Hier können Gäste typische, selten zu findende Spezialitäten wie Oberlausitzer »Stupperle« (in Butter gebratene Klöße) auf Rote-Beete-Spiegel oder »Schlesisches Himmelreich« (Backobst mit Rauchfleisch) mit Kartoffelklößen entdecken. Unbedingt Platz für das hausgemachte Eis lassen!

🚐 Große Wohnmobile parken an der Dorfstraße direkt am Parkeingang neben dem Restaurant, weitere Standplätze befinden sich auf dem Gelände des Weichaer Hofs. In der Umgebung gibt es Wander- und Radwege, Freizeitbäder und Kulturschätze, die mit der ganzen Familie entdeckt werden können.

🚐 4 Plätze max. 7,5 t, 15 m ☉ 5 €/Tag 📶 gratis WC gratis, nur zu den Öffnungszeiten 💧 kein Frischwasseranschluss, keine Entsorgungsmöglichkeit für Grauwasser und Bordtoilette **ℹ Reservierung erforderlich**.
Bewirtung der Gäste auch im Wohnmobil. Speisen/Getränke zum Mitnehmen. Hunde willkommen. Spielplatz. Schöne Spaziergänge vom Gasthaus aus möglich. Reitunterricht nach Voranmeldung

③ RESTAURANT RENOIR

Schönheider Straße 235
08209 Auerbach/Schnarrtanne
Tel. 037 44/21 51 19
info@restaurant-renoir.de
www.restaurant-renoir.de
🕐 Mi–Sa 18–22, So 11.30–14 Uhr,

Mo, Di Ruhetage
GPS 50.509458, 12.462924
➡ A72, Ausfahrt Reichenbach, ca. 9,5 km nach Süden auf der B94 bis Rodewisch, ca. 5,5 km südostwärts auf der K7820 bis Schnarrtanne

Hauptgerichte 19–32 € – Französische Küche. Das elegante, in zweiter Generation familiengeführte Restaurant Renoir schreibt seit 29 Jahren westsächsische Gastronomiegeschichte. Der Schwerpunkt liegt auf klassischer französischer Küche mit mediterranem Einschlag. Die Gerichte werden kreativ interpretiert und à la minute zubereitet, ein spezieller Fokus liegt dabei auf Fisch. Küchenchef Ulf König, seit neun Jahren im Team, setzt auf erstklassige, frische Produktvielfalt, die nicht immer heimisch sein muss, sich aber streng an der Saison orientiert: Bärlauch im Frühling, gefolgt von Spargel, Erdbeeren im Sommer und Kürbis im Herbst. Die große Weinauswahl rundet das Angebot des mehrfach ausgezeichneten Restaurants ab.

🚐 Wohnmobilbesitzer finden für ihr Fahrzeug ruhige Stellmöglichkeiten auf ebenem und asphaltiertem Grund. Diese liegen am Waldrand und sind rund 150 m vom Restaurant entfernt. Vom Gasthaus aus eröffnet sich ein herrlicher Blick, der bei schönem Wetter bis ins Thüringer Land reicht.

🚐 2 Plätze max. 3,5 t, 15 m ⊙ nicht vorhanden 📡 nicht vorhanden WC gratis, nur zu den Öffnungszeiten
💧 kein Frischwasseranschluss, keine Entsorgungsmöglichkeit für Grauwasser und Bordtoilette **ℹ Reservierung erforderlich**. Schöne Spaziergänge vom Gasthaus aus möglich.

DIE VOGTLÄNDISCHE KNOLLE

In Deutschland hat Friedrich II. von Preußen im 18. Jh. die Kartoffel etabliert – mehr als 100 Jahre früher wurde die nahrhafte Knolle aber bereits im Vogtland angebaut. Die ersten Kartoffelbauern waren also Vogtländer, und um diese Tradition ins Bewusstsein zu rücken, hat sich der Vogtländische Knollenring zusammengefunden. Seit über zehn Jahren kümmern sich rund 30 Vereinsmitglieder darum, ihr Wissen weiterzugeben, etwa mit dem Kartoffel-Lehrpfad Knollensteig. Neue Züchtungen wie die Sorte »König Albert« wurden kreiert und alte wiederentdeckt. Lokale Küchenchefs zeigen, was sich alles aus der vielseitigen Knolle zaubern lässt, und es gibt sogar eine Kartoffelprinzessin.

www.vogtlaendischer-knollenring.de

㉜ WERNESGRÜNER BRAUEREI-GUTSHOF

Bergstraße 2
08237 Steinberg, OT Wernesgrün
Tel. 037462/28040
Info@brauerei-gutshof.de
www.brauerei-gutshof.de

🕐 tgl. 11.30–21 Uhr
GPS 50.533107, 12.473380
➡️ B169, zw. Wernesgrün und Steinberg auf Bergstraße abbiegen und ca. 200 m Richtung Nordwesten

Hauptgerichte 11–25 € – Rustikal, deutsche Küche. Der historische Brauerei-Gutshof liegt landschaftlich reizvoll im Westen von Sachsen.
In urigem Ambiente und erzgebirgisch-vogtländischer Tradition begeistern Küchenchef Maik Wollrab und sein Team mit geschmackvoller Kulinarik, die perfekt zu den mit Leidenschaft und besten Zutaten vor Ort gebrauten Wernesgrüner Bieren passt. Aus der Küche kommen regionale Spezialitäten wie Vogtländische Roulade mit Apfelrotkohl und Klößen, Wernesgrüner Biersülze mit hausgemachter Remoulade, Salaten der Saison und Bratkartoffeln oder für Vegetarier Spinatknödel mit Ratatouille und Parmesancrumble. Zum Nachtisch locken sächsische Originale wie hausgebackene Quark-Krapfen.

📍 Die ebenen, ruhigen Standplätze auf dem Hauptparkplatz des Gutshofs lassen Wohnmobilbesitzer sanft schlummern. Naturfreunde und Wandersleute sind hier im Naturpark Erzgebirge/Vogtland genau richtig, denn die unberührte Natur bietet jede Menge Entspannungsmöglichkeiten vom Alltag.

🚐 4 Plätze   max. > 7,5 t, > 15 m   ☺ gratis   📡 nicht vorhanden   WC gratis, nur zu den Öffnungszeiten   ♨ Frischwasseranschluss, Entsorgungsmöglichkeit für Grauwasser und Bordtoilette   🔋 Keine Reservierung erforderlich. Hunde willkommen. Spielplatz. Schöne Spaziergänge möglich. Brauereibesichtigung nach Voranmeldung.

㉝ SPORTPARK RABENBERG

Rabenberg
08359 Breitenbrunn/Erzgebirge
Tel. 037756/1710
kontakt@sportpark-rabenberg.de
www.sportpark-rabenberg.de
🕐 Mo–So bis 24 Uhr. Nach Anreise in der Gaststätte anmelden

GPS 50.456462, 12.741556
➡️ B101 bis Schwarzenberg/Erzgebirge, ca. 10 km Richtung Süden auf der S272 bis Breitenbrunn, links auf Rabenberger Straße abbiegen, ca. 4 km auf einer Serpentinenstraße durch den Wald

Hauptgerichte 9,50–12,50 € – Deutsche und internationale Küche.
Aktivurlaub steht im Zentrum des Sportparks Rabenberg: Alles dreht sich um Gesundheit, Bewegung und Erholung in der erzgebirgischen Naturlandschaft und der hochmodernen Sportanlage. Und weil eine ausgewogene Ernährung wichtig ist, um fit zu bleiben, gibt es ein abwechslungsreiches Angebot an gesunden Speisen, die leere Energiespeicher wieder auffüllen. Vom Vitalfrühstück bis zum Abendessen stehen Büfetts mit frischen Tagesgerichten, Pasta sowie Wurst- und Käsespezialitäten bereit. Auch an Vegetarier und Menschen mit Allergien ist gedacht. An speziellen Tagen lockt das Trailcafé mit leckeren Burgern.

📍 Für Wohnmobile gibt es Standplätze auf befestigtem Grund. Sie sind mit guter Campinginfrastruktur ausgestattet, die ein Funktionsgebäude mit Küche, Duschen, Toiletten und Aufenthaltsraum umfasst.

🚐 23 Plätze   max. > 7,5 t, > 15 m   ☺ 2 €/Tag   📡 in Gebühr inkl.   WC in Gebühr inkl.   ♨ Frischwasseranschluss, Entsorgungsmöglichkeit für Grauwasser und Bordtoilette   🔋 € Übernachtung nicht kostenlos, Standplatzgebühr ab 12,50 €/Tag, **Reservierung erforderlich**. Speisen/Getränke zum Mitnehmen. Hunde willkommen. Spielplatz. Schöne Spaziergänge möglich.

34 LANDGASTHOF PLOHNBACHTAL

Rodewischer Straße 23
08485 Lengenfeld
Tel. 03 76 06/25 90
kaesbiep@gmail.com
www.landgasthof-plohnbachtal.de

🕐 Mi–Fr 16–21, Sa, So 11–21 Uhr, Mo, Di Ruhetage
GPS 50.560595, 12.394703
➜ A72, Ausfahrt Reichenbach, ca. 6 km Richtung Südosten auf der B94 und Abhorner Straße

Hauptgerichte 10–23 € – Rustikal, regionale Spezialitäten. In diesem idyllisch im kleinen Dorf Abhorn gelegenen Landgasthof empfängt Familie Vollmer ihre Gäste mit vogtländischen Gerichten und je nach Saison verschiedenen Grill- oder Wildspezialitäten. Man speist in der rustikal eingerichteten Gaststube oder bei schönem Wetter im Biergarten. Spezialität des Hauses sind Grüne Klöße und hausgemachte »Bambes«. Für diese sächsische Variante des Reibekuchens werden Kartoffeln – die Hauptzutat der vogtländischen Küche – roh gerieben, mit Buttermilch verrührt zu Plinsen geformt und wahlweise süß oder herzhaft, etwa zum Sauerbraten, serviert.

🚐 Die ebenen Wohnmobilstandplätze auf dem Restaurantparkplatz sorgen für eine ruhige Nacht mitten im Grünen. Abhorn im romantischen Plohnbachtal besitzt mit seiner Kirche mit spätgotischem Flügelaltar ein sehenswertes Kleinod. Der beliebte Freizeitpark Plohn, ein Spaß für die ganze Familie, ist nicht weit.

🚐 2 Plätze max 7,5 t, 7 m ☺ gratis (ᵀ) gratis WC gratis, nur zu den Öffnungszeiten ♒ kein Frischwasseranschluss, keine Entsorgungsmöglichkeit für Grauwasser und Bordtoilette 🚻 **Reservierung erforderlich**. Speisen/Getränke zum Mitnehmen. Spielplatz. Schöne Spaziergänge vom Gasthaus aus möglich.

Eingebettet in die Hügellandschaft des Erzgebirges reicht der Blick vom Ort Breitenbrunn aus weit in die Landschaft.

③⑤ LANDGASTHOF TOPFMARKTSCHEUNE

Topfmarkt 7
09235 Burkhardtsdorf
Tel. 03721/24324
info@topfmarktscheune.de
www.topfmarktscheune.de

🕐 Mi–Fr ab 17, Sa, So ab 11 Uhr, Mo, Di Ruhetage, Anreise bis 17 Uhr

GPS 50.733865, 12.918379

➡ A72, Ausfahrt Stollberg-West, ca. 16 km nach Osten auf der B180 bis Topfmarkt, Anfahrt über eine Brücke

Hauptgerichte 13–20 € – Deutsche Küche, regionale Spezialitäten.
Eine konsequent regionale und nachhaltige Küche ist das Markenzeichen des alten Bauernhofs, von Maximilian Walter zu einem gemütlichen Gasthof umgewandelt. Zu jedem Gericht gibt es Hinweise auf die Herkunft der verwendeten Zutaten, in die Herstellung fließen sowohl zeitgemäßes Fachwissen als auch überlieferte bäuerliche Traditionen ein: Das Vollkornbrot aus Biomehl kommt aus dem eigenen Backofen, Holunderbeeren, Obst und Gemüse aus dem eigenen Garten, und der Angus-Rinderbraten wird nur mit Meersalz gepökelt. Serviert werden die Speisen im Tongeschirr der Töpferei Ludwig aus Görzke.

🛑 Am Gasthof befindet sich ein großer Parkplatz in ruhiger Lage, wo auch Wohnmobile Platz finden. Events wie traditionelles »Neunerlei-Essen«, »Hutzenabend« oder Ausstellungen regionaler Künstler und die herrliche Natur des Erzgebirges machen den Besuch der Topfmarktscheune zum Erlebnis.

🚐 5 Plätze   max. 7,5 t, 15 m   ⊙ nicht vorhanden   ☊ nicht vorhanden   WC gratis, nur zu den Öffnungszeiten   ☕ kein Frischwasseranschluss, keine Entsorgungsmöglichkeit für Grauwasser und Bordtoilette   🚻 **Reservierung erforderlich**. Speisen/Getränke zum Mitnehmen. Schöne Spaziergänge vom Gasthaus aus möglich.

---

③⑥ WIESNER'S TEICHWIRTSCHAFT

Elterleiner Straße 10
09481 Scheibenberg
Tel. 03734 9/83 26
info@wiesners-teichwirtschaft.de
www.wiesners-teichwirtschaft.de

🕐 Mo, Fr 17–21, Sa 17–22, So, feiertags 11.30–16 Uhr, Di–Do Ruhetage

GPS 50.556921, 12.904086

➡ B101 bis Scheibenberg, ca. 2 km nach Norden auf der S258

Hauptgerichte 12–17 € – Deutsche Küche, Fischgerichte. Der Gasthof inmitten einer Moorlandschaft im tiefsten Erzgebirge steht für urige Gastlichkeit und Kachelofenidylle. Vor dem Gasthaus befinden sich die Fischteiche, aus denen die Forellen gezogen werden, die als Spezialität auf der Speisekarte stehen: Es gibt sie paniert, gebraten oder gebacken, serviert mit Rotkohl, Klößen oder Spargel. Aber auch wer statt Fisch lieber Fleisch isst, findet eine reiche Auswahl an Schnitzelgerichten oder Lendenbraten. Saisonal werden Specials wie Martinsgansessen angeboten. Im Sommer lädt der Biergarten direkt am Wasser zum Verweilen ein.

🛑 Die Wohnmobilstandplätze liegen direkt an den Fischteichen, umgeben von herrlicher Natur. Nicht weit ist es in die Kleinstadt Scheibenberg und zum gleichnamigen, 807 m hohen Scheibenberg, der mit einer geologischen Besonderheit, den als »Orgelpfeifen« bekannten Basaltsäulen, aufwartet.

🚐 5 Plätze   max. >7,5 t, >15 m   ⊙ 2,50 €/Tag   ☊ in Gebühr inkl.   WC in Gebühr inkl., nur zu den Öffnungszeiten   ☕ Frischwasseranschluss, Entsorgungsmöglichkeit für Grauwasser und Bordtoilette   🚻 € Übernachtung nicht kostenlos, Standplatzgebühr 3 €/Pers., keine Reservierung erforderlich. Bewirtung der Gäste auch im Wohnmobil. Speisen/Getränke zum Mitnehmen. Hunde willkommen. Spielplatz. Schöne Spaziergänge möglich.

37 LANDHOTEL TRAKEHNERHOF

Mittelsaidaer Straße 25
09575 Eppendorf, OT Groß-
waltersdorf
Tel. 03 72 93/329
info@trakehnerhof.de
www.trakehnerhof.de

🕐 Mi–Sa 11–22, So 11–21 Uhr,
Mo, Di Ruhetage
GPS 50.782091, 13.273047
➡ B101, zw. Pockau-Lengefeld und
Großhartmannsdorf nach Nordwesten
abbiegen und ca. 4 km auf der S207

Hauptgerichte 15–30 € – Regionale Spezialitäten, Gourmetküche.
In diesem schönen Landgasthof im Erzgebirge wird viel Wert auf die
bäuerlichen Ursprünge der Familie gelegt. Deshalb stammen die Produkte ausnahmslos aus der direkten Umgebung. Spezialität des Hauses sind Oma Inges »Buttermilchgetzen«, ein erzgebirgisches Gericht
aus rohen Kartoffeln, zu dem Kompott gereicht wird. Der kulinarische
Kalender sorgt rund ums Jahr für Höhepunkte wie etwa die Ostpreu-
ßen-Wochen oder die fermentierte Sommerküche. Im Rahmen von Kochkursen bekommen Gäste die
besten Tipps und Tricks der Olympiasieger im Kochen, Steffi Kerber-Reichel und Martin Deutschmann.

🚐 Wohnmobile finden auf dem Restaurantparkplatz und einer ebenen, festen Wiese ein Nachtquartier.
Die grüne Umgebung lädt zu Wanderungen, nicht weit ist es nach Freiberg, Augustusburg und Chemnitz.

🚐 2 Plätze   max 3,5 t, 7 m   🙂 gratis   📶 nicht vorhanden   WC gratis, nur zu den Öffnungszeiten   🛁 Frischwasseranschluss, Entsorgungsmöglichkeit für Grauwasser und Bordtoilette   **🛈 Reservierung erforderlich**. Hunde
willkommen. Spielplatz. Schöne Spaziergänge vom Gasthaus aus möglich.

---

38 SCHLOSS-CAFÉ

Schlossplatz 4
09599 Freiberg
Tel. 03731/168 76 67
schlosscafe@event-gsm.de
www.schloss-cafe-freiberg.de

🕐 Di–Fr 11–17, Sa, So 11–18 Uhr,
Mo Ruhetag
GPS 50.920400, 13.340179
➡ A4, Ausfahrt Siebenlehn,
ca. 16 km Richtung Süden auf der
B101 bis Freiberg

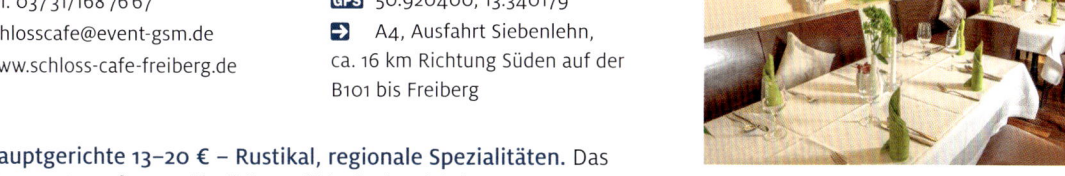

Hauptgerichte 13–20 € – Rustikal, regionale Spezialitäten. Das
charmante außergewöhnliche Café befindet sich im Zentrum von
Freiberg in den historischen Räumlichkeiten des Schlosses Freudenstein. Während im Sommer die
Freiberger Sommernächte mit ihrem reichen Kulturprogramm in den Schlosshof locken, wartet im Winter
eine Eisbahn auf Kunstläufer. Dazu bietet das Café Kaffee und Kuchen – unbedingt probieren sollten Gäste die süße Spezialität des Hauses, die Freiberger Eierschecke. Neben Kuchen gibt es auch warme Speisen: Vom Burger über deftige Bergmannssuppe, vom Erzgebirgischen Wildgulasch bis zur Currywurst mit
hausgemachter Soße und Pommes ist für jeden Geschmack das Passende dabei.

🚐 Wohnmobilbesitzer können ihr Fahrzeug auf dem Stellplatz »Am Johannisbad« parken, nur wenige
Minuten entfernt. Neben dem Schloss bietet die Silberstadt weitere Sehenswürdigkeiten, darunter die
Mineralienschau »Terra Mineralia«, den Dom St. Marien und das Stadt- und Bergbaumuseum Freiberg.

🚐 10 Plätze   max 3,5 t, 7 m   🙂 nicht vorhanden   📶 nicht vorhanden   WC in Gebühr inkl., nur zu den Öffnungszeiten
🛁 kein Frischwasseranschluss, keine Entsorgungsmöglichkeit für Grauwasser und Bordtoilette   🛈 € Übernachtung nicht kostenlos, Standplatzgebühr 13,50 €. Speisen/Getränke zum Mitnehmen. Schöne Spaziergänge möglich.

Blütenmeer in der Oberlausitzer Heide: Hier gedeihen viele seltene und geschützte Pflanzenarten.

AUSFLÜGE IN SACHSEN

IN DER OBERLAUSITZER HEIDE: RUND UM DEN OLBASEE

Die Oberlausitzer Heide- und Teichlandschaft ist eines der größten Teichgebiete Deutschlands und das einzige Biosphärenreservat Sachsens – sogar mit Auszeichnung der UNESCO. Besonders gut lässt sich die Gegend um den Olbasee auf einer rund 60 km langen Rundtour per Rad erkunden. Direkt am Olbasee startet die erste Etappe am Parkplatz Olbastrand, die Route führt durch die Ortschaften Dauban und Klitten bis zum Beobachtungspunkt am Tauerwiesenteich. Von hier folgt man einem Abschnitt des Seeadlerwegs, eines Themenradwegs, der durch die Oberlausitzer Heide verläuft, über Mücka und Kreba bis nach Neuliebel. Nun fährt man auf der Landstraße in Richtung Rietschen. Hinter dem Friedhof stößt man auf den Wolfsradweg, einen weiteren Themenradweg, der nach Hammerstadt, Neuliebel und Reichwalde führt und an der grünen Wolfspfote erkennbar ist, die auf den Radwegschildern prangt. Hinter Dürrbach entdeckt man die Markierung der Neißeland-Tour. Auf der Straße der Jugend geht es nach Kaschel und von dort weiter nach Ruhetal, hier folgt man dann der Strecke bis nach Lömischau und weiter nach Wartha. Von hier ist es nicht weit bis zum Informationszentrum des Biosphärenreservats, das man sich unbedingt ansehen sollte. Von dort geht es dann zum Abschluss der Tour wieder zum Olbasee.

ODER-NEISSE-RADWEG: TEILETAPPE GÖRLITZ-HIRSCHFELDE

Der Oder-Neiße-Radweg ist Deutschlands östlichster Radfernweg, der auf zwölf Etappen flussabwärts Richtung Norden verläuft (www.oder-neisse-radweg.de): von Tschechien bis an die Ostsee, von der Neißequelle bis an die Odermündung. Rund um Görlitz lassen sich die Etappen des Radwegs, die in Sachsen liegen, herrlich erkunden – etwa von Görlitz nach Hirschfelde; die leichte Tour umfasst knapp 30 km. Wald und Wasser sind eine wunderbare Kombination, deshalb geht es beginnend in Görlitz Richtung Zittau immer flussaufwärts gen Süden. Die Neiße schlängelt sich gemeinsam mit dem Radweg gemütlich durch die Landschaft, mal schmiegen sie sich aneinander, mal ist Platz für Weitsichten. Kleine Orte bieten Einblicke und kunst- und kulturhistorische Höhepunkte wie die jahrhundertealte Klosteranlage St. Marienthal mit der Klosterschenke, die zugleich zu ausgedehnter Rast und dem Genuss der Oberlausitzer Küche einlädt. Der Abschluss ist das Neißetal, ein wildromantisches Naturschutzgebiet und ein Idyll für Herz und Kopf. Wer genug hat, nimmt ab Hirschfelde den Zug zurück, wer noch Luft hat für mehr, der radelt weiter bis nach Zittau und lässt dort noch die sehenswerte Altstadt auf sich wirken.

Landschaftsgenuss und sportliche Betätigung lassen sich auf dem Oder-Neiße-Radweg trefflich verbinden.

Am Campingplatz Trixi Ferienpark lässt sich ganzjährig ein Plätzchen fürs Wohnmobil finden.

CAMPINGPLÄTZE

Campingparadies Nixi ★★★★☆

23 Der Campingplatz direkt am See ist ideal für Wasserratten – hier ist Badevergnügen bei gutem wie bei schlechtem Wetter garantiert. Das leicht geneigte Wiesengelände wird von Hecken gegliedert und ist mit Laubbäumen bestanden. Die Standplätze am See sind für die zahlreichen Dauercamper reserviert, die sich hier gern einmieten. Das Erlebnishallenbad (u. a. mit Wassertrampolin, Wasserschaukeln sowie Wellnessbereich und Saunalandschaft) sorgt auch bei kühlen Temperaturen für Urlaubsvergnügen. Am See erstreckt sich ein rund 300 m langer Sandstrand, an den eine Liegewiese anschließt. Damit der Strandtag perfekt wird, gibt es eine aufblasbare Spiellandschaft im See. Und wer hüllenlos baden und sonnen will: Am See ist ein eigener Strandabschnitt für FKK-Freunde vorgesehen.

▶ Am Bad 1a, 01744 Paulsdorf, Tel. 035 04/61 21 69, ganzjährig geöffnet, GPS: 50.914783, 13.650717
■ pincamp.de/sn3200

Camping Pirna ★★★★☆

24 Das ebene Wiesengelände, auf dem sich der Campingplatz erstreckt, weist eine noch junge Bepflanzung sowie einige Baumgruppen auf und liegt an einem Natursee. Die Straße und ein Kleinflugplatz befinden sich in Hörweite. Ein etwa 200 m langer und bis zu 30 m breiter Sandstrand mit anschließender Liegewiese eignet sich perfekt für einen Sommertag am See.

▶ Äußere Pillnitzer Straße 19, 01796 Pirna, Tel. 035 01/52 37 73, Anfang April–Anfang Nov. GPS: 50.982033, 13.925383
■ pincamp.de/sn3400

Caravan Camping Sächsische Schweiz ★★★★☆

25 Der kleine, ruhige und kinderfreundliche Platz ist sehr sauber und bietet alles Nötige zum Wohlfühlen. Das lang gestreckte, durch Wege in Standplatzfelder unterteilte Wiesengelände ist vielfältig bepflanzt und wird an einer Seite von

Wald begrenzt. Wer die Umgebung erkunden möchte, nimmt an einer geführten Wanderung teil. Auch wenn die Temperaturen etwas kühler sind, tut das dem Vergnügen keinen Abbruch, denn Schwimmbad und Terrasse sind beheizbar.

▸ Dorfplatz 181d, 1824 Gohrisch, Tel. 03 50 21/591 07, ganzjährig geöffnet, GPS: 50.914499, 14.10755
■ pincamp.de/sn3570

Natur- & AbenteuerCamping Bautzen
★★★★☆

26 Der Campingplatz erstreckt sich auf einem leicht gestuften, mit verschiedenartigen Bäumen und Büschen gärtnerisch gestalteten Wiesengelände. Hier findet jeder sein perfektes Plätzchen, und für schöne Blicke ist auch gesorgt. Oberhalb des Stausees Bautzen gelegen, ist der Weg zum Badevergnügen nicht weit. Auf sportlich Aktive wartet der Spree-Radweg, der direkt am Campingplatz vorbeiführt. Für Ausflüge in der Umgebung ist die nahe Autobahn ideal.

▸ Nimschützer Straße 41, 02625 Burk, Tel. 035 91/27 12 67, Anfang April–Ende Sept. GPS: 51.20205, 14.4608
■ pincamp.de/sn4700

Campingplatz Trixi Ferienpark ★★★★☆

27 Der überschaubare Campingplatz ist Teil einer großen Ferienanlage mit zahlreichen Freizeitangeboten. Das ebene Wiesengelände ist mit jungen Bäumen bestanden und an zwei Seiten von Wald umgeben. Im zur Ferienanlage gehörenden Freizeitpark bieten ein großer Badesee (2 ha), ein Erlebnishallenbad mit Wellnessbereich und ein Hochseilklettergarten Abwechslung und Vergnügen. Der Badesee ist von einem Sandstrand gesäumt, an den sich eine Liegewiese anschließt. Mutige wagen den Sprung vom 10-Meter-Turm, alle anderen entspannen beim Blick auf die große Sprühfontäne in der Mitte des Sees. Auf geführten Wanderungen und Radtouren lässt sich die Umgebung erkunden. Und wer das Wohnmobil stehen lassen möchte, kann einen Gelände-Roller leihen.

▸ Jonsdorfer Straße 40, 02779 Großschönau, Tel. 03 58 41/63 14 20, ganzjährig geöffnet, GPS: 50.878633, 14.673317
■ pincamp.de/sn5050

Camping Silberbach ★★★☆☆

28 Der ruhige, saubere und von viel Grün umgebene Platz befindet sich am Ortsrand von Bad Schlema. Auf dem ebenen Wiesengelände wachsen einige Büsche und Bäume, und ein kleiner Bach fließt mittendrurch. Nach dem Aufwachen in der Früh fällt der Blick als Erstes auf die umliegenden bewaldeten Höhenzüge.

▸ Silberbachstrstraße 11, 08301 Bad Schlema, Tel. 037 72/37 20 32, Anfang März–Anfang Nov., GPS: 50.60662, 12.65821
■ pincamp.de/sn1820

Camping Talsperre Pöhl-Gunzenberg
★★★★☆

29 Der familienfreundliche Platz liegt an einem Stausee inmitten idyllischer Mittelgebirgslandschaft. Hier finden auch wassersportbegeisterte Camper ihr Urlaubsparadies. Geneigtes, teils gestuftes Wiesengelände erstreckt sich oberhalb des Stausees, das durch die Hügellage natürlich gegliedert ist. Der Platz ist bei Dauercampern sehr beliebt. Der Bereich für alle anderen Gäste ist durch jüngere Bäume und Büsche unterteilt. Über einen öffentlichen Wanderweg geht es zum Strand mit rund 500 m langer, kiesiger Uferlinie, Liegewiese und separatem Hundestrand.

▸ Möschwitz, Hauptstraße 38, 08543 Pöhl, Tel. 03 74 39/450 50, Ende März–Anfang Nov., GPS: 50.538783, 12.184933
■ pincamp.de/sn1000

Campingplatz MiO ★★★☆☆

30 Der liebevoll geführte, ruhige Platz befindet sich auf dem Grundstück des Bauerngehöfts der Gastgeber und gewährt einen tollen Rundblick. Das von Feldern und Streuobstbäumen umsäumte Gelände erstreckt sich auf einer teils geneigten Wiese an einem Hügel. Die Umgebung ist ländlich geprägt. Die Gastgeber haben für ihre Gäste außerdem ein besonders nettes Angebot: Wer möchte, kann sich an den Beerensträuchern und Kräutern auf dem Campingplatz bedienen.

▸ Hohe Straße 28, 09244 Ottendorf, Tel. 03 72 08/87 78 48, Anfang April–Ende Okt. GPS: 50.934237, 12.983658
■ pincamp.de/sn1550

Thüringen

Mehr als Klöße

Thüringens Küche gilt als besonders bodenständige und recht fleischhaltige Hausmannskost. Allseits bekannt ist die Thüringer Rostbratwurst. Klöße in zig verschiedenen Varianten gelten als Nationalgericht. Aber natürlich finden Sie über diese deftigen Klassiker hinaus auch leichtere Gerichte.

THÜRINGEN

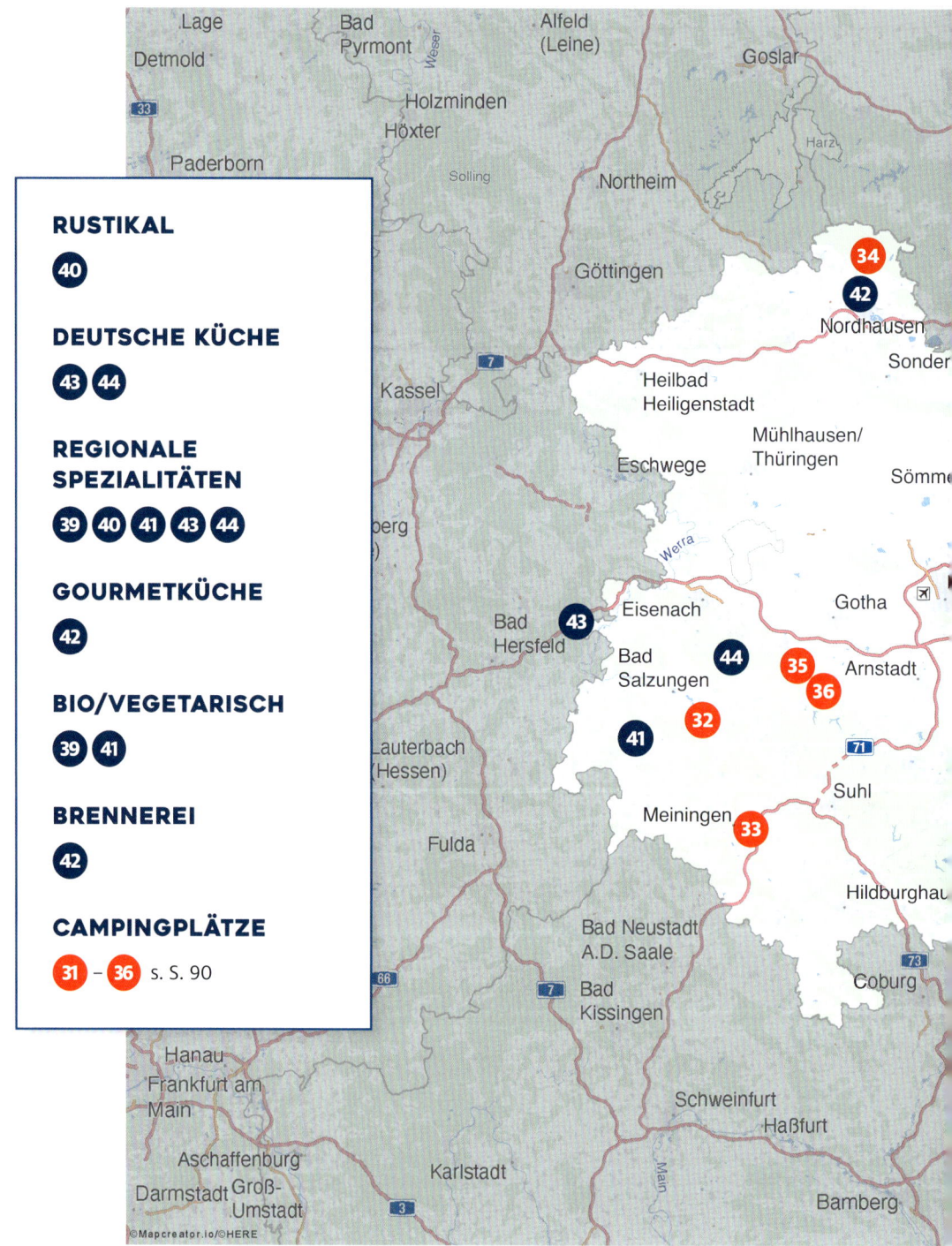

RUSTIKAL
40

DEUTSCHE KÜCHE
43 44

REGIONALE SPEZIALITÄTEN
39 40 41 43 44

GOURMETKÜCHE
42

BIO/VEGETARISCH
39 41

BRENNEREI
42

CAMPINGPLÄTZE
31 – 36   s. S. 90

Bild vorangehende Doppelseite: Die Wartburg in Eisenach darf im Sightseeing-Plan nicht fehlen. Danach steht wieder ein kulinarisches Erlebnis auf dem Programm – die Thüringer Gastwirte zeigen sich dabei von ihrer besten Seite.

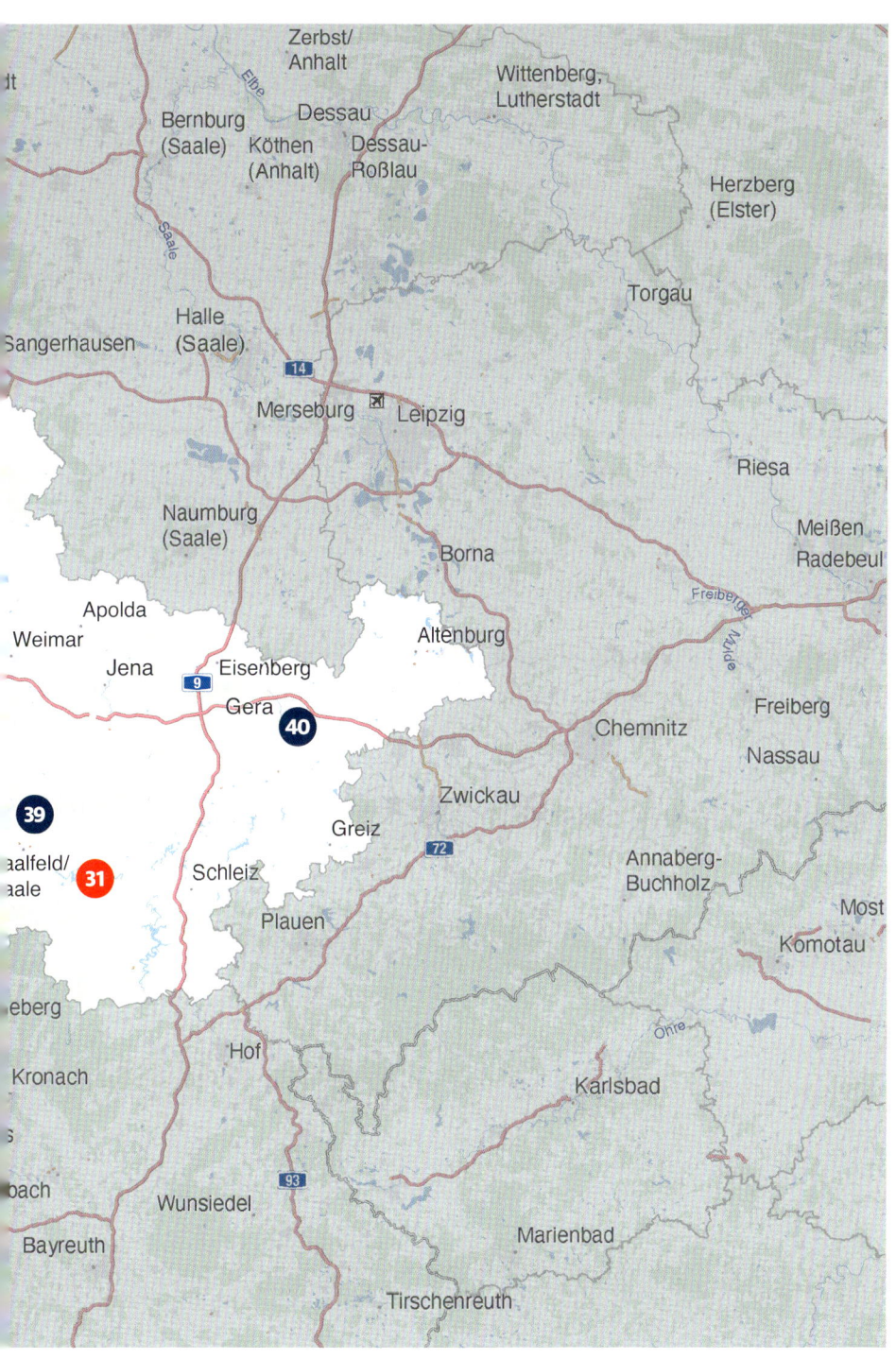

㉟ PANORAMAHOTEL & RESTAURANT MARIENTURM

Marienturm 1
07407 Rudolstadt
Tel. 036 72/432 70
info@hotel-marienturm.de
www.hotel-marienturm.de

🕑 Mi–Fr 14–22, Sa, So 11.30–22,
Mo, Di Ruhetage, Nov.–März auch Mi

GPS 50.707122, 11.361410

➡ B85/88 bis Rudolstadt, ca. 2 km
auf der K125 bis Cumbach, weitere
2 km auf geteerter Straße durch Wald

Hauptgerichte 12–32 € – Regionale Spezialitäten. Ein Besuch im
Marienturm heißt Thüringen pur! Nach dem Motto »Ankommen und Wohlfühlen!« empfangen Kerstin
und Stephan Neumann ihre Gäste im Herzen der einzigartigen Erlebnislandschaft des Thüringer Waldes.
In den geschmackvoll eingerichteten Gasträumen sorgen sich gleich zwei Küchenchefs um das kulinari-
sche Wohl der Gäste – sei es mit feinen Delikatessen, deftigen Speisen oder einer leichten vegetarischen
Mahlzeit. Ihr besonderer Stolz sind die Spezialitäten aus der Thüringer Küche wie Hirschschinken aus
Eigenproduktion oder hausgemachter Hirschbraten in Wacholderrahmsoße mit Thüringer Klößen.

🚐 Die Standplätze für die Wohnmobile liegen mitten im Wald auf dem Hotelparkplatz, umgeben von
den reizvollen Gärten und herrlichen Wäldern zwischen Saale und Schwarza. Die Gegend ist es ein Paradies für Wanderer und Erholungsuchende, Kulturfans besuchen das historische Rudolstadt.

🚐 3 Plätze [max] > 7,5 t, > 15 m ☺ gegen Gebühr 〝 gratis [WC] gratis, nur zu den Öffnungszeiten ♨ kein
Frischwasseranschluss, keine Entsorgungsmöglichkeit für Grauwasser und Bordtoilette 🚻 **Reservierung nicht
möglich, Nutzung nach Verfügbarkeit. Hunde willkommen. Spielplatz. Schöne Spaziergänge möglich.**

㊵ GASTHAUS-CAFÉ-HOTEL »COLLIS AM GESSENBACH«

Collis 2
07554 Gera
Tel. 03 65/319 58
gasthaus-kutschbach@gmx.de
www.gasthaus-kutschbach.de

🕑 Mo, Do, Fr 15–21, Sa 11–21,
So 11–20 Uhr, Di, Mi Ruhetage

GPS 50.857931, 12.117242

➡ A4, Ausfahrt Kreuz Gera, ca.
6 km nach Süden auf der L1079 und
B92/Stadtring Süd-Ost bis Collis

Hauptgerichte 10–17 € – Rustikal, regionale Spezialitäten. Das fa-
miliäre Restaurant, idyllisch am Gessenbach gelegen, steht für Hausmannskost und regionale Speisen
der Thüringer Küche. Spezialität des Hauses ist »Mutzbraten«: mariniertes und in Schwarzbier eingeleg-
tes Schweinefleisch, das auf dem Spieß gegrillt wird. Natürlich dürfen auch Thüringer Klöße, Schnitzel,
Thüringer Rostbrätl und Fischgerichte nicht fehlen. In den Topf und auf den Teller kommen frisches Gemüse, Salat und Kräuter aus dem Hausgarten. Für die Kaffeepause empfiehlt sich der hausgebackene Kuchen.

🚐 Ein Quartier für die Nacht finden Wohnmobilbesitzer auf dem großen und gut befahrbaren, geschotterten Parkplatz nahe dem Gasthaus. Der kleine Ort Collis ist in das schöne Gessental eingebettet, das
entlang des Gessenbachs von Gera bis Ronneburg reicht. Besonders gut lässt sich die Umgebung mit
Fahrrädern erkunden, Lunchpakete für längere Ausflüge stellt das Gasthaus zur Verfügung.

🚐 4 Plätze [max] 7,5 t, 15 m ☺ nicht vorhanden 〝 nicht vorhanden [WC] gratis ♨ kein Frischwasseranschluss, keine Entsorgungsmöglichkeit für Grauwasser und Bordtoilette 🚻 **Keine Reservierung erforderlich.
Speisen/Getränke zum Mitnehmen, Hunde willkommen. Spielplatz. Schöne Spaziergänge möglich.**

㊶ RESTAURANT WOHNZIMMER

Bahnhofstraße 2
36466 Dermbach
Tel. 03 69 64/86 92 30
info@rhoener-botschaft.de
www.rhoener-botschaft.de

🕐 Mi–Sa 18.30–24, So 12–22 Uhr,
Mo, Di Ruhetage

GPS 50.716113, 10.119908

➡ B285 bis Dermbach, Achtung:
Einfahrtshöhe zum Gasthaus: 5 m

Hauptgerichte 18–45 € – Regionale Spezialitäten, Gourmetküche.
Im WohnZimmer bringt Thüringens Sternekoch Björn Leist die Rhön
auf den Teller. Nach dem »Farm-to-table«-Prinzip verarbeitet er
regionale Produkte naturverbundener Landwirte und engagierter Produzenten zu optisch wie ge-
schmacklich herausragenden Gerichten. Rhöner Weideochse aus eigener Haltung, Rhönschaf und -lamm
liefern das Fleisch für seinen ganz persönlichen Mix aus Tradition und Moderne. Die SaxenHof-Forelle
wird frisch aus dem eigenen Becken gefischt, für alle, die sich fleischlos ernähren, gibt es Rhön-Burrata
oder Penne mit Kürbis von den Feldern der Region. Das Ambiente des Restaurants ist erfrischend
ungezwungen, dem Team die Begeisterung für ihren Job anzumerken.

🪧 Der Wohnmoblistandplatz befindet sich auf dem hoteleigenen Parkplatz auf der Rückseite des Hauses nahe dem Wellnessbereich, die Nutzung der sanitären Anlagen ist möglich. Die ursprüngliche, von
rauer Schönheit geprägte Rhön lädt zu Spaziergängen über Kräuterwiesen, Hochflächen und Moore ein.

🚐 1 Platz [max] 3,5 t, 7 m ☺ nicht vorhanden 📶 gratis [WC] gratis, nur zu den Öffnungszeiten ♒ kein
Frischwasseranschluss, keine Entsorgungsmöglichkeit für Grauwasser und Bordtoilette ℹ **Keine Reservierung erforderlich. Hunde willkommen. Schöne Spaziergänge vom Gasthaus aus möglich. Wellnessbereich.**

FROM-FARM-TO-TABLE

»(Bei) Björn Leist (...) spürt man die Verbundenheit mit seiner Rhöner Heimat. Aus
erstklassigen, meist regionalen Produkten
entsteht ein kreatives Überraschungsmenü
ohne Schnickschnack«, begründet der Guide
Michelin 2020 seine Entscheidung, dem
Küchenchef des Restaurants BjörnsOx erneut einen Stern zu verleihen. Statt Speise-
karten erwartet den Gast ein kreatives
Acht-Gang-Überraschungsmenü. Im Mittelpunkt steht für den Spross einer Metzger-
familie natürlich feinstes Fleisch. Der Groß-
teil der Zutaten stammt aus der Rhön, wo
die Wege von der Weide auf den Tisch kurz
sind und sich das streng regionale, nachhaltige »From-farm-to-table«-Konzept
perfekt umsetzen lässt.

www.rhoener-botschaft.de/bjoernsox

42 ECHTER NORDHÄUSER TRADITIONSBRENNEREI

Grimmelallee 11
99734 Nordhausen
Tel. 036 31/63 64 60
www.traditionsbrennerei.de

🕐 Di–So 10–16 Uhr, Mo Ruhetag, offene Führung Di–So 14 Uhr, Anreise bis 14 Uhr

GPS 51.503756, 10.786408

➡ A38, Ausfahrt Nordhausen-West, ca. 3 km nordostwärts auf der L3080 nach Nordhausen und ca. 650 m auf der B4 Richtung Norden

Hauptgerichte 1–179 € – Spirituosen und Liqueure. Das Essen steht in dieser historischen Kornbrennerei nicht im Vordergrund – vielmehr sollte man vor einer Verkostung eine solide Basis im Magen schaffen, um die Nordhäuser Premium-Spirituosen aus der Handmanufaktur auch richtig genießen zu können. Beim Premium-Tasting verkostet man nicht nur sechs hochwertige Spirituosen und einen Longdrink, sondern erfährt bei einer Kurzführung auch Wissenswertes über die Herstellung – etwa dass für eine Flasche Korn 25 000 Roggenkörner nötig sind. Als Begleitung zur Verkostung wird ein Eichsfelder Imbiss gereicht.

🏕 Für den Genuss ohne Reue können Wohnmobilbesitzer die Parkplätze an der Brennerei nutzen und hier die Nacht verbringen. Neben der Brennerei bietet Nordhausen viele weitere Sehenswürdigkeiten, etwa das Kunsthaus Meyenburg, das Nordhausen Museum Flohberg und das Museum Tabakspeicher.

🚐 5 Plätze   max. 7,5 t, 15 m   ☺ nicht vorhanden   📶 nicht vorhanden   WC gratis, nur zu den Öffnungszeiten
💧 kein Frischwasseranschluss, keine Entsorgungsmöglichkeit für Grauwasser und Bordtoilette   🔋 **Reservierung erwünscht. Speisen/Getränke zum Mitnehmen. Hunde willkommen. Schöne Spaziergänge möglich.**

43 HOTEL WALDSCHLÖSSCHEN

Waldstraße 31
99837 Werra-Suhl-Tal,
OT Dankmarshausen
Tel. 03 69 22/43 72 00
info@urlaub-im-werratal.de
www.urlaub-im-werratal.de

🕐 tgl. 9–22 Uhr
GPS 50.925735, 10.007493
➡️ A4, Ausfahrt Wildeck-Hönebach,
ca. 7 km Richtung Süden auf der
L3248, L3251, L1021 und L2117

Hauptgerichte 10–13 € – Deutsche Küche, regionale Spezialitäten.
Wie daheim oder bei Freunden speist man in diesem kleinen, nur
Hausgästen zugänglichen Restaurant. Nach einem erlebnisreichen Ausflug ins Werratal zwischen Bad
Hersfeld und Eisenach serviert das familiäre Haus täglich frisch zubereitete Speisen der Thüringer Küche.
Spezialität des Hauses ist Thüringer Rostbrätel mit Bratkartoffeln und Salat, es stehen aber auch vegeta-
rische Gerichte zur Auswahl. Besonders schön sitzt man im lichtdurchfluteten Wintergarten oder im
Sommer zum Sundowner auf der Terrasse. Das Hotel bietet auch Lunchpakete zum Mitnehmen.

🛑 Nach dem Mahl kann man das Wohnmobil auf den mit Rasengittersteinen befestigten, ebenen Hotelparkplatz stellen, der an einer ruhigen Anliegerstraße und in unmittelbarer Nähe zu Wald, Wiesen,
und Naturschutzgebiet liegt. Gut ausgeschilderte Wanderwege verlaufen direkt vor der Haustüre.

🚐 6 Plätze 〔max〕 7,5 t, 15 m ☺ 3 €/Tag 📶 nicht vorhanden 〔WC〕 gratis, auch außerhalb der Öffnungszeiten
🔵 kein Frischwasseranschluss, keine Entsorgungsmöglichkeit für Grauwasser und Bordtoilette 🅱 Keine Reservierung erforderlich. Speisen/Getränke zum Mitnehmen. Hunde willkommen. Spielplatz. Schöne Spaziergänge
vom Gasthaus aus möglich. Dusche (2 €), Sauna im Hotel (8 €).

---

44 RUHLAER SKIHÜTTE

Liebensteiner Straße 107
99880 Waltershausen
Tel. 0172/706 18 28
info@ruhlaer-skihuette.de
www.ruhlaer-skihuette.de

🕐 Di–Do, Sa, So 11–19 Uhr,
Mo, Fr Ruhetage
GPS 50.867780, 10.408577
➡️ A4, Ausfahrt Waltershausen,
ca. 16 km Richtung Süden/Südwesten
auf der L1025 und L1027

Hauptgerichte 12–25 € – Deutsche Küche, regionale Spezialitäten.
Alles in einem: Die Ruhlaer Skihütte ist Waldgasthaus, Restaurant, Café
und Biergarten. Sie ist der perfekte Anlaufpunkt für alle, die Lust auf eine gemütliche Einkehr mit deutscher oder österreichischer Küche haben. In stimmungsvoller Atmosphäre gibt es hier eine große Auswahl typischer Thüringer Speisen, allen voran die hier liebevoll »Hüt's« genannten Thüringer Klöße. Sie
kommen in Begleitung von Rouladen, saisonalem Wild oder als herzhafte »Dicke Rippen« auf den Tisch,
die als Ruhlaer Spezialität in der Eisenpfanne serviert werden. Zum Nachtisch gibt es Kaiserschmarrn.

🛑 Wohnmobile finden einen Stellplatz fürs nächtliche Quartier auf dem Parkplatz vor dem mitten im
Wald gelegenen Gasthof. In der Umgebung verlaufen gut beschilderte Wanderwege, und zum Renn-
steig ist es nur knapp einen Kilometer. Der Ort ist Ausgangs- und Zielpunkt für Wanderungen und Ski-
touren im Inselsberggebiet, im Winter sind Loipen für Skiwanderungen gespurt.

🚐 3 Plätze 〔max〕 7,5 t, 15 m ☺ nicht vorhanden 📶 nicht vorhanden 〔WC〕 gegen Gebühr, nur zu den
Öffnungszeiten 🔵 kein Frischwasseranschluss, keine Entsorgungsmöglichkeit für Grauwasser und Bordtoilette
🅱 Keine Reservierung erforderlich. Schöne Spaziergänge vom Gasthaus aus möglich.

Übernachten vor schönster Naturkulisse macht der Stellplatz Camping Thüringer Wald möglich.

CAMPINGPLÄTZE

Camping Thüringer Wald ★★★☆☆

Von dichten Wäldern umgeben und nur 900 m vom Hohenwarte-Stausee entfernt, erstreckt sich der Campingplatz auf einem leicht geneigten Wiesengelände. Der Platz ist perfekt für Naturliebhaber, gleich nach dem Aufwachen fällt der Blick auf die bewaldeten Höhenzüge.

▶ Mutschwiese 1, 07338 Drognitz, Tel. 03673/ 723 04 20, Mitte April–Ende Okt.,
GPS: 50.595817, 11.562117
■ pincamp.de/th4450

Campingplatz Strandbad Breitungen
★★★★☆

Der Platz der Gemeinde Breitungen erstreckt sich auf einem weitläufigen, baumbestandenen Wiesengelände zu beiden Seiten der Werra. Über das Gelände verteilen sich ruhig gelegene Standplätze für Wohnwagen und Wohnmobile sowie eine große Zeltwiese. Ein Badesee, unmittelbar an der Fluss-Seen-Landschaft des Werratals

gelegen, bietet mit einem rund 150 m langen, bis zu 5 m breiten Sandstrand, Steg und Badeinsel Abkühlung an Sommertagen. Nach dem Bad legt man sich zum Sonnen auf die große Liegewiese.

▶ Salzunger Straße 24, 98597 Breitungen,
Tel. 03 68 48/40 95 12, Anfang April–Ende Okt.,
GPS: 50.76, 10.319291
■ pincamp.de/th3150

Campingplatz Rohrer Stirn ★★★☆☆

Der städtische Campingplatz in Meiningen nimmt ein terrassiertes Wiesengelände am Hang ein, das durch Buchenhecken und Bäume gegliedert ist. Auf den ebenen Standplätzen auf Schotterrasen finden Wohnmobile Platz. Nebenan gibt es ein öffentliches Frei- und Hallenbad.

▶ Rohrer Stirn, 98617 Meiningen, Tel. 036 93/ 48 44 21, Ende März–Anfang Nov.,
GPS: 50.569533, 10.436483
■ pincamp.de/th3700

Campingplatz am Waldbad ★★★★★

34 Der ruhige Platz mit familiärer Atmosphäre schmiegt sich in eine Wiesensenke. Direkt angrenzend befindet sich ein Sportgelände und jenseits eines kleinen Bachs das Freibad. Achtung: Im Ort ist ein steinernes Tor mit angegebener Durchfahrtshöhe von 2,5 m zu durchqueren.

▶ An der Burg 3, 99762 Neustadt/Harz, Tel. 036 31/47 98 91, ganzjährig geöffnet, GPS: 51.569683, 10.827367
■ pincamp.de/th0400

Rennsteig-Caravaning Valentinsteich
★★★★★

35 Umgeben von wunderbarer Natur kann man hier Ruhe und Beschaulichkeit genießen. Der Campingplatz in Höhenlage erstreckt sich über ein geneigtes Wiesengelände. Für Wohnmobile gibt es großzügig parzellierte Standplätze, die sich auf der Rasenfläche verteilen. Der Platz ist ein perfekter Ausgangpunkt für Wanderer und Radfahrer, die die Sonnenseite des Rennsteigs erkunden wollen.

▶ Friedrichrodaer Weg 3a, 99894 Finsterbergen, Tel. 036 23/31 07 75, Jan.–März, Anfang April–Ende Dez., GPS: 50.84085, 10.582
■ pincamp.de/th3300

Camping Paulfeld ★★★★★

36 In die schöne Natur des Thüringer Waldes eintauchen und die Ruhe genießen kann man auf diesem von Wald umgebenen Platz mit Badeweiher und Angelteich. Die Standplätze für die zahlreichen Dauercamper und die Touristengäste verteilen sich über das leicht geneigte, durch hohe Hecken gegliederte Wiesengelände, das mit einigen Laub- und Nadelbäumen bestanden ist. Der Naturbadeweiher sorgt an warmen Tagen für Schwimmvergnügen, und zum Sonnen und Faulenzen lädt die etwa 100 m lange und 20 m breite Liegewiese ein.

▶ Am Steinbühl 3, 99894 Catterfeld, Tel. 036 253/251 71, ganzjährig geöffnet, GPS: 50.824333, 10.610367
■ pincamp.de/th3350

Versteckt unter Bäumen breitet sich der Campingplatz Rennsteig-Caravaning Valentinsteich in einem Waldgebiet aus.

Bayern

Im Bierhimmel

Deftig-bodenständig isst man in Bayern für gewöhnlich. Süßspeisen? Auch und gern und viel, beeinflusst durch die Nachbarschaft zu Österreich. Nicht zu vergessen: Bier. Über 40 Sorten für 4000 Marken werden hier gebraut. Und Weinliebhaber sollten unbedingt nach Franken reisen.

BAYERN

RUSTIKAL

46 51 56 57 59 60 62 63
68 74

DEUTSCHE KÜCHE

47 50 53 54 56 58 64 65
66 67 69 70

INTERNATIONALE KÜCHE

46 54 64 66

REGIONALE SPEZIALITÄTEN

45 47 49 50 51 52 53 54
55 56 57 58 59 60 61 62
63 65 66 67 68 70 71 72
73 74

GOURMETKÜCHE

48 52 69 71 73

BIO/VEGETARISCH

50 54 55 57 58 68 69

WEINGUT/WEINHANDLUNG

72

BRAUEREIGASTHOF

59 61 62 67

CAMPINGPLÄTZE

37 – 45 s. S. 120

Bild vorangehende Doppelseite: Vorbei an Wiesen, Bauernhöfen und kleinen Kirchen, um die sich die Dörfer scharen, geht die Fahrt durch Bayern, wo so manche Wirtsleute die kulinarischen Traditionen auf den Kopf stellen.

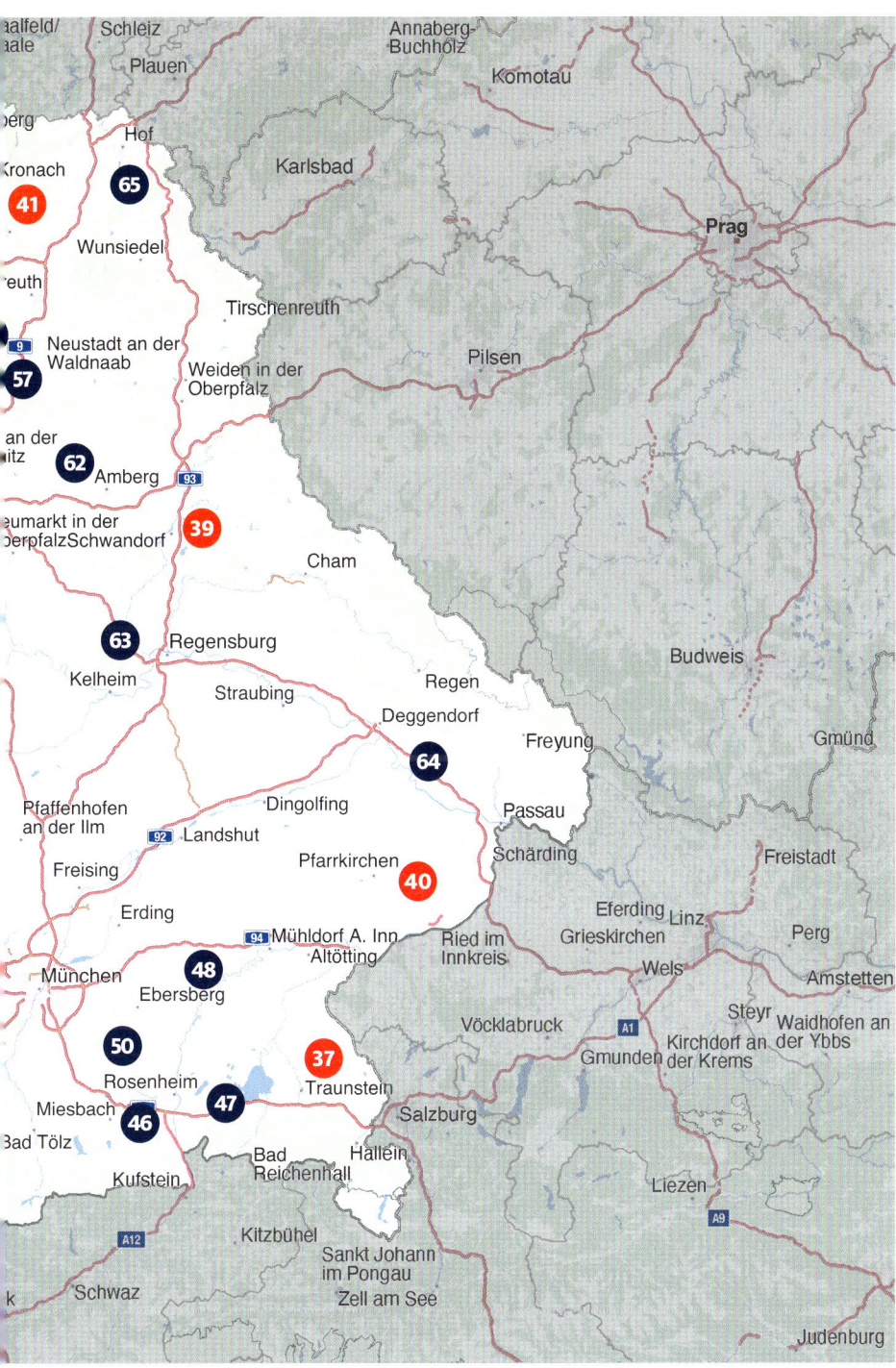

45 GASTHOF OHRNBACHTAL & LANDHOTEL

Ohrnbach 5
63937 Weilbach
Tel. 09373/203 10 90
info@gasthof-ohrnbachtal.de
www.gasthof-ohrnbachtal.de

🕐 Mo, Di, Fr–So 11.30–14 und
17–20.30 Uhr, Mi, Do Ruhetage,
Anreise bis 19 Uhr
GPS 49.700079, 9.128287
➡ B469 bis Weilbach, ca. 8 km auf
der MIL6 nach Nordwesten

Hauptgerichte 12,90–32 € – Regionale Spezialitäten. Eingebettet in
die Wälder des bayerischen und hessischen Odenwaldes können Gäste die ursprüngliche Natur genießen
und sich mit Gerichten aus frischen regionalen Produkten verwöhnen lassen. Spezialität des Hauses sind
Forellen aus dem eigenen Teich, Gerichte vom Wild aus den umliegenden Revieren und saisonale Speisen wie winterlicher Gänsebraten. Dazu passen fränkische Weine von den umliegenden Weingütern. Für
den fleischlosen Genuss gibt es leckere Tagliatelle mit mediterranem Gemüse oder frische Salate.

🛏 Übernachten mitten in der Ohrnbacher Natur können Wohnmobilbesitzer auf dem geschotterten
Stellplatz beim Gasthof. Tagesausflüge bieten sich in die nahen Odenwaldstädtchen Erbach, Michelstadt, Amorbach und Miltenberg an, Naturfans gehen vor der Haustür wandern, wo sich ein umfangreiches Wegenetz ausbreitet – die passende Wanderkarte gibt es im Hotel.

🚐 3 Plätze [max] 7,5 t, 7 m 😊 gratis 📡 nicht vorhanden [WC] gratis, nur zu den Öffnungszeiten 💧 kein
Frischwasseranschluss, keine Entsorgungsmöglichkeit für Grauwasser und Bordtoilette **ℹ Reservierung erforderlich**. Bewirtung der Gäste auch im Wohnmobil. Speisen/Getränke zum Mitnehmen. Hunde willkommen.

46 BURGER BROTHERS

Kufsteinerstraße 2
83075 Bad Feilnbach
Tel. 080 66/884 26 43
burgerbrother.feilnbach@gmail.com
www.burger-brothers-bf.de

🕐 Mi–So 17–22 Uhr, Mo, Di Ruhetage, Anreise bis 19 Uhr
GPS 47.775149, 12.002692
➡ A8, Ausfahrt Bad Aibling, ca.
6 km nach Süden auf der St2089

Hauptgerichte 9,50–21,20 € – Rustikal, internationale Küche. Mit
ihrem Frischeversprechen haben die Burger-Brüder Bad Feilnbach
erobert: Die Fleischpatties werden aus täglich frisch durch den
Fleischwolf gedrehtem Fleisch hergestellt, das aus Jungbullenfleisch
aus der Region besteht. Das Ganze kommt in feinste Buns, und alle
weiteren Zutaten stammen ebenfalls frisch von lokalen Lieferanten.
Neben Klassikern wie Hamburger und Cheeseburger stehen Spezialburger, für Gourmets auch Trüffel-Burger auf der Karte. Alle Burger sind auch in der Veggie-Variante erhältlich. Darüber hinaus locken ab Donnerstag immer leckere BBQ-Spareribs. Da die Burger-Patties einmal am Tag frisch »gewolft« werden und nicht unbegrenzt zur Verfügung stehen, unbedingt reservieren!

🛏 Das Restaurant verfügt über zwei Wohnmobilstandplätze direkt vor dem Restaurant. Am Fuße des
Wendelsteins bietet der bayrische Kurort eine Reihe von Aktivitäten in der Natur.

🚐 2 Plätze [max] 3,5 t, 7m 😊 nicht vorhanden 📡 nicht vorhanden [WC] gratis, nur zu den Öffnungszeiten
💧 kein Frischwasseranschluss, keine Entsorgungsmöglichkeit für Grauwasser und Bordtoilette **ℹ Reservierung erforderlich**. Speisen/Getränke zum Mitnehmen. Hunde willkommen.

47 MESNER STUBN

Urschalling 4
83209 Prien am Chiemsee
Tel. 080 51/39 71
wirtshaus@mesnerstubn.de
www.mesnerstubn.de

🕐 Mo, Do, Fr 15–23, Sa, So
11–22 Uhr, Di, Mi Ruhetage
GPS 47.836697, 12.343400
➡ A8, Ausfahrt Bernau, ca. 4 km
nach Norden auf der St2092

Hauptgerichte 7–28 € – Deutsche Küche, regionale Spezialitäten.
»A bisserl« bayerisch sollte schon verstehen, wer dieses rustikale,
gemütliche Gasthaus am südwestlichen Ende des Chiemsees besucht. Am Herd wirkt Martin Obermüller, der nach Erfahrungen in
der weltweiten Sterneküche in seine bayerische Heimat zurückge-
kehrt ist und mit seinem jungen Team ein Lächeln auf die Lippen der
Gäste zaubert. Neben einem zünftigen Brotzeitbrettl oder Ragout
vom heimischen Reh gehören auch Rote-Beete-Carpaccio oder Filet
von der Chiemseerenke mit Risotto und frittiertem Rucola zum Repertoire des jungen Küchenchefs. Ein
weiteres Stück Bayern mit einem Touch Weltläufigkeit gibt es in der Vinothek zum Mitnehmen.

🔋 Der Parkplatz, der auch Wohnmobilen Quartier bietet, befindet sich vor dem Haus und an der leicht
schrägen Auffahrt. Sehenswert ist die Kirche St. Jakobus in Urschalling, auch der nahe Chiemsee lockt.

🚐 5 Plätze max. 3,5 t, 7 m ☺ nicht vorhanden 📡 nicht vorhanden WC gratis, nur zu den Öffnungszeiten
💧 kein Frischwasseranschluss, keine Entsorgungsmöglichkeit für Grauwasser und Bordtoilette 🛎 **Reservierung**
erforderlich. Speisen/Getränke zum Mitnehmen. Hunde willkommen. Spielplatz. Schöne Spaziergänge möglich.

Zu einer Bootsfahrt vor Alpenkulisse lädt der Chiemsee, das »Bayerische Meer« und drittgrößter See Deutschlands.

④⑧ CHRISTIANS RESTAURANT

Dorfstraße 1
83527 Kirchdorf (bei Haag)
Tel. 080 72/85 10
info@christians-restaurant.de

www.christians-restaurant.de
🕐 Do, Fr ab 18, Sa, So ab 12 Uhr,
Mo–Mi Ruhetage, Anreise bis 18 Uhr
GPS 48.176713, 12.198310

➡ A94, Ausfahrt Dorfen, ca. 14 km
nach Süden auf der B15, ED22, MÜ29
und MÜ32 nach Kirchdorf (Adresse
für Navi: Alte-Schul-Straße 2)

Hauptgerichte 28–45 € – Gourmetküche. In seinem eleganten Restaurant hält Christian F. Grainer seit über zehn Jahren einen Michelin-Stern. 1990 hat er den elterlichen Gasthof übernommen und sich mit seiner modernen alpenländischen Küche an die bayerische Spitze gekocht. Bei der Produktauswahl setzt er auf höchste Qualität: So kommen Beeren aus dem eigenen Garten, Fleisch und Wild von regionalen Erzeugern. Zu den Spezialitäten zählen die Thunfischvariation, Austern und Hereford-Rinderfilet, für die Weinauswahl aus einem Keller mit über 1000 Weinen zeichnet Sommelière Christiane Grainer verantwortlich.

🚐 Wohnmobile parken auf dem ruhigen Standplatz im Innenhof auf ebener Fläche. Der herrliche Blick auf Kirchdorf und seine malerische Umgebung lässt sich von der Hauskapelle, nur wenige hundert Meter vom Gasthaus entfernt, genießen. Hier reicht die Sicht bei gutem Wetter sogar bis in die Alpen.

🚐 1 Platz ⬛max 7,5 t, 15 m ☺ nicht vorhanden ⛲ nicht vorhanden 🚾 gratis, nur zu den Öffnungszeiten ⬤ kein Frischwasseranschluss, keine Entsorgungsmöglichkeit für Grauwasser und Bordtoilette 🅸 **Reservierung erforderlich**. Bewirtung der Gäste auch im Wohnmobil. Speisen/Getränke zum Mitnehmen. Spielplatz. Schöne Spaziergänge vom Gasthaus aus möglich.

49 LANDHOTEL GEYER

Alte Hauptstraße 10
85110 Kipfenberg/Pfahldorf
Tel. 084 65/73 06 30
info@landhotel-geyer.de
www.landhotel-geyer.de

🕐 tgl. 11.30–13.30 und 18–20.30 Uhr
GPS 48.959815, 11.332178
➡ A9, Ausfahrt Altmühltal, ca.
6 km Richtung Südwesten auf der
St2228 und EI21 bis Kipfenberg

Hauptgerichte 7,50–22.90 € – Regionale Spezialitäten. »Altbewährtes frisch und köstlich für Sie zubereitet«: Unter diesem Motto genießen Gäste im ganz unter dem Zeichen der Nachhaltigkeit stehenden Landhotel Geyer hausgemachte regionale Spezialitäten. Im Sommer 2021 wurde die Küche erneut mit drei Rauten für »Ausgezeichnete Bayerische Küche« prämiert. Besonders im Fokus der Juroren steht dabei die Vielfalt der angebotenen Speisen. So konnte das Landhotel sowohl mit regionalen Schmankerln wie dem Altmühltaler Lamm als auch mit bayerischen Klassikern und leichten Gerichte für Allergiker und Gesundheitsbewusste punkten. Dass im Wirtshaus auch der Service von bayerischer Herzlichkeit geprägt ist, versteht sich fast von selbst.

🔳 Ein Nachtquartier finden Wohnmobilbesitzer auf dem Schotterparkplatz am Hotel, das vom unberührten Naturpark Altmühltal umgeben ist – ein einzigartiges Paradies für Wanderer und Naturliebhaber.

🚐 5 Plätze max 7,5 t, 15 m ☺ gegen Gebühr 📡 nicht vorhanden WC nicht möglich ♨ kein Frischwasseranschluss, keine Entsorgungsmöglichkeit für Grauwasser und Bordtoilette **ℹ Reservierung erforderlich**. Schöne Spaziergänge vom Gasthaus aus möglich.

---

50 MARKT-GARTENCAFÉ

Herrmannsdorf 2
85625 Glonn
Tel. 080 93/90 94 34
hofmarkt@herrmannsdorfer.de
www.herrmannsdorfer.de

🕐 Mo–Fr 9–18, Sa 8.30–14 Uhr,
So Ruhetag
GPS 47.992372, 11.898108
➡ B304 bis Grafing, ca. 11 km
Richtung Südwesten auf der EBE 8,
EBE 13 und EBE 15

Hauptgerichte 5–15 € – Deutsche Küche, regionale Spezialitäten.
Alle Leckereien des im Hofladen gelegenen Markt-Gartencafés kommen direkt vom Hof. Es gehört zu den Herrmannsdorfer Landwerkstätten, einem ökologischen Gutshof mit Ackerbau, Viehzucht, Metzgerei, Backstube und Käserei. Ganz nach der Philosophie des Gründers Karl Ludwig Schweisfurt ist hier die vom Aussterben bedrohte, gute alte Handwerkskunst auf ökologische Weise zurückgeholt worden. Dementsprechend gut schmecken die handwerklich hergestellten Produkte: Aus der Spezialitätenküche kommen zünftige Brotzeiten, frischer Leberkäs, Gebäck und Kuchen, dazu schmeckt ein leckeres Bio-Bier von der Schweinsbräu-Brauerei.

🔳 Wohnmobile parken auf dem großen, nicht asphaltierten Parkplatz P2, ruhig hinter dem Hofmarkt gelegen und mit herrlichem Blick bis zu den Alpen. Die im Hofmarkt erhältliche Spazierwegekarte enthält schöne Wanderungen rund um Herrmannsdorf, für die gerne ein Picknickkorb gepackt wird.

🚐 6 Plätze max 7,5 t, 15 m ☺ nicht vorhanden 📡 nicht vorhanden WC gratis, auch außerhalb der Öffnungszeiten ♨ kein Frischwasseranschluss, keine Entsorgungsmöglichkeit für Grauwasser und Bordtoilette
ℹ Keine Reservierung erforderlich. Speisen/Getränke zum Mitnehmen. Spielplatz. Schöne Spaziergänge möglich.

⑤¹ LANDGASTHOF STARK

Alte Straße 4
86637 Wertingen/Gottmannshofen
Tel. 08272/2214
info@landgasthof-stark.de
www.landgasthof-stark.de
🕐 Mi–Sa 17–23, So 11–14 und

17–22 Uhr, Mo, Di Ruhetage
GPS 48.556277, 10.695339
➡️ A8 bis Kreuz Augsburg-West, ca. 17 km nach Norden auf der B2 bis Ausfahrt Biberach, ca. 12 km nach Westen auf der St2033 bis Wertingen

Hauptgerichte 12–23 € – Rustikal, regionale Spezialitäten. Prost und Mahlzeit seit 1834: Schon fast 200 Jahre befindet sich der Landgasthof in Familienbesitz. In rustikalem Ambiente servieren Josef Stark und sein Team traditionelle saisonale Gerichte, die bereits im Wettbewerb »Bayerische Küche« ausgezeichnet wurden. Im Mittelpunkt stehen schwäbisch-bayerische Schmankerl wie Käsespätzle, Zwiebelrostbraten und Wurstsalat, zu denen ein hausgebrautes Bier nicht fehlen darf. Wer Braten mag, sollte am Sonntag vorbeischauen. Unter dem Label »Starke Landküche« gibt es die beliebten Spezialitäten gut verpackt auch zum Mitnehmen.

🚐 Für Wohnmobilbesitzer stehen zwei Standplätze auf ebener Rasengitterfläche zur Verfügung, die sich auf der Rückseite des Gasthofs befinden. Zwei weitere Standplätze gibt es auf der Schotterfläche vor der Gaststätte an der Hauptstraße. Direkt nebenan lohnt die bekannte Wallfahrtskirche Mariä Heimsuchung, ein hübscher Barockbau aus dem 17. Jh., einen Besuch.

🚐 4 Plätze 　max. 7,5 t, 15 m 　☺ gratis 　📶 nicht vorhanden 　WC gratis, nur zu den Öffnungszeiten 　🚰 kein Frischwasseranschluss, keine Entsorgungsmöglichkeit für Grauwasser und Bordtoilette 　ℹ️ **Keine Reservierung erforderlich. Bewirtung der Gäste auch im Wohnmobil. Hunde willkommen. Schöne Spaziergänge möglich.**

---

⑤² MEYERS KELLER

Marienhöhe 8
86720 Nördlingen
Tel. 09081/4493
restaurant@meyerskeller.de
www.jockl-kaiser.de
🕐 Mi 18–22, Do–Sa 12–14 und

18–22, So 11.30–20.30 Uhr, Mo, Di Ruhetage, Anreise bis 20 Uhr
GPS 48.841407, 10.493904
➡️ A7, Ausfahrt Aalen, ca. 26 km Richtung Osten auf der L1084, K3296 und B466 bis Nördlingen

Hauptgerichte 25–45 € – Regionale Spezialitäten, Gourmetküche. Gasthaus mit Stern? Spitzenkoch Jockl Kaiser schafft die ungewöhnliche Synthese aus traditioneller bayerischer Wirtshauskultur und mehrfach ausgezeichneter innovativer Gourmetküche. Sowohl bei dem eleganten Gourmetmenü »Vielfalt« als auch bei dem rustikalen Wirtshausmenü »Mit Laib und Seele« macht Kaiser keinerlei Kompromisse in punkto Qualität. Seine große Leidenschaft für erstklassige regionale Produkte kann man förmlich schmecken – ihre Erzeuger und deren Philosophie kennt er persönlich. Dazu gibt es eine perfekt abgestimmte Wein- und auch alkoholfreie Getränkebegleitung. Bei schönem Wetter sitzen die Gäste im Garten unter Linden und Kastanien.

🚐 Wohnmobile stehen auf dem Schotterparkplatz, der auch von Pkws als Gasthofparkplatz genutzt wird. Das Wirtshaus liegt idyllisch mitten in der Natur und gewährt einen tollen Blick auf Nördlingen. Im »Lädle« gibt es Feinkost zum Mitnehmen und Küchenaccessoires, falls im Wohnmobil etwas fehlt.

🚐 5 Plätze 　max. 7,5 t, 15 m 　☺ nicht vorhanden 　📶 gratis 　WC gratis, nur zu den Öffnungszeiten 　🚰 kein Frischwasseranschluss, keine Entsorgungsmöglichkeit für Grauwasser und Bordtoilette 　ℹ️ **Reservierung empfohlen. Hunde willkommen. Spielplatz. Schöne Spaziergänge vom Gasthaus aus möglich. Freibad in direkter Nähe.**

㊾ GASTHAUS ZUR GOLDENEN SONNE

Hauptstraße 28
86747 Maihingen
Tel. 090 87/226
mail@sonne-maihingen.de
www.sonne-maihingen.de

🕓 Mo, Do–So 11–14 und 17–21 Uhr, Di, Mi Ruhetage

GPS 48.927784, 10.499244

➡ B25 bis Marktoffingen, ca. 2 km nach Osten auf DON5 bis Maihingen

Hauptgerichte 10–28 € – Deutsche Küche, regionale Spezialitäten. Frisch und saisonal ist die Küche im Gasthaus Zur goldenen Sonne in Maihingen. Das gilt insbesondere für den Fisch aus eigener Zucht, der nahezu das ganze Jahr über angeboten wird. Wer nichts aus dem Wasser mag, findet auf der abwechslungsreichen Karte auch schwäbische Spezialitäten wie Sauerbraten und Käsespätzle. Besonders zu empfehlen ist das »Beschwipste Ochsenbäckle«, das in Rotwein geschmort und mit Kartoffeltalern serviert wird. Im Sommer lädt der Biergarten mit Spielecke die ganze Familie zum Entspannen ein, während bei schlechtem Wetter die behagliche Gaststube wartet.

📍 Für Wohnmobile gibt es einige Standplätze auf gepflastertem Untergrund und einige auf Kies. Ein Bäcker, um Brot und Gebäck fürs Frühstück am nächsten Morgen zu kaufen, befindet sich in Laufnähe.

🚐 10 Plätze ⬜ max. 7,5 t, 15 m ☺ gratis 📶 nicht vorhanden ⬜ WC gratis, nur zu den Öffnungszeiten 💧 kein Frischwasseranschluss, keine Entsorgungsmöglichkeit für Grauwasser und Bordtoilette ℹ **Keine Reservierung erforderlich. Speisen/Getränke zum Mitnehmen. Hunde willkommen. Spielplatz. Schöne Spaziergänge möglich.**

Einen Abstecher wert ist das Städtchen Nördlingen mit Deutschlands einziger vollständig erhaltener Stadtmauer.

54 GASTHOF STEGMÜHLE

An der Stegmühle 2
87640 Biessenhofen
Tel. 08341/90200
hoefle@gasthof-stegmuehle.de
www.gasthof-stegmuehle.de
🕐 Mo, Di, Fr 17–24, Sa 15–24, So

9–24 Uhr, Mi, Do Ruhetage,
Anreise bis 22 Uhr
GPS 47.824060, 10.644646
➡️ A96, Ausfahrt Jengen/Kaufbeuren, ca. 30 km nach Süden auf der B12 und B16 bis Biessenhofen

Hauptgerichte 9,50 – 24,90€ – Deutsche und internationale Küche.
Der traditionsreiche Familienbetrieb besteht bereits seit 1884 und punktet mit Allgäuer Flair und dem konsequenten Einsatz regionaler Bioprodukte. So liest sich die Speisekarte wie eine Reise durch die umliegenden Dörfer: Allein für den Hörmanshofer Ottilienberg Burger kommen Fleisch vom Bio-Hof Michael Filser, Speck vom Weideschwein aus Aitrang, Bergkäse von der Sennerei Lehern, Salat vom Biohof Grasser und eine Burger-Semmel von der Bäckerei Heiland zum Einsatz. Dass von den Allgäuer Kässpatzen bis zum Wurstsalat fast nur Hausgemachtes auf dem Teller landet, versteht sich von selbst. Und auch für die kleinen Gäste wird bestens gesorgt, für sie gibt es eine eigene Karte mit all den Gerichten, die Kinderherzen höher schlagen lassen.

🚐 Wohnmobile parken auf ebenen gekiesten Standplätzen, die sich auf dem Parkplatz vor dem Gasthof befinden. Die Straße ist tagsüber stark befahren, nachts gibt es allerdings wenig Verkehr.

🚐 3 Plätze　max. 7,5 t, 15 m　☺ gratis　📶 nicht vorhanden　WC gratis, auch außerhalb der Öffnungszeiten　💧 kein Frischwasseranschluss, keine Entsorgungsmöglichkeit für Grauwasser und Bordtoilette　ℹ️ **Keine Reservierung erforderlich. Speisen/Getränke zum Mitnehmen. Hunde willkommen. Schöne Spaziergänge möglich.**

55 NATUR-LANDHAUS KRONE

Kirchweg 2
88167 Maierhöfen
Tel. 08383/254
frank@naturlandhaus-krone.de
www.naturlandhaus-krone.de

🕐 Do–Sa 14.30–21 Uhr, Mo–Mi, So Ruhetage, Anreise bis 17.30 Uhr
GPS 47.652341, 10.051214
➡️ B12 bis Isny, ca. 4 km Richtung Süden auf der St1318

Hauptgerichte 12,50–29 € – Regionale Spezialitäten. In diesem feinen Hotel-Restaurant wird Gastfreundschaft groß geschrieben. Nach dem Allgäuer Motto: »Mir sand, wie mir sand« kann hier jeder nach seiner Fasson genießen und sich eine kleine Auszeit mit hochwertiger Landküche gönnen. Das Restaurant zeichnet sich durch leichte, oft mit Kräutern verfeinerte Gerichte aus frischen Zutaten aus, die meist aus heimischer Landwirtschaft stammen und bio-zertifiziert sind. Mit außergewöhnlichen Kompositionen und wechselnden Menüs sorgen die »Genuss-Handwerker« für aufregende kulinarische Momente, seien es Allgäuer Spezialitäten, Fleisch-, Fisch- oder Veggiegerichte.

🚐 Einen relativ ebenen und mit Rasengittersteinen befestigten Platz fürs Wohnmobil gibt es am Gasthof. Im Frühling, Sommer und Herbst bieten sich Erkundungswanderungen bis hin zum Bodensee an. Zur kalten Jahreszeit eröffnet sich Wintersportlern das ganze Schneeparadies des Westallgäus.

🚐 1 Platz　max. 7,5 t, 7m　☺ nicht vorhanden　📶 gratis　WC gratis, nur zu den Öffnungszeiten　💧 kein Frischwasseranschluss, keine Entsorgungsmöglichkeit für Grauwasser und Bordtoilette　ℹ️ **Reservierung erforderlich**. Speisen/Getränke zum Mitnehmen. Hunde willkommen. Schöne Spaziergänge vom Gasthaus aus möglich.

LANDZUNGE: GENUSSPAKT ALLGÄU-BODENSEE-OBERSCHWABEN

Im Dreieck zwischen Ulm, Kaufbeuren und Konstanz erstreckt sich eine Genussregion mit langer Tradition. Dafür steht die Aktion LandZunge mit ihrem Slogan »Wo die Region auf der Zunge zergeht«. Hier finden Freunde der authentischen Küche typische Landgasthöfe, die das Beste aus der Region verarbeiten: hochwertiges Fleisch vom Weiderind, handwerklich hergestellter Käse aus dem Allgäu, frisches Gemüse und Obst aus Oberschwaben oder feine Weine vom Bodensee. Gekocht wird sowohl nach alten als auch nach modernen Rezepten, sodass Gäste nicht nur traditionelle Spezialitäten kosten können, sondern auch innovative Genüsse kennenlernen. Im Mittelpunkt steht die neue alte Lust auf das klassische Gasthaus, auf gutes Essen und leckere Getränke. Denn wo könnte man die Region besser kennenlernen als in einem typischen Gasthof? Gerade nach zwei Jahren Pandemie will die LandZunge Lust darauf machen, sich wieder von Profis bewirten zu lassen, statt in den eigenen vier (Wohnmobil-) Wänden zu kochen und zu essen. Wer also in der Region Allgäu-Bodensee-Oberschwaben unterwegs ist, sollte einen Blick auf die LandZunge-Webseite werfen: Über die Karte und die links stehenden Suchfelder findet man ganz schnell heraus, wo sich in der Nähe ein LandZunge-Betrieb befindet. Einfach auf das »Pfännchen-Symbol« am gewünschten Standort klicken und schon öffnet sich ein Fenster mit der genauen Adresse des Betriebs.

www.landzunge.info/gasthoefe-hotels/gasthof-finder

56 GASTHOF ZAHLER

Augsburger Straße 69
89365 Röfingen
Tel. 082 22/969 90
info@gasthof-zahler.de
www.gasthof-zahler.de
🕐 Di 17–21, Mi–So 11–21 Uhr,

Mo Ruhetag, nach Anreise im
Gasthaus anmelden
GPS 48.426069, 10.446106
➡ A8, Ausfahrt Burgau,
ca. 2 km nach Norden auf der
St2025 bis Röfingen

Hauptgerichte 7–17 € – Rustikal, deutsche Küche. Der Gasthof Zahler hat den Charakter einer alten Dorfwirtschaft und ist für seine schwäbischen Spezialitäten bekannt. Zwiebelrostbraten, Kässpatzen und Maultaschen kommen ebenso auf den Tisch wie Schweinelendchen und Schnitzel. Die Wirtsfamilie hält ihre eigenen Schweine, so wird ausschließlich Fleisch bester Qualität und Herkunft verwendet. Da das Gasthaus zu den »Schwäbischen Kartoffel-Wirten« gehört, dürfen auf der Karte auch verschiedene Kartoffelgerichte wie die »Kartoffel-roulade mit Hackfleischfüllung« oder »Kartoffelpuffer mit Käse überbacken« nicht fehlen.

🚐 Sowohl auf dem Parkplatz des Gasthofes als auch im Hinterhof ist Platz für Wohnmobile. Der Gasthof liegt direkt an der Strecke der Schwäbischen Kartoffeltour, einer Fahrradroute entlang schwäbischer Sehenswürdigkeiten und »Kartoffelwirt«-Gaststätten. Nur 11 km entfernt lockt das Legoland Deutschland.

🚐 2 Plätze max. 7,5 t, 7 m ☺ nicht vorhanden ᵀ gratis WC gratis, nur zu den Öffnungszeiten ◉ kein Frischwasseranschluss, keine Entsorgungsmöglichkeit für Grauwasser und Bordtoilette 🔋 **Keine Reservierung erforderlich. Schöne Spaziergänge vom Gasthaus aus möglich.**

Der Heilige Nepomuk wacht über die Sandsteinbrücke, die in Höchstadt an der Aisch über den Fluss führt.

57 GASTHAUS PETER

Weinstraße 14
91257 Pegnitz
Tel. 092 41/34 59
gasthaus-peter@t-online.de
www.gasthaus-peter.com
🕐 Mo 17–23, Do–So 10–22 Uhr, Di, Mi Ruhetage

GPS 49.726419, 11.530137
➡ A9, Ausfahrt Pegnitz, ca. 500 m nach Südosten auf der B470/B85 und ca. 1 km nach Osten auf der Weinstraße. Achtung: Richtung Osten folgt eine Bahnbrücke mit einer beschränkten Durchfahrtshöhe von 3,30 m

Hauptgerichte 9–20 € – Rustikal, regionale Spezialitäten. Wer echte fränkische Gastfreundschaft und Kulinarik erleben möchte, sollte das gemütliche Gasthaus Peter am Rand der Fränkischen Schweiz besuchen. Praktisch zu jeder Jahreszeit bereitet die Küche die original fränkische Spezialität »Schäufele mit Kloß und Salat« zu, und einmal im Monat ist eine reichhaltige Schlachtschüssel im Angebot. Zur Saison werden frische Spargelgerichte gereicht, und auch an Vegetarier wird gedacht: Für sie gibt es Gerichte wie Gemüsereibekuchen oder Pasta.

🚐 Auf dem gepflasterten Parkplatz gegenüber der Gaststätte finden Wohnmobile Platz für eine geruhsame Übernachtung. Sehr nah ist es ins hübsche Städtchen Pegnitz, auch der Veldensteiner Forst, die Fränkische Schweiz und die malerischen Altstädte von Amberg, Bamberg und Nürnberg sind nicht weit.

🚐 3 Plätze max. > 7,5 t, > 15 m ☺ nicht vorhanden 📶 gratis WC gratis, nur zu den Öffnungszeiten 🌊 kein Frischwasseranschluss, keine Entsorgungsmöglichkeit für Grauwasser und Bordtoilette ℹ️ Keine Reservierung erforderlich. Speisen/Getränke zum Mitnehmen. Hunde willkommen. Spielplatz. Schöne Spaziergänge möglich.

58 AISCHBLICK RESTAURANT-CAFE

Große Bauerngasse 88a
91315 Höchstadt an der Aisch
Tel. 091 93/69 80 90
kontakt@aischblick.de
www.aischblick.de
🕐 Mi–Sa 11–14 und 17.30–22, So 11–14, 17.30–21 Uhr, Mo, Di Ruhetage,

Anreise bis 21 Uhr, nach Anreise in der Gaststätte anmelden
GPS 49.702490, 10.824808
➡ A3, Ausfahrt Höchstadt Ost, ca. 1,5 km westwärts auf der B470, abbiegen Richtung Höchstadt, Achtung: einspurige Zufahrt zur Gaststätte

Hauptgerichte 10–25 € – Deutsche Küche, regionale Spezialitäten. Ulrike und Norbert Gumbrecht ist es ein Anliegen, dass sich qualitätsbewusste Genießerinnen und Genießer bei ihnen wohlfühlen. So setzt das Restaurant auf traditionelle Gastlichkeit und ehrliche Küche, bei der gutbürgerliche fränkische Gerichte neu entdeckt werden können. Eine Spezialität des Hauses ist der Aischgründer Karpfen, der gebacken oder grätengeschnitten unter der Mandelkruste serviert wird (September–April). Auch für Vegetarier und Veganer gibt es schmackhafte Angebote, hinzu kommen saisonale Aktionen wie Wildbretwochen.

🚐 Ein geschotterter Parkplatz, auf dem Wohnmobile Platz finden, liegt hinter dem Restaurant direkt an den schönen Aischauen, die zu Spaziergängen und Radtouren einladen. Toll im Sommer sind das fußläufig erreichbare Freibad sowie der Biergarten und die Grillkota (Grillhütte) zum Essen im Freien.

🚐 3 Plätze max. 7,5 t, 7 m ☺ 3 €/Nacht 📶 gratis WC gratis, nur zu den Öffnungszeiten 🌊 Frischwasseranschluss, keine Entsorgungsmöglichkeit für Grauwasser und Bordtoilette ℹ️ **Reservierung erforderlich**. Speisen/Getränke zum Mitnehmen. Hunde willkommen. Spaziergänge möglich. Direkt am Aischtal-Radwanderweg.

VIKTUALIEN-MARKT

Wussten Sie, dass...?

... die Metzgerzeile am Fuße des Petersbergl gegenüber der Heilig-Geist-Kirche von den Münchnern auch »Die zwölf Apostel« genannt wird? Während sich dort heute nur noch acht Metzger aneinaderreihen, waren es früher zwölf – eben so viele, wie es Apostel gibt.

Stellen Sie sich vor, Sie wachen in München oder vor den Toren der Stadt in Ihrem Wohnmobil auf und fragen sich, wo Sie am besten frühstücken und gleichzeitig voll ins Leben eintauchen können? Dann ist die Antwort klar: auf zum Viktualienmarkt, denn in der Früh duften die Standl besonders gut, und die angebotenen Waren sind extra frisch. Sie werden sicherlich nicht die einzigen Touristen sein, die Münchens nach dem Hofbräuhaus bekannteste Food-Institution aufsuchen – lohnen tut es sich aber allemal.

MÜNCHNER ORIGINAL

Also, nicht zu lange schlafen und den Viktualienmarkt-Rundgang stilvoll mit einem Kaffee in der Kaffeerösterei Viktualienmarkt (www.kaffee-muenchen.de) beginnen. Folgen Sie dafür einfach dem köstlichen Duft der in Giesing selbst gerösteten Bohnen, und Sie landen direkt beim Kaffeestandl von Christian Müller. Eröffnet hat er ihn, als Deutschland noch im Filterkaffee-Schlaf lag und Barista ein echtes Fremdwort war.

◄ Der Münchner Viktualienmarkt wird von einem stattlichen, kunstvoll geschmückten Maibaum überragt, ein Geschenk der Brauereien an die Münchner Bürger.

Zünftig geht es mit einer Brotzeit am Wurststandl Teltschik weiter. Vorausgesetzt, die Uhr hat noch nicht Zwölf geschlagen, essen Sie hier eine der Weißwürste mit Breze. Dazu bestellen Sie eine Maß Bier (oder auch nur eine Halbe), stellen sich an einen der Stehtische und ratschen mit einer der netten Verkäuferinnen. Die laut Auszeichnung »beste Weißwurst« der Stadt offeriert die Metzgerei Schäbitz (www.schaebitz.de). Wer es magerer bevorzugt, nimmt die Schlesische Kalbsbratwurst mit Zitrone- und Weißweinnote.

Eine Alternative zu den deftigen Wurstwaren finden Sie in der Münchner Suppenküche (www.muenchner-suppenkueche.de). Obwohl der Fokus auf traditionellen bayerischen Suppen wie Leberknödel- oder Pfannkuchensuppe liegt, geht man im »Original vom Viktualienmarkt« mit der Zeit und bietet auch Rezepte wie Ingwer-Karotte-Kokos- oder Sizilianische Tomatensuppe sowie vegane Varianten.

»If it swims, we have it«: Fischliebhaber können sich glücklich schätzen, wenn sie bei Fisch Witte (www.fisch-witte.de) einen der begehrten Plätze ergattern. Das Münchner Pendant zu Gosch auf Sylt zieht als eine der besten Fischadressen der Stadt nicht nur Feinschmecker, sondern auch gepflegte Daydrinker an. Probieren Sie die Fischsuppe oder zeigen Sie einfach auf eines der lebenden Prachtexemplare, die für Sie erlegt und dementsprechend frisch auf den Tisch kommen. Dazu ein Glas kühler Champagner, und schon gehören Sie fast zur Münchner Society.

Antipasti, frische Gnocchi und das netteste Lächeln der Stadt bekommen Sie bei Marinas Feinkost gegenüber dem Haushaltswarenfachgeschäft Kustermann. Der Standl von Marina Leonhardt erinnert uns daran, dass München gern auch »nördlichste Stadt Italiens« genannt wird, so sehr wird hier italienische Lebensfreude zelebriert. »Tutta la bontà d'Italia« steht auf einer ihrer Schürzen: Dazu zählen neben den vielen Pastaspezialitäten auch frischer Büffelmozzarella, Parmesan oder süßes italienisches Gebäck.

Wer gerne kocht, sollte einen Abstecher zu Gewürze der Welt (www.gewürze-der-welt.net) machen. Der Laden des gleichnamigen Online-Shops befindet sich um die Ecke vom Markt im Ruffinihaus. Hier gibt es jedes erdenkliche Gewürz, selbst zusammengestellte Mischungen in bester Qualität, Geschenkesets, Mühlen und Mörser, Bücher und dazu eine Top-Beratung.

Müde? Einfach kurz ausspannen und in einem der schönen Biergärten Sonne tanken. Und vielleicht noch ein Bauernkrustenbrot bei der Bäckerlisl und aus den zwei Dutzend Tomatensorten beim Stand Hahn eine fürs Abendbrot aussuchen. An diesem Abend werden Sie hoffentlich vor schöner Kulisse parken und mit einem seligen Lächeln auf dem Gesicht von der schönsten Stadt nördlich der Alpen träumen.

MITBRINGSEL GEFÄLLIG?

Auf der Suche nach einem hübschen und doch nützlichen Präsent für die Daheimgebliebenen? Dann sind die Holz-Leute (www.holz-leute.de) am Nordostende der Metzgerzeile, direkt gegenüber der Heilig-Geist-Kirche, die richtige Adresse. Hier gibt es eine Vielzahl an handgemachten Tisch- und Küchenaccessoires, Bürsten und Messer, Rasierpinsel aus eigener Herstellung sowie hochwertige Weihnachtspyramiden in einer Auswahl und Hochwertigkeit, die ihresgleichen sucht.

59 BRAUHAUS AM KREUZBERG

Kreuzberg 1
91352 Hallerndorf
Tel. 095 45/47 36
brauhausamkreuzberg@t-online.de
www.brauhaus-am-kreuzberg.de
🕐 März–Nov. Mi–So ab 11 Uhr,
Mo, Di Ruhetage, nach Anreise

beim Brauhaus anmelden
📍 GPS 49.759117, 10.955545
➡ B505 bis Hirschaid, ca. 1 km
ostwärts auf der St2260, ca. 6,5 km
südwärts auf der BA3 und BA25
bis Schnaid, in Schnaid abbiegen
Richtung Kreuzberg

Hauptgerichte 6–14 € – Rustikal, regionale Spezialitäten. Das von Luitgard Friedel-Winkelmann und Norbert Winkelmann mit tatkräftiger Unterstützung ihrer vier Kinder geführte, über 500 Jahre alte Brauhaus punktet mit einem urgemütlichen, rustikalen Bierkeller. In der heimeligen Stube gibt es frisch aufgebrühten Kaffee, einen guten Schluck Bier, typisch fränkisches Essen und leckere Brotzeiten. Chef Norbert Winkelmann bereitet in seiner Küche fränkische Braten, Fisch, Schmankerl, Salate und dazu die wichtigste aller fränkischen Beilagen, die Klöße, zu. Aus der eigenen Brauerei und Brennerei kommen hauseigene Biere vom Fass und an die 100 prämierte Destillate.

🅿 Der geschotterte Brauhausparkplatz unmittelbar neben der Kreuzbergkapelle verfügt über einige extra lange Parkflächen direkt neben der Kapelle. Wohnmobilbesitzer, die hier Quartier beziehen wollen, sollten nach Parkordnung parken und sich nach ihrer Anreise beim Brauhaus anmelden.

🚐 10 Plätze 🔲 max. 7,5 t, 7 m ☺ nicht vorhanden 📶 nicht vorhanden 🚾 WC gratis, auch außerhalb der Öffnungszeiten 💧 kein Frischwasseranschluss, keine Entsorgungsmöglichkeit für Grauwasser und Bordtoilette
ℹ Hunde willkommen. Spielplatz. Schöne Spaziergänge vom Gasthaus aus möglich.

---

60 GASTHAUS ZUR EICHE

Sauernheim 18
91575 Windsbach
Tel. 098 71/289
wirtsleut@zur-eiche.net
www.zur-eiche.net
🕐 Mi, Do 17–20, Fr–So 11–20 Uhr,
Mo, Di Ruhetage. Anreise bis 19 Uhr

📍 GPS 49.248699, 10.760737
➡ A6, Ausfahrt Lichtenau, ca.
3,5 km Richtung Osten auf der
St2223, rechts abbiegen und ca.
weitere 3 km über Kirschendorf
nach Sauernheim. Einfahrt hinter
dem Feuerwehrhaus

Hauptgerichte 9,80–14,90 € – Rustikal, regionale Spezialitäten. Im traditionsreichen, familienfreundlichen Gasthaus zur Eiche im fränkischen Seenland erwarten Gäste regionaltypische Spezialitäten in uriger Atmosphäre. Als gelernter Metzger serviert Reinhold Barthel neben der klassischen fränkischen Brotzeit aus eigener Schlachtung und unterschiedlichen Sorten selbst hergestellter Dosenwurst auch traditionellen Karpfen. Besondere Gerichte wie den Rehbraten aus heimischer Jagd oder das fränkische Krenschnitzel gibt es an ausgewählten Schmankerlterminen. Kinder freuen sich über eine eigene Kinderkarte und eine Spielecke.

🅿 Ebene Standplätze für Wohnmobile befinden sich auf dem Restaurantparkplatz. Direkt am Gasthaus zur Eiche liegt der Karpfenradweg und führt durch das wunderschöne Fränkische Seenland.

🚐 3 Plätze 🔲 max. 3,5 t, 7 m ☺ gratis 📶 nicht vorhanden 🚾 WC gratis, nur zu den Öffnungszeiten 💧 Frischwasseranschluss, Entsorgungsmöglichkeit für Grauwasser und Bordtoilette ℹ Keine Reservierung erforderlich.
Speisen/Getränke zum Mitnehmen. Hunde willkommen. Schöne Spaziergänge möglich.

61 LANDWEHR-BRÄU

Reichelshofen 31
91628 Reichelshofen
Tel. 098 65/98 90
hotel@landwehr-braeu.de
www.landwehr-braeu.de
🕐 tgl. 11.30–14 und 17.30–21 Uhr,
Frühstücksbüfett 7–10 Uhr,

Anreise bis 20 Uhr, an der Hotelrezeption anmelden
GPS 49.439776, 10.212997
➡ A7, Ausfahrt Bad Windsheim,
ca. 3 km nach Westen auf der St2416
nach Reichelshofen

Hauptgerichte ab 10,10–26,40 € – Regionale Spezialitäten. Der
idyllische Brauereigasthof oberhalb des Taubertals blickt auf eine lange Tradition zurück – bereits 1755
wurde hier Bier gebraut. Die stilvoll eingerichteten Räume strahlen, ebenso wie der herzliche Service,
gelebte Gastlichkeit aus. Auch aus der Küche kommt echte fränkische Lebensart: Aus frischen regionalen
Produkten kreiert Küchenchef Wilfried Hahn saisonale Gerichte, die von der fränkischen Brotzeit mit
hausgemachter Wurst bis zum kompletten Menü reichen. Die Desserts sind ein Muss für Süßschnäbel! Zu
allem passen die frisch gezapften Biere der Brauerei Landwehr-Bräu oder ein Frankenwein.

🪧 Standplätze für Wohnmobile sind auf dem Parkplatz des Brauereigasthofs oder auf dem hinteren
Brauereigelände verfügbar. Strom gibt es auf Anfrage. Das herrliche Taubertal und die mittelalterliche
Vorzeigestadt Rothenburg ob der Tauber lohnen unbedingt einen Besuch.

🚐 10 Plätze ⬜max. 7,5 t, > 15 m ☺ gegen Gebühr 📶 nicht vorhanden WC gratis, nur zu den Öffnungszeiten
🌊 kein Frischwasseranschluss, keine Entsorgungsmöglichkeit für Grauwasser und Bordtoilette ℹ Reservierung
erforderlich . Hunde willkommen. Schöne Spaziergänge vom Gasthaus aus möglich.

Der traditionelle bayerische Bierkrug ist aus Stein, kunstvoll verziert und zum Schutz des Biers mit einem Deckel versehen.

62 BRAUEREIGASTHOF SPERBER-BRÄU

Rosenberger Straße 14
92237 Sulzbach-Rosenberg
Tel. 09661/870 90

info@sperberbraeu.de
www.sperber-braeu.de
🕐 Mo–Fr 6.30–22,
Sa, So 7.30–23 Uhr

GPS 49.504276, 11.740967
➡ A6, Ausfahrt Sulzbach-Rosenberg, ca. 13 km Richtung Nordosten
auf der St2164 und B14

Hauptgerichte 10–25 € – Rustikal, deutsche Küche, regionale Spezialitäten. »Hermine und Christian Sperber begrüßen Sie gerne persönlich« ist das Motto der Brauer- und Wirtsfamilie im fränkischen Sulzbach-Rosenberg. Der Gasthof mit eigener Brauerei verfügt über 13 hauseigene Biersorten, die über 60 Prämierungen erhalten haben. Darauf ist die Familie zu Recht stolz, denn in dieser kleinen Heimatmanufaktur wird das Brauerei-Handwerk noch mit viel Leidenschaft und Savoir-faire ausgeübt. Begleitet werden die Biere von frisch gekochten regionaltypischen Gerichten wie Krustenbraten vom Schweinebauch in Dunkelbiersoße oder knusprig gebratenen Oberpfälzer Schäuferl, jeweils mit Kartoffelknödel.

📌 Kostenlose Wohnmobilstandplätze befinden sich am Großparkplatz an der Bayreuther Straße, ca. 400 m vom Gasthof entfernt. In der Umgebung erinnert das verwaiste Stahlwerk Maxhütte an die alte Tradition des Ortes. Empfehlenswert sind die »Bierexpeditionen«, hier erfährt man Interessantes rund ums Bier.

🚐 4 Plätze   max 3,5 t, 7m   ⊙ 0,50 €/kWh   📶 nicht vorhanden   WC nicht möglich   💧 Frischwasseranschluss (gegen Gebühr), Entsorgungsmöglichkeit für Grauwasser und Bordtoilette   🔋 **Keine Reservierung möglich. Speisen/Getränke zum Mitnehmen. Hunde willkommen. Schöne Spaziergänge vom Gasthaus aus möglich.**

63 MÜNCHSMÜHLE

Münchsmühle 2
93164 Laaber-Münchsmühle
Tel. 094 98/907 30 24
info@muenchsmuehle-laaber.de
www.muenchsmuehle-laaber.de
🕐 Mi–Sa 15–22, So 10–22 Uhr,

Mo, Di Ruhetage, im Winter auch Mi
GPS 49.045570, 11.902347
➡ A3, Ausfahrt Nittendorf, ca.
5 km Richtung Nordwesten auf der
B8 und St2394, Zufahrt (ca. 30 m)
über unbefestigten Kiesweg

Hauptgerichte 7,90–16,90 € – Rustikal, regionale Spezialitäten. Ursula und Michael Brunn sorgen in der altehrwürdigen Münchsmühle für eine entspannte, urgemütliche Wohlfühlatmosphäre. Inmitten der wunderbaren Natur des Labertals erlebt man sowohl in der Münchsmühle-Stub'n als auch im herrlichen Biergarten echte fränkische Gastlichkeit. Auf der Brotzeitkarte stehen typische Spezialitäten wie »Zwetschgenbames« mit original Bamberger Rinderrohschinken, der mindestens drei Monate luftgetrocknet und auf Zwetschgenholz geräuchert wird, oder das »Mönchsmühle Brotzeitbrettl« mit Fleisch-, Wurst- und Käseplatte. Dazu passen das einzigartige Bamberger Rauchbier »Schlenkerla« oder Weine von fränkischen Weingütern.

🚐 Ein Plätzchen für die Nacht auf festem Grund finden Wohnmobilbesitzer auf dem Wirtshausgelände. Neben ausgiebigen Spaziergängen in der schönen Umgebung lohnen Ausflüge ins nahe Bamberg mit Altstadt und Dom, zum Waldklettergarten in Sinzing und für Naschkatzen zur Seidl Confiserie in Laaber.

🚐 2 Plätze [max] 3,5 t, 7 m ☺ 2 €/Tag 📶 nicht vorhanden [WC] gratis, nur zu den Öffnungszeiten ◕ Frischwasseranschluss (2 €/Tag), keine Entsorgungsmöglichkeit für Grauwasser und Bordtoilette 🚻 **Reservierung erforderlich**. Speisen/Getränke zum Mitnehmen. Hunde willkommen. Spaziergänge vom Gasthaus aus möglich.

---

64 RESTAURANT-PENSION WEIHERMÜHLE

Kopfsberg 1
94547 Iggensbach
Tel. 099 03/326
info@hotel-weihermuehle.com
www.hotel-weihermuehle.com
🕐 Mo, Di, So 17–21, Fr, Sa, So
10–14 und 17–21 Uhr, Mi Ruhetag,

Anreise bis 21 Uhr
GPS 48.721626, 13.164236
➡ A3, Ausfahrt Iggensbach,
ca. 1 km nach Nordosten auf der
St2322, rechts abbiegen und ca.
2,5 km auf Haupt- und Kopfsberger
Straße bis Kopfsberg

Hauptgerichte 8–18 € – Deutsche und internationale Küche. Im Herzen Niederbayerns liegt umgeben von Wäldern und Wiesen das familiäre Restaurant Weihermühle. Besitzer Alfons Wallner kocht selbst und serviert schmackhafte gutbürgerliche Küche. Neben regionalen bayerischen Speisen werden auch internationale Gerichte angeboten. Im idyllischen Biergarten inmitten herrlicher Natur genießt es sich besonders gut. Und das Wildgehege und die Pferdekoppel sind speziell für Kinder ein Erlebnis.

🚐 Der 2500 qm große Parkplatz auf Schotter und Wiese bietet ebene Standplätze für Wohnmobile in Sonnen- und Schattenlage und gewährt ein ruhiges Nachtquartier. Nur rund 100 m entfernt befindet sich ein Radweg mit direkter Anbindung zum Donau-Ilz-Radweg und zum Donau-Radwanderweg.

🚐 20 Plätze [max] > 7,5 t, > 15 m ☺ 2 €/Tag 📶 in Gebühr inkl. [WC] in Gebühr inkl. ◕ kein Frischwasseranschluss, keine Entsorgungsmöglichkeit für Grauwasser und Bordtoilette 🚻 € Übernachtung nicht kostenlos, Standplatzgebühr 5 €/Tag inkl. Dusche. Keine Reservierung erforderlich. Hunde willkommen. Schöne Spaziergänge vom Gasthaus aus möglich. Dusche vorhanden.

65 HEIN'S FRÄNKISCHE WIRTSCHAFT/CAFÉ HEIN

Münchberger Straße 17
95126 Schwarzenbach an der Saale
Tel. 09284/7574
info@Cafe-Hein.de
www.cafe-hein.de

🕐 So, Mo 17–21, Fr, Sa 17–22 Uhr, Di, Mi, Do Ruhetage

GPS 50.222409, 11.930368

➡ A9, Ausfahrt Münchberg Süd, ca. 3 km nach Norden auf der St2194, rechts abbiegen auf die B289 und ca. 15 km Richtung Nordosten bis Schwarzenbach (Adresse fürs Navi: Förbauer Straße 2)

Hauptgerichte 7,50–13 € – Deutsche Küche, regionale Spezialitäten. Frei nach dem Motto »Willkommen Freunde« wird fränkische Gastfreundschaft im Café Hein großgeschrieben. Wer hier einkehrt, kann sich bei familiärer Atmosphäre auf selbst gebackene Torten, deftige Brotzeiten und fränkische Speisen wie Wurstsalat und hausgemachte Sülze freuen. Einen Einblick in die regionale fränkische Biervielfalt ermöglicht der wöchentliche Anstich eines neuen Fassbieres. Und wer besonderes Glück hat, kommt sogar in den Genuss des ab und zu vom Café Hein selbst gebrauten Bieres »Schwarzenbächer Frankonianer«.

🛈 Für Wohnmobile stehen zwei Standplätze mit einer Breite von 4,5 m auf dem Parkplatz zur Verfügung. Die ebenfalls im Haus des Café Hein liegende Museumswerkstatt lädt zu einem Besuch ein.

🚐 2 Plätze   max. 7,5 t, 7 m   ☺ gratis   📡 nicht vorhanden   WC gratis, nur zu den Öffnungszeiten   ♒ Frischwasseranschluss und Entsorgungsmöglichkeit für Grauwasser und Bordtoilette nach Rücksprache   🛈 **Keine Reservierung erforderlich. Hunde willkommen. Schöne Spaziergänge vom Gasthaus aus möglich.**

66 BURG RABENSTEIN: GUTS-SCHENKE & BURGRESTAURANT

Rabenstein 33
95491 Ahorntal
Tel. 09202/970 04 40
info@burg-rabenstein.de
www.burg-rabenstein.de

🕐 Gutsschenke: Di–So 11–18 Uhr, Burgrestaurant: Di–So 18–21 Uhr mit Voranmeldung, Mo Ruhetag

GPS 49.823112, 11.369535

➡ A9, Ausfahrt Trockau, ca.12 km westwärts auf der St2184 und St2185

Hauptgerichte Gutsschenke: 8–18 €/Burgrestaurant: 15–45 € – Deutsche und internationale Küche, regionale Spezialitäten. Im Herzen der Fränkischen Schweiz bietet Burg Rabenstein vielseitige Kulinarik in zwei Restaurants. Das Mittagsrestaurant Gutsschenke ist der Inbegriff rustikaler fränkischer Gastfreundschaft und offeriert in mittelalterlichem Gewölbe eine bodenständige deutsche Küche. Abends hingegen serviert das Burgrestaurant feine fränkische Küche in stilvollem Burgambiente: delikate Burgmenüs und à la carte.

🛈 Große, ebene Schotterstandplätze liegen ca. 50 m von der Gutsschenke und ca. 100 m von der Burg Rabenstein mit Burgrestaurant entfernt. Für Unterhaltung muss man nicht weit gehen: Burg Rabenstein bietet Führungen und spannende kulinarische und kulturelle Veranstaltungen an.

🚐 5 Plätze   max. 7,5 t, 15 m   ☺ nicht vorhanden   📡 nicht vorhanden   WC gratis, nur zu den Öffnungszeiten   ♒ kein Frischwasseranschluss, keine Entsorgungsmöglichkeit für Grauwasser und Bordtoilette   🛈 **Reservierung erforderlich**. Wohnmobile max. eine Nacht, da keine geeignete Infrastruktur vorhanden. Spaziergänge möglich.

67 S'ANTLA BRAUWIRTSHAUS

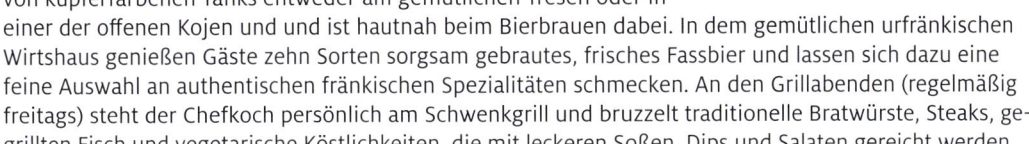

Amtsgerichtsstraße 21
96317 Kronach
Tel. 09261/504 59 50
info@antla.de
www.antla.de

🕐 Mo–Fr 17–23, Sa, So, feiertags
11.30–23 Uhr,
Anreise bis 21 Uhr
GPS 50.241889, 11.323958
➡ B303 oder B85 bis Kronach

Hauptgerichte 12–35 € – Deutsche Küche, regionale Spezialitäten.
Essen mit Erlebnischarakter direkt in der Brauerei: Man sitzt inmitten
von kupferfarbenen Tanks entweder am gemütlichen Tresen oder in
einer der offenen Kojen und und ist hautnah beim Bierbrauen dabei. In dem gemütlichen urfränkischen
Wirtshaus genießen Gäste zehn Sorten sorgsam gebrautes, frisches Fassbier und lassen sich dazu eine
feine Auswahl an authentischen fränkischen Spezialitäten schmecken. An den Grillabenden (regelmäßig
freitags) steht der Chefkoch persönlich am Schwenkgrill und bruzzelt traditionelle Bratwürste, Steaks, ge-
grillten Fisch und vegetarische Köstlichkeiten, die mit leckeren Soßen, Dips und Salaten gereicht werden.

🔌 Der Parkplatz, auf dem Wohnmobile für die Nacht unterkommen, liegt zwei Gehminuten vom Restaurant entfernt. Er ist asphaltiert, videoüberwacht und mit einer Schranke gesichert. Die Kreisstadt
Kronach, reizvoll am Zusammenfluss von Rodach, Kronach und Haßlach gelegen, ist einen Besuch wert.

🚐 2 Plätze ▫ max 7,5 t, 15 m ☺ gegen Gebühr 📶 nicht vorhanden WC gratis zu den Öffnungszeiten, außerhalb der Öffnungszeiten gegen Gebühr 💧 Frischwasseranschluss (gegen Gebühr), keine Entsorgungsmöglichkeit
für Grauwasser und Bordtoilette 🔋 Strom und Frischwasser optional: 15 €/Tag. **Reservierung erforderlich**.
Speisen/Getränke zum Mitnehmen. Hunde willkommen. Spielplatz. Schöne Spaziergänge möglich.

68 GASTHOF GOLDENES LAMM

Hauptstraße 9
95515 Plankenfels
Tel. 09204/257
goldeneslamm@gmail.com
www.gasthof-goldenes-lamm.de

🕐 Mi–So 11–22 Uhr,
Mo, Di Ruhetage
GPS 49.884019, 11.333902
➡ B22 bis Hollfeld, ca. 7 km süd-
wärts auf der St2191 bis Plankenfels

Hauptgerichte 7–20 € – Rustikal, regionale Spezialitäten. Seit
150 Jahren steht die Familie Schreyer für fränkische Spezialitäten in
ungezwungener Atmosphäre. Nach einem Brand 1994 wurde das
Gasthaus zwar restauriert, der Charme der urfränkischen Gemütlichkeit ist aber erhalten geblieben. Spezialitäten des Hauses sind »Holzofenschäuferla« mit Klößen und die bekannten XXL-Koteletts mit Röst-
kartoffeln. Auch darüber hinaus liest sich die Karte wie eine Reise durch die kulinarischen Spezialitäten
Frankens: Krenfleisch, Schweinebraten und Pfefferrahmbraten dürften Fleischfans das Wasser im Munde
zusammenlaufen lassen. Wer es vegetarisch mag, bekommt Gemüseschnitzel oder Salatteller.

🔌 Ein geschotterter Parkplatz hinter dem Gasthof bietet Wohnmobilen den perfekten Stellplatz für eine
ruhige Nacht. Am nächsten Morgen lohnt Schloss Plankenfels, das sich westlich des Ortes 396 m hoch
über dem Wiesenttal erhebt, eine kurze Stippvisite, oder man plant einen Ausflug in die Fränkische
Schweiz mit ihren malerischen Fels-, Wald- und Flusslandschaften.

🚐 10 Plätze ▫ max > 7,5 t, 15 m ☺ nicht vorhanden 📶 gratis WC gratis, nur zu den Öffnungszeiten 💧 kein
Frischwasseranschluss, keine Entsorgungsmöglichkeit für Grauwasser und Bordtoilette 🔋 Keine Reservierung erforderlich. Speisen/Getränke zum Mitnehmen. Hunde willkommen. Schöne Spaziergänge möglich.

BIERGENUSS IN FRANKEN

»Heimat der Biere« nennt sich die bayerische Region Franken, wo es die größte Dichte an Brauereien gibt. Der schmackhafte Gerstensaft wird dort in urigen Brauereiwirtschaften, Biergärten unter schattigen Bäumen und »auf dem Keller« genossen. Früher wurde das Bier während der warmen Monate außerhalb der Städte und Dörfer in Felsenkellern kühl gelagert. Dabei kam man auf die Idee, die Biere auch gleich vor Ort auszuschenken.

Die Welt der fränkischen Biere und ihre Vielfalt lassen sich besonders gut bei einer Wanderung auf dem fränkischen 13-Brauereien-Weg entdecken. Dieser führt in der Nähe von Bamberg über 33 km durch die abwechslungsreiche Landschaft der Randberge des nördlichen Fränkischen Jura. Dabei werden 13 Brauereien, Gasthöfe und Bierkeller in und um die Orte Litzendorf, Memmelsdorf und Strullendorf angesteuert.

VON BRAUEREI ZU BRAUEREI

Am Ortsrand von Tiefenellern gibt es einen Wohnmobilstellplatz, der ganz in der Nähe des Wanderwegs liegt. Also das Fahrzeug abstellen, loswandern und unbeschwert genießen. Ein weiterer Stellplatz – Wohnmobilstellplatz Seehofblick – befindet sich in Memmelsdorf nur wenige Gehminuten von Schloss

Der 13-Brauereien-Weg verbindet auf seinem 33 Kilometer langen Wanderweg liebliche Natur mit gepflegter
Brauereikultur, hier bei Lohndorf, einer der Wegstationen.

Seehof und vom Ortszentrum entfernt, wo
der Brauereien-Weg startet.

Und ist man schon einmal hier, sollte man
sich unbedingt Zeit für einen Stadtbesuch
in Bamberg nehmen. Viel mittelalterlicher
Charme erwartet hier den Besucher. Dazu
kommt eine Vielzahl von Geschäften, Cafés
und Restaurants, darunter natürlich auch
eine Reihe von urigen Brauereigaststätten.
Wer mit dem Wohnmobil anreist, findet auf
dem P+R-Platz Heinrichsdamm Wohnmobilstandplätze. Nicht weit davon entfernt
erstreckt sich der stimmungsvoll an der
Regnitz gelegene Campingplatz Insel.

Lust auf Kultur? Auch Vierzehnheiligen,
das barocke Meisterwerk von Baumeister
Balthasar Neumann, liegt nicht zu weit entfernt. Besonders das prächtig ausgestaltete
Innere der Wallfahrtsbasilika hinterlässt
einen bleibenden Eindruck. Auf einem
Bergsporn auf der anderen Mainseite steht
weithin sichtbar die mächtige ehemalige Be-
nediktinerabtei Kloster Banz, ebenfalls ein
barockes Kleinod. Ein angenehmer Wohn-
mobil-Stellplatz befindet sich in Bad Staffel-
stein direkt neben der Obermain-Therme.

Oder man folgt der Franken-Alb weiter
in Richtung Ebermannstadt, Neuhaus und
Pottenstein. Dabei taucht man in die Weiten
und die Natur der noch nicht allzu überlau-
fenen Fränkischen Schweiz ein. Höhlen, Burgen, schöne Täler und eindrucksvolle Stein-
formationen liegen auf dem Weg.

13-BRAUEREIEN-WEG

Die drei Gemeinden Litzendorf, Memmelsdorf und Strullendorf in Oberfran-
ken haben sich zusammengetan und
den Wanderweg entwickelt. 86 Biersorten warten auf den Wanderer bei
den Brauereibesuchen. Besondere
Events und Führungen bietet u. a. die
Brauerei Drei Kronen in Memmelsdorf
an. Sie ist eine der ältesten Brauereien
der Region und blickt auf eine über
570-jährige Brauereitradition zurück.
www.100genussorte.bayern/ort/
fraenkischer-13-brauereien-weg

⑥⑨ BRÜCKENBARON

Am Mühläcker
97255 Bolzhausen
Tel. 09337/99 68 99
kontakt@brueckenbaron.com
www.brueckenbaron.com

🕐 Mi–Fr ab 16, Sa, So, feiertags ab 12 Uhr, Mo, Di Ruhetage, Anreise bis 21 Uhr

GPS 49.594717, 10.012715

➡️ A7, Ausfahrt Gollhofen, ca. 1 km nach Nordwesten auf der B13, nach Westen auf die NEA45 abbiegen und ca. 14 km über Rodheim, Gülchsheim und Gelchsheim nach Bolzhausen

Hauptgerichte 8–21 € – Deutsche Küche, Gourmetküche. Im einmaligen Ambiente des See-Areals, das sich rund um den zentralen See erstreckt, lädt der Gastronomie- und Eventbetrieb zu kleinen Fluchten aus dem Alltag ein. In gemütlicher Atmosphäre locken fränkische Köstlichkeiten von der saisonal wechselnden Speisekarte. Neben deftigen Fleischgerichten gibt es eine Auswahl an vegetarischen und veganen Speisen. Das große Angebot an fränkischen Weinen rundet das regionale Geschmackserlebnis ab. Sonntags bietet der Brückenbaron je nach Jahreszeit wechselnde Gerichte von der Schmankerlkarte an.

📷 Wohnmobile, die autark sind, können kostenfrei und ohne Reservierung den geschotterten Gästeparkplatz nutzen. Wer das Gelände der Event- und Erholungslocation erkundet hat, kann über die Wiesen und Felder ringsum wandern und die fränkische Natur abseits touristischer Hotspots genießen.

🚐 9 Plätze max. > 7,5 t, > 15 m ☺ gegen Gebühr 📶 gratis WC gratis, außerhalb der Öffnungszeiten gegen Gebühr ⚓ kein Frischwasseranschluss, keine Entsorgungsmöglichkeit für Grauwasser und Bordtoilette
🔌 Standplatz mit Stromanschluss optional: 15 €/Tag. Reservierung erforderlich , wenn Standplatz mit Stromanschluss gewünscht. Hunde willkommen. Spielplatz. Schöne Spaziergänge möglich.

⑦⓪ GASTHAUS ZUR TRAUBE

Breitbach 23
97516 Oberschwarzach
Tel. 095 53/98 10 90
post@traubebreitbach.de
www.traubebreitbach.de
🕐 Mo 17–21, Di, Fr, Sa, So
11–21 Uhr, Mi, Do Ruhetage,

nach Anreise im Gasthaus anmelden
GPS 49.847698, 10.429803
➡ A3, Ausfahrt Wiesentheid, ca.
8 km Richtung Norden auf der B286,
nach Osten abbiegen auf B22 und
weitere ca. 6 km

Hauptgerichte 8–17 € – Deutsche Küche, regionale Spezialitäten.
Der Familienbetrieb von Hans und Erika Schimmel bewirtet Gäste in gemütlich eingerichteten Räumen mit familiärer Atmosphäre. Serviert wird traditionelle fränkische Küche, die optimal von einem guten Frankenwein wie etwa dem Müller-Thurgau aus den eigenen Weinbergen begleitet wird. Wer Glück hat und in den Monaten mit einem »R« im Namen vor Ort ist, kann eines der leckeren Gerichte mit Karpfen aus den eigenen Teichen probieren. Die eigenen frisch geräucherten Forellen gibt es hingegen ganzjährig. Alle Wurstwaren von Schweinen regionaler Landwirte kommen ebenfalls aus der Hausproduktion.

📍 Hinter dem Gasthaus befindet sich abseits der Straße ein befestigter, geschotterter Parkplatz, der von Wohnmobilen genutzt werden kann. Der Naturpark Steigerwald und seine historische Umgebung sind von Oberschwarzach aus gut erreichbar und bieten viele Ausflugsmöglichkeiten.

🚐 8 Plätze   max. > 7,5 t, 15 m   ☺ 5 €/Tag   📶 nicht vorhanden   WC gratis, nur zu den Öffnungszeiten
💧 Frischwasseranschluss, keine Entsorgungsmöglichkeit für Grauwasser und Bordtoilette   ℹ **Keine Reservierung erforderlich. Speisen/Getränke zum Mitnehmen. Schöne Spaziergänge vom Gasthaus aus möglich.**

⑦① WEINHAUS ANKER

Kolpingstraße 7 (Hotel Anker)
97828 Marktheidenfeld
Tel. 093 91/600 48 01
info@weinhaus-anker.de
www.weinhaus-anker.de
🕐 Mo 18–22, Di–So 12–14
und 18–22 Uhr

GPS 49.845489, 9.600914
➡ A3, Ausfahrt Marktheidenfeld,
ca. 7 km Richtung Nordosten auf
der B8 bis ins Zentrum von Marktheidenfeld, Zufahrt über Kolpingstraße direkt von der Hauptstraße/B8

Hauptgerichte 10–32 € – Gourmetküche, regionale Spezialitäten. Die einschlägigen kulinarischen Auszeichnungen sprechen für sich: Das historische Weinhaus Anker zählt zu den 50 besten Restaurants in Bayern und punktet mit klassischen fränkischen und internationalen Speisen auf kulinarisch höchstem Niveau. Passend zum Motto des Hauses »Genialität der Einfachheit« wird ausschließlich mit qualitativ hochwertigen Frischprodukten direkt vom Erzeuger gekocht. Am besten das Weinhaus- oder das etwas einfachere Brasserie-Menü bestellen und genießen!

📍 Der asphaltierte Parkplatz, auf dem zwei Wohnmobile eine Stellmöglichkeit finden, liegt ruhig am rückwärtigen Eingang des Hotels Anker. Das Restaurant bietet Weinproben und Weinseminare an, die Umgebung lädt zum Wandern ein, und die reizvolle Altstadt von Marktheidenfeld lohnt einen Besuch.

🚐 2 Plätze   max. 7,5 t, 7 m   ☺ nicht vorhanden   📶 gratis   WC gratis, auch außerhalb der Öffnungszeiten
💧 kein Frischwasseranschluss, keine Entsorgungsmöglichkeit für Grauwasser und Bordtoilette   ℹ **Keine Reservierung erforderlich. Hunde willkommen. Schöne Spaziergänge vom Gasthaus aus möglich.**

72 WEINHAUS AM MAIN

Obertorstraße 6–8
97828 Marktheidenfeld
Tel. 093 91/982 70
info@deppsich.com
www.weinhaus-am-main.de

🕐 tgl. bis 24 Uhr
📡 GPS 49.845697, 9.600270
➡️ A3, Ausfahrt Marktheidenfeld, ca. 7 km nach Nordosten auf der B8 bis ins Zentrum von Marktheidenfeld

Hauptgerichte 15–36 € – Regionale Spezialitäten, Weine. Seit 1872 gehört das Weinhaus am Main der Familie Deppisch. Heute wird das Ensemble von den Brüdern Johannes und Josef Deppisch geführt, die mit einem perfekten Zusammenspiel aus gepflegter Gastlichkeit und hochwertigen Weinen der Region begeistern. Im Weinkellerlokal Schöpple mit urigem Buntsandsteingewölbe sitzt man bei einem guten Glas Frankenwein und typisch fränkischen Gerichten wie knusprigem Kalbskopf, geschmorten Schweinebäckchen, gebackener Blut- und Leberwurst und Bratwürsten zusammen. Im Weinhaus gibt es informative Weinproben, und natürlich können die verkosteten Weine für zu Hause erworben werden.

📷 Direkt am Weinhaus gibt es nur Kurzparkplätze, der schöne Wohnmobilstellplatz Martinswiese am Mainufer ist jedoch nur ca. 250 m entfernt. Wohnmobil-Gäste sind nach telefonischer Vereinbarung zu einer »JOSECCO-Begrüßung« und einer kleinen Weinverkostung von eigenen Frankenweinen in der Vinothek sowie zu einer Besichtigung des über 450 Jahre alten Holzfasskellers eingeladen.

🚐 30 Plätze 📏 max. > 7,5 t, > 15 m ☺ 1–2 €/Tag 📶 gratis 🚾 WC gratis, nur zu den Öffnungszeiten 🚰 Frischwasseranschluss (gegen Gebühr), Entsorgungsmöglichkeit für Grauwasser und Bordtoilette ⚡ € Übernachtung kostenlos bei Weineinkauf ab 100 €. Keine Reservierung erforderlich. Hunde willkommen. Spaziergänge möglich.

---

73 HOTEL-RESTAURANT SCHWARZKOPF

Lohrer Straße 80
97833 Frammersbach
Tel. 093 55/307
info@schwarzkopf-spessart.de
www.schwarzkopf-spessart.de

🕐 Do–Sa 18–22, So 12–15 Uhr, Mo–Mi Ruhetage
📡 GPS 50.061003, 9.477039
➡️ A3, Ausfahrt Hösbach, ca. 30 km auf der B26 bis Lohr am Main und ca. 10 km nach Nordwesten auf der B276

Hauptgerichte 17–35 € – Regionale Spezialitäten, Gourmetküche.
»Verwöhnen im Takt der Jahreszeiten« lautet das Motto des Gourmetrestaurants im Spessart: Im Sommer lockt der Garten, während die holzgetäfelte Gaststube bei winterlichem Kerzenschein besonders gemütlich ist. Über die Küche herrscht Stefan Pumm, der mit Liebe zum Handwerk und frischen regionalen Zutaten kocht. Das von Gourmetführern mehrfach ausgezeichnete Restaurant bietet vom Feinschmeckermenü mit Weinbegleitung über Gans mit Rotkohl und Beifußsoße bis hin zu den Steakwochen immer wieder Neues. Ergänzt wird das Angebot von Events wie Winzerabenden oder Pilzwanderungen.

📷 Wohnmobilbesitzer können ihr Fahrzeug im Mehrlichweg am Hoteleingang abstellen. Das idyllisch gelegene Frammersbach ist ein staatlich anerkannter Erholungsort im Naturpark Spessart. Für Ausdauersportler gibt es Nordic Walking Routen und zahlreiche Fahrradwege im Bikewald Spessart.

🚐 1 Platz 📏 max. 3,5 t, 7 m ☺ nicht vorhanden 📶 nicht vorhanden 🚾 WC nicht möglich 🚰 kein Frischwasseranschluss, keine Entsorgungsmöglichkeit für Grauwasser und Bordtoilette ⚡ **Reservierung erforderlich**. Schöne Spaziergänge vom Gasthaus aus möglich.

⑦⁴ WEINHAUS LINDENHOF

Lindenstraße 41
97892 Kreuzwertheim
Tel. 093 42/91 59 40
Lindenhof.Kreuzwertheim@t-online.de
www.weinhaus-lindenhof.de

🕐 tgl. 12–14 und 17.30–22,
So bis 20 Uhr

📍 **GPS** 49.774843, 9.533111

➡ A3, Ausfahrt Marktheidenfeld,
ca. 6 km auf der St2315 nach Süden

Hauptgerichte 15–35 € – Rustikal, regionale Spezialitäten. Das gemütliche Weinhaus präsentiert sich mit typisch fränkischer Gastlichkeit, verwöhnt seine Gäste mit professionellem, aber herzlichem Service und serviert regionale Gerichte, in denen vor allem heimische Produkte zum Einsatz kommen. Spezialitäten des Hauses sind Schweineschäufele in Dunkelbiersoße und Mostsuppe mit Käsekrusteln, und es soll Menschen geben, die nur wegen der exzellenten »Blauen Zipfln« (Bratwurst im Wurzelsud) hierherkommen. Im gut sortierten Weinkeller finden sich Spitzenweine fränkischer Weingüter. Zur warmen Jahreszeit lockt die blumengeschmückte, windgeschützte Weinterrasse auf ein Stück Kuchen, einen Schoppen oder ein gemütliches Abendessen: Die Sonnenuntergänge sind grandios!

🚐 Ein angenehmes Nachtquartier finden Wohnmobile auf dem großen geschotterten Hotelparkplatz mit Blick ins Grüne. Für Entspannung pur sorgt die hauseigene Salzgrotte, deren mineralhaltige Luft sich zusammen mit beruhigenden Licht- und Klangeffekten positiv auf Körper und Psyche auswirkt.

🚐 4 Plätze   max. >7,5 t, >15 m   ☺ 5 €/Tag   📶 nicht vorhanden   WC gratis, nur zu den Öffnungszeiten   ⬡ kein Frischwasseranschluss, keine Entsorgungsmöglichkeit für Grauwasser und Bordtoilette   ℹ **Reservierung erforderlich**. Schöne Spaziergänge vom Gasthaus aus möglich.

Nur der Main trennt das bayerische Kreuzwertheim (rechts) von Wertheim in Baden-Württemberg (links).

Der Campingplatz Murner See ist ein perfektes Standquartier im Oberpfälzer Seenland.

CAMPINGPLÄTZE

Strandcamping Waging ★★★★★

37 Der bestens ausgestattete Urlaubsplatz für Familien liegt unmittelbar am gleichnamigen See. Das weitläufige Wiesengelände, das stellenweise einen Blick auf den See und die Berge freigibt, gleicht einem Park und ist durch hohe Laubbäume, Büsche und Hecken gegliedert. Eine besondere Attraktion: Fußballfans können an einem Fußballtraining mit zwei ehemaligen Profis teilnehmen. Ebenfalls im Angebot sind geführte Bergwanderungen. Wer sich für Kultur interessiert, wird über das platzeigene Barockmuseum mit einer erlesenen Sammlung von Kunstgegenständen dieser Epoche begeistert sein. Und nach dem Kunstgenuss geht es hinauf aufs SUP-Board oder ins Strandbad, das mit einem rund 400 m langen, teils stark geneigten Kiesufer aufwartet.

▶ Am See 1, 83329 Waging am See,
Tel. 086 81/552, ganzjährig geöffnet,
GPS: 47.943333, 12.747417
■ pincamp.de/sb8150

Camping Grüntensee ★★★★☆

38 Inmitten der idyllischen Berglandschaft der Allgäuer Alpen liegt der familienfreundliche Platz am Ufer des Grüntensees und gewährt einen herrlichen Blick auf den gleichnamigen Bergrücken. Das mehrfach gestufte Gelände ist mit Sträuchern und hohen Bäumen bewachsen, die Standplätze sind überwiegend gekiest. Vor der Kulisse der ländlichen Umgebung und mit Blick auf die Berge kann man sich auf ein SUP-Board wagen, einen Verleih und Kurse gibt es am Platz. Wer lieber baden möchte, sucht den rund 50 m langen und 10 m breiten, durch einen Wanderweg vom Platz getrennten Kiesstrand auf, dort gibt es einen Badesteg und eine Badeleiter. An den Strand schließt eine Liegewiese an, hier kann man sein Handtuch ausbreiten und die Sonne genießen.

▶ Grüntenseestraße 41, 87497 Wertach,
Tel. 083 65/375, ganzjährig geöffnet,
GPS: 47.6103, 10.446183
■ pincamp.de/sb4400

Campingplatz Murner See ★★★★☆

39 Auf einem schmalen Landstreifen zwischen dem Murner- und dem Brückelsee gelegen, bietet dieser Platz doppelte Badefreuden. Er erstreckt sich über ein ebenes Wiesengelände mit vereinzelten halbhohen Bäumen. Um zum Brückelsee zu gelangen, muss man eine Straße überqueren, vom Murner See ist der Platz nur durch einen Waldstreifen getrennt. Dahinter wartet das naturbelassene Ufer mit drei kleinen Sandaufschüttungen. Ein separater Strandabschnitt ist für Gäste mit Hund vorgesehen.

▶ Sonnenriederstraße 1, 92442 Wackersdorf, Tel. 094 31/38 57 97, ganzjährig geöffnet, GPS: 49.345533, 12.208367
■ pincamp.de/nb8850

Vital CAMP Bayerbach ★★★★★

40 Als junger, dynamischer Platz, modern-bayerisch angehaucht, präsentiert sich Vital CAMP Bayerbach in der Rottaler Hügellandschaft Niederbayerns. Das terrassenförmig angelegte, im oberen Teil steiler ansteigende Hanggelände bietet einen weiten Blick in die herrliche Landschaft. Charmantes Detail: Ganz oben am Hügel ist ein Feriendorf im bayerischen Stil errichtet, das sich um eine kleine Kapelle schart. Campinggäste können das herausragende Kurangebot im Niederbayerischen Bäderdreieck nutzen, etwa das öffentliche Thermalhallenbad mit Kur- und Wellnessbereich. Drei künstlich angelegte Seen mit Liegewiese bieten sich für einen Badetag an.

▶ Huckenham 11, 94137 Bayerbach, Tel. 085 32/927 80 70, ganzjährig geöffnet, GPS: 48.415349, 13.129967
■ pincamp.de/sb1740

Camping Stadtsteinach ★★★☆☆

41 Auf dem vielfach gestuften, in unterschiedlich große Felder unterteilten Wiesengelände findet jeder sein Lieblingsplätzchen unter Bäumen, zwischen Hecken und Büschen – teils mit Blick auf die umgebenden bewaldeten Höhenzüge.

▶ Badstraße 5, 95346 Stadtsteinach, Tel. 092 25/Z800394, Anfang April–Ende Oktober, GPS: 50.160467, 11.516183
■ pincamp.de/nb4200

Campingplatz Sonnland ★★★★☆

42 Der kleine Campingplatz vor den Toren des romantischen Städtchens Seßlach erstreckt sich auf einem terrassierten Wiesengelände an einem Hang. Die Standplätze sind sternförmig angeordnet und durch Büsche, Laubbäume und niedrige Hecken unterteilt. Perfekt für einen schönen Sommertag ist der Naturschwimmteich.

▶ Bahnhofstraße 154, 96145 Seßlach, Tel. 095 69/220, ganzjährig geöffnet, GPS: 50.194167, 10.837783
■ pincamp.de/nb4050

Campingplatz Ankergrund ★★★★☆

43 Im Herzen der Mainschleife, am Ortsrand von Volkach finden Camper einen gepflegten Campingplatz. Das ebene Wiesengelände in Flusslage ist durch Bäume aufgelockert und gewährt einen schönen Blick auf den Main, die Weinberge und die Wallfahrtskirche Maria im Weingarten.

▶ Fahrer Straße 7, 97332 Volkach, Tel. 093 81/67 13, Anfang April–Ende Okt., GPS: 49.8693, 10.215
■ pincamp.de/nb2400

Camping Katzenkopf ★★★★☆

44 Wegen seiner verkehrsgünstigen und trotzdem ruhigen Lage ist Camping Katzenkopf ein beliebter Übernachtungsplatz mit Bademöglichkeit. Das überwiegend ebene, durch alte Laubbäume, Hecken und jüngere Bäume aufgelockerte Wiesengelände liegt direkt am Main. Wer an einem Sommertag Abkühlung sucht, findet diese gleich an zwei Badeseen (Mainbuchten).

▶ Am See 7, 97334 Sommerach, Tel. 093 81/92 15, April–Ende Okt., GPS: 49.826033, 10.200833
■ pincamp.de/nb2500

Camping Main-Spessart-Park ★★★★☆

45 Als Ausgangspunkt für Ausflüge in das Fränkische Weinland und den Spessart ist dieser gepflegte Campingplatz ideal. Das geneigte, überwiegend terrassierte Wiesengelände ist durch abwechslungsreiche Bepflanzung ansprechend gestaltet. Die Straße befindet sich in Hörweite.

▶ Spessartstraße 30, 97855 Lengfurt, Tel. 093 95/10 79, ganzjährig geöffnet, GPS: 49.818783, 9.588233
■ pincamp.de/nb1900

Baden-Württemberg

Von Hausmannskost bis Spitzenküche

Ob schickes Sterne-Lokal oder urige Besenwirtschaft, in Baden-Württemberg findet man beides gleichermaßen und zahlreich. Zu Klassikern wie Maultaschen oder Linsen mit Spätzle und Saitenwürstchen findet sich immer ein gutes Glas Wein als Begleitung. Und zum Nachtisch: Schwarzwälder Kirschtorte.

BADEN-WÜRTTEMBERG

RUSTIKAL
77 82 89 92

DEUTSCHE KÜCHE
76 77 78 82 84 86 88
89

INTERNATIONALE KÜCHE
75 78 85 91

REGIONALE SPEZIALITÄTEN
75 76 78 79 81 82 84
85 86 87 88 89 92

GOURMETKÜCHE
81 83 87 91

BIO/VEGETARISCH
77 78 82 83 85 86 87

WEINGUT/ WEINHANDLUNG
80 84

ÖLMÜHLE
90

CAMPINGPLÄTZE
46 – 54 s. S. 140

Bild vorangehende Doppelseite: Weinberge begleiten die Fahrt durch Baden-Württemberg und lassen erahnen, wohin die kulinarische Reise geht: zum Weingenuss, zu dem sich kreative regionale Kochkunst gesellt.

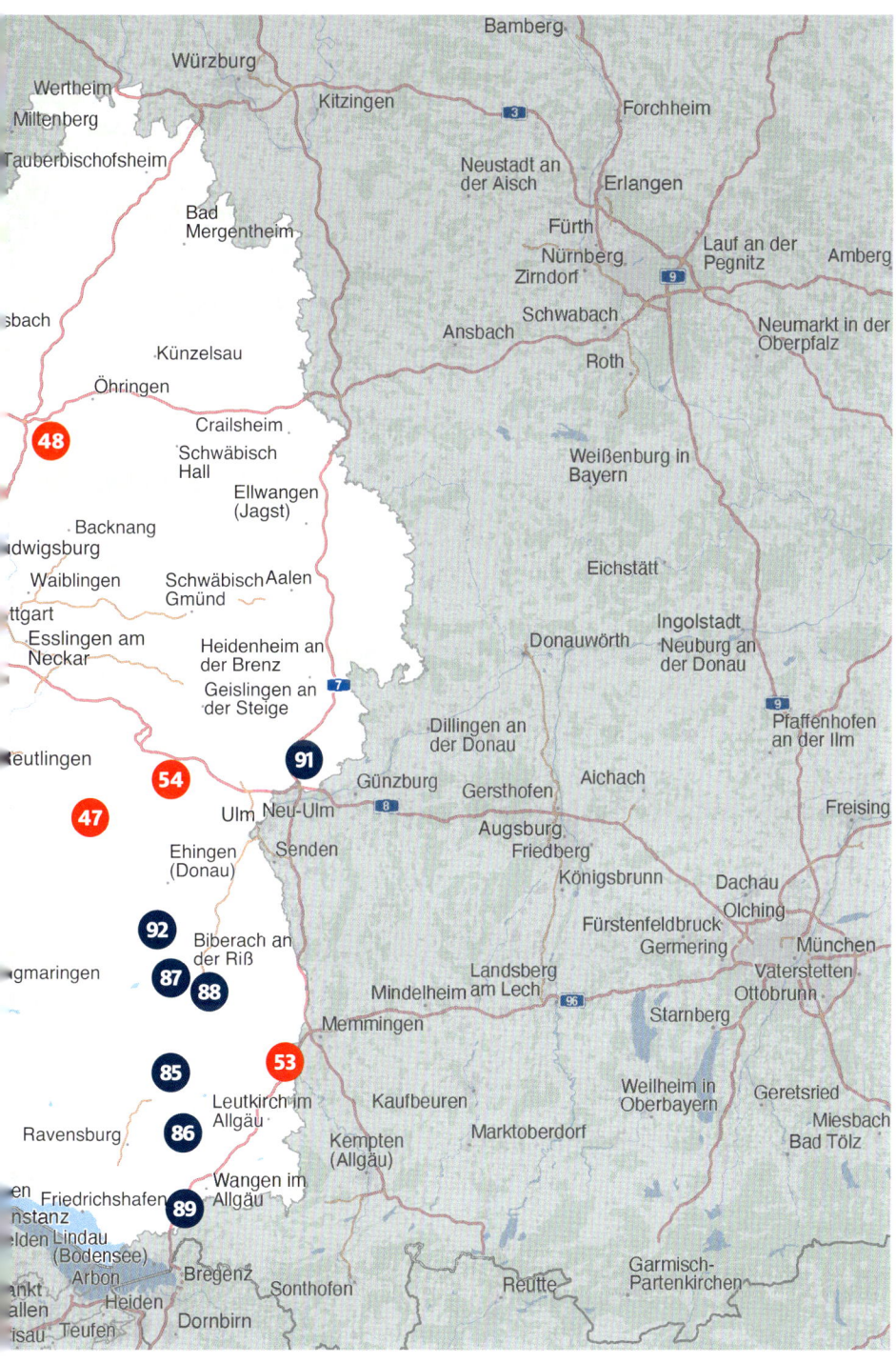

75 LANDGUT LINGENTAL

Lingentalerhof 2 -10
69181 Heidelberg
Tel. 062 24/766 44 66
info@landgut-lingental.de
www.landgut-lingental.de

🕐 Do, Fr 15–21, Sa, So 12–21 Uhr, Mo–Mi Ruhetage

GPS 49.354424, 8.724279

➡️ A5, Ausfahrt Kreuz Heidelberg/ Schwetzingen, ca. 8 km nach Osten auf der B35, B3, L594 und L600

Hauptgerichte 15–45 € – Regionale und mediterrane Küche. Das nur 15 Autominuten von der Heidelberger Altstadt entfernte Landgut zieht Naturfans und Romantiker an. Für das sich zwischen bodenständig und hip bewegende Konzept zeichnet der ehemalige Weinchef der Sylter Sansibar Torsten Ibers verantwortlich. Innerhalb des häufig für Events genutzten Ensembles serviert das À-la-carte-Restaurant Küchenmichl ganzjährig regionale, gutbürgerliche Gerichte und internationale Speisen. Auf der Karte stehen feine Klassiker wie Seeteufel-filet im Speckmantel neben bodenständigen Gerichten wie Lingentaler Gutsroulade oder Landgut-Ente. Am Nachmittag gibt es Kaffee und Kuchen, an den Wochenenden Live-Barbecue am Smoker.

🚐 Wohnmobile finden auf zwei Parkplätzen direkt an der Straße ein Übernachtungsplätzchen. Das Landgut Lingental liegt auf 300 m Höhe an einem See. Wander- und Radwege sowie der angrenzende Odenwald und das benachbarte Kraichgau laden zum entspannten Erkunden ein.

🚐 10 Plätze   max. 7,5 t, 15 m   ☺ nicht vorhanden   📶 nicht vorhanden   WC gratis   💧 kein Frischwasseran-schluss, keine Entsorgungsmöglichkeit für Grauwasser und Bordtoilette   ℹ️ Reservierung erforderlich. Bewirtung der Gäste auch im Wohnmobil. Speisen/Getränke zum Mitnehmen. Hunde willkommen. Spaziergänge möglich.

76 RESTAURANT LUTZ AM SPORTPARK RENNINGEN

Rankbachstraße, 49
71272 Renningen
Tel. 071 59/420 77 88
info@restaurantlutz.de
www.restaurantlutz.de

🕐 Di–Sa 11–14 und 17.30–21.30, So 11–14 Uhr, Mo Ruhetag

GPS 48.769374, 8.928453

➡️ A8, Ausfahrt Leonberg-West, ca. 6 km nach Südwesten auf der B295

Hauptgerichte 10–30 € – Deutsche Küche, regionale Spezialitäten. Das Restaurant Lutz ist in Renningen und Umgebung die erste Adres-se für schwäbische Küche in bester Qualität. In den hellen Räumen und auf der Gartenterrasse haben die Gäste viel Platz, um sich mit traditionellen schwäbischen Gerichten, aber auch mit modernen Burgervari-ationen verwöhnen zu lassen. Die Spezialität des Hauses ist ein exzellenter Schwäbischer Zwiebelrost-braten. Das Fleisch liefert der lokale Landmetzger, es stammt von Tieren, die in der Region aufgewach-sen sind und geschlachtet wurden. Fertigprodukte kommen nicht auf den Tisch: Spätzle und Maultaschen sind hausgemacht, und auch die selbst gefertigten Burger landen ausschließlich im Bäckerbrötchen.

🚐 Ebene, asphaltierte Standplätze für Wohnmobile befinden sich direkt vor dem Haus auf einem ruhi-gen Großparkplatz. Renningen liegt zwischen den Städten Weil der Stadt und Leonberg, beide sehens-werte Ausflugsziele und mit ihren historischen Altstadtkernen wahre schwäbische Schmuckkästchen.

🚐 10 Plätze   max. 7,5 t, >15 m   ☺ gratis   📶 gratis   WC gratis, nur zu den Öffnungszeiten   💧 kein Frischwas-seranschluss, Entsorgungsmöglichkeit für Grauwasser, nicht für Bordtoilette   ℹ️ Reservierung möglich. Bewirtung der Gäste auch im Wohnmobil. Speisen/Getränke zum Mitnehmen. Hunde willkommen. Spaziergänge möglich.

🖲 HOFGUT DOMÄNE

Brielhof 1
72379 Hechingen
Tel. 074 71/96 01 92 10
info@hofgut-domaene.de
www.hofgut-domaene.de

🕐 Mi–Fr 16–22, Sa, So, feiertags
11.30–12 Uhr, Mo, Di Ruhetage
GPS 48.336056, 8.950096
➜ B27 bis Ausfahrt Richtung
Hechingen-Süd

Hauptgerichte 16 –23 € – Rustikal, deutsche Küche. Mitten im
Zollernalbkreis liegt das eindrucksvolle historische Anwesen Hofgut
Domäne. In den Gewölberäumen verwöhnt das junge motivierte
Team mit regionalen und nationalen Köstlichkeiten. Im Mittelpunkt steht die schwäbische Hausmanns-
kost mit Gerichten wie Käsespätzle, selbst gemachte Maultaschen-Variationen und Schwäbischer
Sauerbraten. Vegetarier lassen es sich mit leckeren Salattellern oder einer hausgemachten Linsenlasagne
gut gehen. Als begleitendes Getränk empfehlen sich typische Württemberger Weine wie Riesling vom
Heuchelberg, Trollinger aus der Felsengartenkellerei Besigheim oder ein spritziger Muskattrollinger Rosé.

🦺 Auf dem für Wohnmobile ausgewiesenen Teil des Gasthausparkplatzes finden 18 Wohnmobile Platz.
Abwechslung bietet das großzügige Areal reichlich: Es finden zahllose Events wie Konzerte und Märkte
statt, außerdem gibt es auf der Domäne einen Streichelzoo und eine Golfanlage.

🚐 18 Plätze ⬜ max. 3,5 t, 7 m ☺ gegen Gebühr 🛜 nicht vorhanden ⬜ WC in Gebühr inkl., nur zu den Öffnungszeiten 🌊 kein Frischwasseranschluss, keine Entsorgungsmöglichkeit für Grauwasser und Bordtoilette
🅱 💶 Übernachtung nicht kostenlos, Standplatzgebühr 9 €/Tag. Keine Reservierung erforderlich. Hunde
willkommen. Spielplatz. Schöne Spaziergänge vom Gasthaus aus möglich.

Heidelberg beeindruckt mit seinem Schloss und der altehrwürdigen Universität, die bereits seit dem 14. Jh. besteht.

⑦⑧ GASTSTÄTTE AM EICHWALD

Eichwald 13
74321 Sachsenheim
Tel. 071 47/68 83

Info@gaststaette-am-eichwald.de
www.gaststaette-am-eichwald.de
🕐 Mi–Sa 17–22, So 11–21 Uhr, Mo,
Di Ruhetage, Anreise bis 21 Uhr

GPS 48.959279, 9.043611
➔ B27 bis Bissingen, ca. 8 km
Richtung Westen auf der L1125 bis
Sachsenheim

Hauptgerichte 14–30 € – Deutsche und mediterrane Küche. In diesem gutbürgerlichen Restaurant in Schwaben dürfen regionale Gerichte wie »Schweinsbäckle« oder Zwiebelrostbraten nicht fehlen – immer mit dem besonderen Twist von Küchenchef Markus Baierl. Spezialität des Hauses ist das eigene Dry Aged Fleisch, aber auch Vegetarier finden mit verschieden gefüllten »Täschle« ihr kulinarisches Glück. Moderne Gerichte wie Bowl mit Rindersteak, Wildburger mit Stella Fries oder Pulled Pork sorgen für Abwechslung. Was auch immer man von der Speisekarte wählt: In diesem gemütlichen Gasthaus verbinden sich kreative schwäbische Kochkunst mit angenehmem Ambiente und entspannter Atmosphäre.

🛎 Von der Wiese bis zum Schotterparkplatz erstrecken sich die Wohnmobilstandplätze. Sie liegen mitten im Grünen direkt an einem Wald und sind ideal, um die Ruhe in der Natur zu genießen. Kulturinteressierte besuchen das nur 14 km entfernte Ludwigsburg oder die Landeshauptstadt Stuttgart.

🚐 10 Plätze   max. >7,5 t, 15 m   ☉ 5 €/Tag   📶 nicht vorhanden   WC gratis, nur zu den Öffnungszeiten
〰 kein Frischwasseranschluss, keine Entsorgungsmöglichkeit für Grauwasser und Bordtoilette   **ℹ Reservierung erforderlich**. Bewirtung der Gäste auch im Wohnmobil. Hunde willkommen. Schöne Spaziergänge möglich.

⑦⑨ BESENWIRTSCHAFT SOMMER/ WEINGUT SOMMER

Im Krämer 1
74336 Brackenheim-Haberschlacht
Tel. 07135/77 66
weingut.sommer@googlemail.com
www.weingut-sommer-
haberschlacht.de

🕐 Ende März–Ende Okt. Di–So
ab 11.30 Uhr, Mo Ruhetag,
Anreise bis 20 Uhr
GPS 49.094472, 9.022974
➡ B293 bis Gemmingen, ca. 8 km
Richtung Süden auf der L1107

Hauptgerichte 7 –11 € – Rustikal, deutsche Küche. Die gepflegte Besenwirtschaft des Weinguts Sommer serviert typisches Besenessen in bester Qualität und zum günstigen Preis. Je nach Angebot gibt es eine Schlachtplatte mit Kraut und Kartoffelsalat, schwäbische Maultaschen und kleine Vespergerichte. Im Mittelpunkt steht immer der Wein, der hier als zu wertschätzendes Kulturgut gilt und entsprechend sorgfältig hergestellt wird. Die Winzerfamilie achtet auf Qualität und Originalität beim gesamten Angebot an Weinen, Sekt bzw. Secco und den Edelbränden. 75% der Produktion sind Rotweine. Wer keinen Alkohol trinken mag, greift zum exzellenten Traubensaft.

🏳 Wohnmobilbesitzer nächtigen auf einem ruhigen Stellplatz mit herrlichem Blick auf die Weinberge. Von hier aus bieten sich Streifzüge durch das Weinbaugebiet Kraichgau-Stromberg mit seinen vielen Weingütern an, die oft Weinproben anbieten oder Besenwirtschaften unterhalten.

🚐 3 Plätze   max. 7,5 t, 15 m   😊 3 €/Tag   📶 nicht vorhanden   WC gratis, auch außerhalb der Öffnungszeiten   💧 kein Frischwasseranschluss, keine Entsorgungsmöglichkeit für Grauwasser und Bordtoilette   ℹ **Reservierung erforderlich**. Speisen/Getränke zum Mitnehmen. Hunde willkommen. Spaziergänge vom Gasthaus aus möglich.

---

⑧⓪ WEINGUT GRAVINO

Gräfental 54
75057 Kürnbach
Tel. 07258/77 84
info@Gravino.de
www.gravino.de

🕐 Mi, Fr 17–20, Sa 10–12 und
13–17 Uhr, Mo, Di, Do, So Ruhetage,
Anreise bis 20 Uhr
GPS 49.071347, 8.839604
➡ B293 bis Flehingen, ca. 5 km auf
der L3507 und L593 Richtung Osten

Weine 7,50–18,50 € – Regionale Produkte. Essen kann man im Weingut GravinO nicht, dafür gibt es hervorragende Weiß-, Rosé- und Rotweine sowie Schaumweine und Brand. Wer keinen Alkohol mag, probiert den Traubensaft, der wie die GravinO-Weine ressourcenschonend hergestellt wird. Im Keller reifen die Trauben in Eichenholzfässern und bekommen genug Zeit, um den typischen Charakter ihrer Her-

kunft voll zu entwickeln. Neben den GravinO-Weinen entstand aus einer Änderung der Gemarkungsgrenze die Idee der Eigenmarke Grenzgänger®: ein Wein, der unkonventionelle Trinkerlebnisse verspricht.

🏳 Für eine Nacht auf dem Weingut können Wohnmobilbesitzer die geschotterten Standplätze hinter dem Weingut mit Blick auf die Weinberge nutzen. Dank ihrer West-Ausrichtung besteht die Chance auf herrliche Sonnenuntergänge vor der Kulisse der tausend Hügel des Kraichgaus.

🚐 3 Plätze   max. > 7,5 t, 15 m   😊 gratis   📶 nicht vorhanden   WC nicht möglich   💧 Frischwasseranschluss, keine Entsorgungsmöglichkeit für Grauwasser und Bordtoilette   ℹ **Reservierung erforderlich**. Hunde willkommen. Schöne Spaziergänge möglich. Weinproben ab zehn Personen, keine Restaurantbetrieb.

IMMER DEM BESEN NACH

Wussten
Sie, dass...?

... die Tradition der Besenwirtschaften wohl auf einen Erlass Karls des Großen im Jahr 812 zurückgeht? Der leidenschaftliche Förderer des Weinbaus erlaubte den Weinbauern, ohne Schankerlaubnis für eine begrenzte Zeit den eigenen Wein an durstige Gäste zu verkaufen.

»Rutschat zsamma! No langt's für älle.« Vom Schwäbischen ins Hochdeutsche übersetzt heißt diese Aufforderung des Winzers an die Gäste: »Rutscht auf den Bänken zusammen, dann findet jeder noch einen Platz, und zu essen und zu trinken gibt es auch für alle.« Wenn also wildfremde Menschen eng gedrängt sitzen und angeregt miteinander plaudern, befindet man sich wahrscheinlich in einem »Besa«, wie die in Württemberg so beliebte Form des Weinausschanks auf Schwäbisch heißt. Jede Region des viertgrößten deutschen Weinbaugebiets hat ihre Besen, in denen typische Weine wie Trollinger, Lemberger oder Riesling ausgeschenkt und einfache regionale Speisen gereicht werden.

EINHEIMISCHE UND »REINGSCHMECKTE«

Gemütlich sind die Besenwirtschaften wie eh und je, weshalb man auch keine Berührungsängste haben sollte: Kaum ist man mit Menschen, die man gerade erst kennengelernt hat, so schnell per Du wie im Besen. Hier schaut keiner einsam in sein Viertele: Lustig geht es zu, und Ortsfremde können sicher sein, dass sie ein echtes Stück Württemberger Geselligkeit und

◄ An einfachen Tischen und Bänken, oft direkt im Weinberg, servieren die Besenwirtschaften ihre hausgemachten Weine und kredenzen dazu deftige Spezialitäten.

regionaltypischer Weinkultur erleben. Meist sind es Familienmitglieder und Freunde der Familie, die den Service stemmen, während die Weinmacher selbst durch die Tischreihen streifen und das Gespräch mit ihren Gästen suchen.

Während die Wengerter – so nennt man in Württemberg die Winzerinnen und Winzer – früher für ein paar Wochen ihre Wohnung bzw. die gute Stube ausgeräumt haben, gibt es heute viele Formen der Besen: umgebaute Scheunen, Kellergewölbe oder urbane Wirtschaften, die das traditionelle Konzept modern interpretieren. In WINZERs Küche des Weinguts Bauer (www.weingut-alexander-bauer.de) in Heilbronn gibt es frisch zubereitete Maultaschen, Schlachtplatten und vielfältig belegte Besenbrote, dazu das gesamte Sortiment der vielfach ausgezeichneten Weine im Offenausschank. Der Besen des Weinguts Leiss (www.weingut-leiss.de) punktet neben tollen Weinen mit einer modernen Architektur, die Deutschlands bekannteste Sommelière Natalie Lumpp als »schlichtweg sensationell« bezeichnet. Fritz Funk (www.weinbau-fritz-funk.de) in Löchgau steht für individuelle, intensive und eigenständige sorten-, jahrgangs- und gebietstypische Weine jenseits des Mainstreams und behördlicher Vorgaben. Die dazu gereichten regionaltypischen Gerichte sind so gut und traditionell zubereitet, dass sie der Besenwirtschaft sogar einen Eintrag im Slow-Food-Genussführer eingebracht haben.

Der von der umtriebigen Modemacherin Sonja Marohn und Milan Benadik in Stuttgart geführte Besen66 (www.besen66.de) ist in einem gemütlichen Kellergewölbe untergebracht. Durchweg hochprämierte Weine sowie Regionalität und Unverwechselbarkeit der Produkte machen diesen urbanen Besen zu einem echten Highlight in der Landeshauptstadt.

Im großen Anbaugebiet Remstal gibt es viele Weinstuben. Besonders empfehlenswert ist hier der Escher-Besen (www.wein-escher.de) in Schwaikheim, der mit seinen 48 Jahren, die er bereits besteht, zu den ältesten seiner Art in der Umgebung zählt und spannende Tropfen des Familienweingutes im Ausschank hat.

Und woran erkennt man nun, dass ein Besen geöffnet ist? Natürlich am namensgebenden Besen – ursprünglich war es ein Kranz, welcher der schwäbischen Sparsamkeit zugunsten des Reisigbesens zum Opfer fiel –, der am Haus des Wengerters als Zeichen dafür hängt, dass es eigenen Wein zu trinken und deftige Hausmannskost zu essen gibt. Während es sich in früheren Zeiten meist um eine einfache Vesper mit Bauernbrot und Schinken handelte, werden heute auch einfache warme Gerichte wie Kässpätzle, Maultaschen oder Braten gereicht.

BESENWIRTSCHAFTEN IM WORLD WIDE WEB

Wer das Ländle nicht auf gut Glück nach offenen Besenwirtschaften absuchen möchte, schaut am besten im Internet unter besentermine.de nach, darüber hinaus geben die Kalender der einzelnen Regionen Auskunft, welcher Besen geöffnet hat. Orientierung bei der Auswahl bietet das Weininstitut Württemberg (www.weininstitut-wuerttemberg.de/qualitaetsgenuss), das seit 2009 Besenwirtschaften mit dem Qualitätssiegel »Empfohlener Württemberger Besen« auszeichnet. Ziel ist es, die Besenwirtschaft als echtes Württemberger Kulturgut eindeutig von »klassischen« Gaststätten abzugrenzen und diese landestypische Tradition zu bewahren und fortzuführen.

⑧¹ HOTEL OCHSEN POST, RESTAURANT BAUERNSTUBEN

Franz-Josef-Gall-Straße 13
75233 Tiefenbronn
Tel. 072 34/954 50
info@ochsen-post.de
www.ochsen-post.de

🕐 Mo 18.30–24, Di–Sa 12–14 und 18–22 Uhr, So Ruhetag
GPS 48.824322, 8.801518
➡ A8, Ausfahrt Heimsheim, ca. 2 km nach Süden auf der L1134, ca. 6 km nach Nordwesten auf der L573

Hauptgerichte 18–48 € – Regionale Spezialitäten, Gourmetküche.
Seit über 400 Jahren bewirtschaftet die Familie Jost das urgemütliche Traditionsgasthaus Ochsen Post im baden-württembergischen Tiefenbronn. Für die Küche zeichnen Vater und Sohn, für den Service Mutter und Tochter verantwortlich. Auf den Tisch kommen badisch-schwäbische Regionalküche wie »Maultäsch-le« oder »Saure Nierle« genauso wie feine Steinbuttconsommé oder Jakobsmuschel und Garnele auf Kür-biscurry. Dazu wird selbst gebackenes Bauernbrot gereicht. Spezialität des Hauses ist das hochwertige Rindfleisch, das einem ausgeklügelten, selbst entwickelten Reifeprozess unterzogen wird.

🛏 Nach dem Mahl nächtigen Wohnmobilbesitzer auf dem gepflasterten Parkplatz im Hof. Die Umge-bung bietet viel Abwechslung – direkt vor der Wohnmobiltür wartet ein tolles Terrain für die Jogginrun-de oder einen Spaziergang, in nur wenigen Autominuten sind zahlreiche Sehenswürdigkeiten erreicht.

🚐 2 Plätze   max. 7,5 t, 7 m   ☺ nicht vorhanden   📡 nicht vorhanden   WC gratis, nur zu den Öffnungszeiten
🌊 kein Frischwasseranschluss, keine Entsorgungsmöglichkeit für Grauwasser und Bordtoilette   ℹ **Reservierung erforderlich**. Bewirtung der Gäste auch im Wohnmobil. Speisen/Getränke zum Mitnehmen. Spaziergänge möglich.

---

⑧² LOCHMÜHLE EIGELTINGEN

Hinterdorfstraße 44
78253 Eigeltingen
Tel. 07774/939 30
info@erlebnisgastronomie.de
www.erlebnisgastronomie.de

🕐 tgl. 7–21 Uhr, Anreise bis 20 Uhr
GPS 47.864845, 8.892763
➡ A81, Ausfahrt Engen, ca. 10 km nach Osten auf der B31 bis Eigeltingen (Breite Eingangstor: 4,20 m)

Hauptgerichte 9–29 € – Rustikal, deutsche Küche. Erlebnisgastro-nomie ist das Stichwort in dem 400 Jahre alten Bauernhof in einzig-artiger Lage am Naturschutzgebiet von Eigeltingen. Gäste haben die Wahl zwischen der urigen Kutscherstube, der originellen Mühlen-stube und der Scheune, in der regelmäßig Feste mit musikalischer Unterhaltung stattfinden. Die Spezialitäten des familiären Landgast-hofs sind Forellen, immer frisch geangelt aus den eigenen Fisch-teichen, und Rehgulasch aus heimischer Jagd. Außerdem stehen bodenständige schwäbische Haus-mannskost und vegetarische Gerichte für alle, die fleischlose Kost bevorzugen, auf der Karte.

🛏 Für Wohnmobile ist auf dem weiträumigen Parkplatz des beliebten Ausflugsziels ausreichend Platz. Außergewöhnliche Aktivitäten wie Quadtouren, romantische Ausflüge in den Steinbruch oder ein Be-such des Erlebnisparks garantieren einen abwechslungsreichen Aufenthalt.

🚐 12 Plätze   max. > 7,5 t, > 15 m   ☺ 5 €/Tag   📡 gratis   WC gratis, nur zu den Öffnungszeiten   🌊 Frisch-wasseranschluss, Entsorgungsmöglichkeit für Grauwasser und Bordtoilette   ℹ **Keine Reservierung erforderlich. Speisen/Getränke zum Mitnehmen. Hunde willkommen. Spielplatz. Schöne Spaziergänge möglich.**

⟨83⟩ RESTAURANT S'ÄPFLE

Kaiserpfalzstraße 50
78351 Bodman am Bodensee
Tel. 07773/95 99 30
info@seehotelvillalinde.de
www.seehotelvillalinde.de

🕐 Di–So 18.30–22.30 Uhr, Mo, So Ruhetage, Anreise bis 23 Uhr
📍GPS 47.800408, 9.036974
➡ A98, Ausfahrt Stockach-West, ca. 7 km Richtung Südosten auf der B313, B34, K6102 und K6101

Hauptgerichte 35–55 € – Gourmetküche. Bereits kurz nach der Eröffnung wurden Küchenchef Kevin Leitner und sein Team mit einem Stern im Guide Michelin ausgezeichnet. Der talentierte Jungkoch überzeugt mit höchster Handwerkskunst, bei der Produkte ausgesuchter Qualität und Herkunft zum Einsatz kommen. Ein Blick auf die Speisekarte zeigt, wie klassische Zutaten der Sterneküche mit einem Hauch Innovation zu individuellen Kreationen wie »Getauchte Jakobsmuschel mit Mangold & Hört Bulle« oder »Geangelter Steinköhler mit geräucherter Haferwurzelcrème« werden – am besten nachschmecken und sich verzaubern lassen.

🔌 Wohnmobilbesitzer können sich auf einen Logenplatz mit traumhaft schönem Seeblick freuen. Der Parkplatz befindet sich direkt gegenüber dem Seehotel Villa Linde und dem Restaurant s'Äpfle. Ruhig und idyllisch direkt am Bodensee gelegen, eröffnen sich von hier aus vielfältige Freizeitmöglichkeiten wie ein Besuch der Insel Mainau oder einer Weinverkostung im Staatsweingut Meersburg.

🚐 5 Plätze   max. 3,5 t, 7 m   ☉ nicht vorhanden   📶 gratis   WC gratis, nur zu den Öffnungszeiten
🚰 kein Frischwasseranschluss, keine Entsorgungsmöglichkeit für Grauwasser und Bordtoilette
ℹ **Reservierung erforderlich**. Hunde willkommen. Spielplatz.

⟨84⟩ GASTHAUS & WEINHANDLUNG ROSE RUSSBERG

Auf dem Rußberg 39
78604 Rietheim-Weilheim
Tel. 07424/6117
info@rose-russberg.de
www.rose-russberg.de

🕐 Mi–So 11–22 Uhr, Mo, Di Ruhetage
📍GPS 48.030476, 8.800482
➡ B14 bis Wurmlingen, im Ort abbiegen auf An der Steig und ca. 4 km Richtung Nordosten

Hauptgerichte 9–20 € – Deutsche Küche. In gemütlicher Atmosphäre genießen Anhänger der klassischen deutschen Küche leckeren Schweinebraten, paniertes Schnitzel und Jägertoast. Sehr zu empfehlen sind der Zwiebelrostbraten und die Bauernbratwürste. Auch regionale schwäbische Spezialitäten wie Spätzle und Maultaschen stehen auf der Karte, und je nach Saison wird das Angebot durch Gerichte mit Wild aus dem Rußberger Wald oder eine Schlachtplatte ergänzt. Besonders attraktiv ist das monatliche »Twingle-Menü«, bei dem zwei Personen zum Festpreis schlemmen.

🔌 Wohnmobile parken auf einer grünen Wiese inmitten der herrlichen ländlichen Umgebung mit Möglichkeiten zu Wanderungen und Ausflügen in den Schwarzwald, das Donautal oder den Bodensee. Wer Geschmack am Württemberger Wein gefunden hat, nimmt sich einen der ausgezeichneten Tropfen des Weinkonvent Dürrenzimmern aus der Weinhandlung mit und genießt ihn zum Sonnenuntergang.

🚐 20 Plätze   max. > 7,5 t, > 15 m   ☉ 1,50 €/Tag   📶 nicht vorhanden   WC gratis, nur zu den Öffnungszeiten
🚰 Frischwasseranschluss (1,50 €), Entsorgungsmöglichkeit für Grauwasser und Bordtoilette   ℹ **Keine Reservierung erforderlich. Speisen/Getränke zum Mitnehmen. Hunde willkommen. Schöne Spaziergänge möglich.**

85 RESTAURANT IM HOFGUT/CAFÉ-RESTAURANT AUSBLICK T-19

Hopfenweiler 9
88339 Bad Waldsee
Tel. 07524/4017-0
info@restaurant-im-hofgut.de/
info@ausblick-t19.de
www.restaurant-im-hofgut.de/
www.ausblick-t19.de

🕐 Restaurant im Hofgut: tgl.
18–22, Café-Restaurant Ausblick T-19:
tgl. 10–22 Uhr, Anreise bis 22 Uhr
GPS 47.933237, 9.771816
➡ B30 bis Bad Waldsee, ca. 500 m
auf der K8033 Richtung Nordosten,
im Kreisverkehr erste Ausfahrt nehmen, ca. 1 km auf Hopfenweiler

Hauptgerichte Hofgut 18–32 €/T-19 8,50–24,50 € – Internationale Küche, regionale Spezialitäten.
Gehobene Landhausküche aus frischen regionalen Produkten ist das Markenzeichen des Ausblick T-19. In
legerer Golfclub-Atmosphäre können Genießer hier zwischen kleinen Snacks, klassischen Dauerbrennern
wie Clubsandwich oder Golfburger sowie abwechslungsreichen Tages- und Abendgerichten wählen. Ein
Highlight für Gourmets sind die Spezialitäten von Küchenchef Christian Lieb im Restaurant im Hofgut.

🚐 Der Stellplatz liegt an einer der schönsten Golfanlagen Süddeutschlands, nur unweit vom ersten Ab-
schlag entfernt – für Golfer umso interessanter, als Wohnmobilisten 20 € Rabatt/Tag/Golfrunde erhalten.

🚐 35 Plätze   [max.] > 7,5 t, > 15 m   😊 2 €/Tag   📶 in Gebühr inkl.   [WC] in Gebühr inkl., auch außerhalb der Öffnungszeiten   💧 Frischwasseranschluss, Entsorgungsmöglichkeit für Grauwasser und Bordtoilette 🔋 € Übernachtung nicht kostenlos, Standplatzgebühr ab 15 €/Tag, Kurtaxe 2 €, keine Reservierung erforderlich. Bewirtung der
Gäste auch im Wohnmobil. Hunde willkommen. Schöne Spaziergänge möglich. Golf-Schnupperkurse.

86 HOTEL GASTHOF ZUR POST

Rötenbacherstraße 5
88364 Wolfegg
Tel. 07527/96140
info@hotel-post-wolfegg.de
www.hotel-post-wolfegg.de

🕐 Mo, Do–So 11–23, Mi 16–23 Uhr,
Di Ruhetag
GPS 47.819917, 9.793991
➡ A96, Ausfahrt Kißlegg, ca. 14 km
Richtung Nordwesten auf der L265,
L330 und L315 bis Wolfegg

Hauptgerichte 7–25 € – Deutsche Küche, regionale Spezialitäten.
Der schon in der dritten Generation familiengeführte Gasthof ist in
einer historischen Poststation im Herzen Wolfeggs untergebracht. Im Fokus der Gastgeber Andrea und
Siegfried Dorn und ihrem Team stehen Themen wie regionale und ökologische Produkte, Qualität und
Wertigkeit sowie herzliche Gastfreundschaft. Die Küche ist von schwäbischen Spezialitäten geprägt, die
von der Vesperplatte über hausgemachte »Rehmaultäschle« bis Wolfegger Hirschbraten in »Wildrahm-
sößle mit Schwemmle« oder Käsespätzle reichen. Gerichte wie Kürbissuppe oder Martinsgans setzten
saisonale Akzente, moderne Rezepte wie Tagliatelle mit Pesto steuert die Tochter des Hauses bei.

🚐 Ein Standplatz auf dem Parkplatz gegenüber vom Gasthof steht für Wohnmobile zur Verfügung. In
der warmen Jahreszeit finden Veranstaltungen mit Livemusik im Biergarten statt, außerdem können
Gäste E-Bikes und Stand-Up-Paddling-Boards zur Erkundung der Umgebung ausleihen.

🚐 1 Platz   [max.] 3,5 t, 7 m   😊 nicht vorhanden   📶 gratis   [WC] gratis, nur zu den Öffnungszeiten   💧 kein
Frischwasseranschluss, keine Entsorgungsmöglichkeit für Grauwasser und Bordtoilette 🔋 **Reservierung nicht
möglich.** Speisen/Getränke zum Mitnehmen. Hunde willkommen. Spielplatz. Schöne Spaziergänge möglich.

⁸⁷ RESTAURANT ESSZIMMER

Ziegeleistraße 37, 1. OG
88441 Mittelbiberach
Tel. 073 51/574 98 90
info@restaurantesszimmer.de
www.restaurantesszimmer.de

🕐 Mo, Do–Sa 18–22, So 12–14.30
und 18–21 Uhr, Di, Mi Ruhetage

GPS 48.094707, 9.759030

➡ A7, Ausfahrt Berkheim, ca.
33 km Richtung Westen auf der B312
bis Biberach und Mittelbiberach

Hauptgerichte 24–34 € – Gourmetküche, regionale Spezialiäten.
Nach Stationen in Sternerestaurants setzt Küchenchef Simon Kaiser
für seine eigene Küche ausschließlich saisonale, regionale und nachhaltige Produkte ein. Die Grundsätze
der Slow-Food-Bewegung spielen bei ihm eine wichtige Rolle, und dazu gehören neben dem Respekt vor
jedem eingesetzten Lebensmittel auch solides Handwerk und Kreativität. So liest sich die Speisekarte
wie eine inspirierende Reise durch die Region, deren Protagonisten ausgefallene Namen wie »Albzarella«,
»Allgäu-Tempeh« oder »Alte Kuh« tragen. Der Geschmack überzeugt, und im Abgang bleibt Wohlgefühl.

🚐 Die asphaltierten Standplätze für die Wohnmobile befinden sich direkt am Restaurant und verspre-
chen ihren Besitzern einen ruhigen Schlaf im Grünen. Die beschauliche Umgebung, die zu Spaziergängen oder Wanderungen einlädt, macht den Aufenthalt zum perfekten Urlaub.

🚐 4 Plätze max > 7,5 t, 15 m 😊 nicht vorhanden (🖧) gratis WC gratis, nur zu den Öffnungszeiten
💧 kein Frischwasseranschluss, keine Entsorgungsmöglichkeit für Grauwasser und Bordtoilette **ℹ Reservierung
erforderlich**. Speisen/Getränke zum Mitnehmen. Hunde willkommen. Spielplatz. Schöne Spaziergänge vom
Gasthaus aus möglich. Beachvolleyball.

SIMON KAISER

… oder Slow Food auf Schwäbisch: Als einer
von 64 Köchen der Chef Alliance von Slow
Food steht Simon Kaiser für einen verant-
wortungsvollen Umgang mit Lebensmitteln.
Zusammen mit seiner Frau Sarah betreibt er
das ESSZIMMER (s. o.) in Mittelbiberach und
hat sich dem »nachhaltigen Fine Dining«
verschrieben. Gäste genießen hier kreative
Gerichte auf höchstem Niveau, in denen die
oberschwäbische Heimat stets zu spüren
ist. Die Zutaten stammen von rund 20 persönlich bekannten, regionalen Lieferanten,
die im Austausch mit Simon Kaiser auch mal
Neues wagen: So landen etwa oberschwäbische Artischocken oder Vulkanspargel auf
der Karte. Und statt Langostinos wandern
Felchen aus dem Bodensee oder statt Rinderfilet Nachbars Schaf in den Kochtopf.

88 BRÄUHAUS UMMENDORF

Bachstraße 10
88444 Ummendorf
Tel. 07351/44430
info@braeuhaus.de
www.braeuhaus.de

🕐 Mo, Di, Fr–So 10–23 Uhr, Mi, Do Ruhetage, Anreise bis 20 Uhr

GPS 48.063673, 9.832761

➡ B312 bis Ummendorf, den Ort Richtung Osten verlassen, auf die L307 abbiegen und ca. 1,5 km Richtung Süden. Achtung: Zufahrt für größere Fahrzeuge über die Hofeinfahrt an der Häuserner Straße

Hauptgerichte 12–35 € – Deutsche Küche, regionale Spezialitäten.
Der familiengeführte Brauerei-Gasthof liegt mitten in Ummendorf, im Zentrum Oberschwabens. Seine Ursprünge hat das traditionsreiche Haus im 15. Jh., und noch heute wird hier bestes Bier gebraut und gutbürgerliche regionaltypische Küche serviert. Schwäbische Spezialitäten wie Spätzle, Maultaschen (auch vegetarisch) oder Zwiebelrostbraten werden nach traditionellen Rezepten zubereitet, köstliche Vesperplatten und saisonale Gerichte ergänzen die Karte. Biere wie das spritzig-harmonische »Spezial S-Blaue« oder das ungefilterte, nach fruchtig-frischer Bierhefe duftende »Keller Bier« passen perfekt dazu, und in Gerichte wie den Spanferkelbraten mit Dunkelbiersoße fließt es sogar als schmackhafte Zutat ein.

🛏 Das Nachtquartier für die Wohnmobile liegt auf dem Firmengelände hinter dem Brauerei-Gasthof. Wiesen und Wälder laden zu Wanderungen ein, das nahe Biberach a. d. Riss lohnt einen Besuch.

🚐 6 Plätze   max >7,5 t, 15 m   🔌 4 €/Tag   📶 gratis   WC gratis, nur zu den Öffnungszeiten   💧 Kein Frischwasseranschluss, keine Entsorgungsmöglichkeit für Grauwasser und Bordtoilette   🔋 **Keine Reservierung erforderlich.** Bewirtung auch im Wohnmobil. Speisen/Getränke zum Mitnehmen. Hunde willkommen. Spaziergänge möglich.

Durch das Frauentor, oder auch Ravensburger Tor, lässt sich die hübsche Altstadt von Wangen betreten.

⑧⑨ LEONHARDTS STALL-BESEN

Humbrechts 1
88239 Wangen im Allgäu
Tel. 0171/770 70 47
info@stall-besen.de
www.stall-besen.de
🕐 Mi–So ab 17 Uhr, Mo, Di
Ruhetage, Anreise bis 21 Uhr

GPS 47.684918, 9.796851
➡ A96, Ausfahrt Wangen-West,
ca. 2 km auf B32 nach Westen, links
abbiegen, ca. 1 km der Straße folgen,
nach der Unterquerung der A96
rechts abbiegen und ca. 1,5 km bis
Humbrechts

Hauptgerichte 10–15 € – Deutsche Küche, regionale Spezialitäten.
Bodenständig und traditionell: Mit diesen Worten lässt sich die Gastronomie in Leonhardts Stall-Besen am besten charakterisieren. Herzlichkeit und Geselligkeit prägen das ungewöhnliche Ambiente bei Leonhardts: Im Herzstück des Restaurants waren früher Kühe zu Hause, sodass in der Gaststube immer noch ein gemütliches Stallambiente herrscht. Auf der Karte stehen Allgäuer Gerichte, die auf dem »Stall-Besen-Teller« mit Schweinerückensteak an Champignon-Rahmsoße, Kässpätzle mit Röstzwiebeln und Maultaschen perfekt repräsentiert sind. Bei schönem Wetter sitzt man im Biergarten unter Palmen mit Bergblick.

⚑ Wohnmobilbesitzer können die Rasenplätze beim Restaurant nutzen. Dort finden sie eine ruhige Unterkunft für die Nacht. Wenn es den kleinen Gästen langweilig wird: Es ist ein Spielplatz vorhanden.

🚐 3 Plätze ⬛ max > 7,5 t, > 15 m 🕐 gegen (freiwillige) Gebühr 📶 nicht vorhanden WC gratis, außerhalb der Öffnungszeiten gegen (freiwillige) Gebühr ⬤ Frischwasseranschluss, Entsorgungsmöglichkeit für Grauwasser und Bordtoilette gegen (freiwillige) Gebühr ℹ **Reservierung erforderlich (per WhatsApp)**. Speisen/Getränke zum Mitnehmen. Hunde willkommen. Schöne Spaziergänge vom Gasthaus aus möglich.

---

⑨⓪ ÖLMÜHLE UND HOFLADEN DIE ÖLFREUNDE

Donautalstraße 17
88631 Beuron-Thiergarten
Tel. 075 70/666
info@dieoelfreunde.de
www.dieoelfreunde.de

🕐 tgl. 10–18 Uhr
GPS 48.085893, 9.096472
➡ B32 bis Sigmaringen, ca. 12,5 km
Richtung Westen auf der L277 bis
Thiergarten

Produkte 20–30 € – Regionale Produkte. »Die Ölfreunde« im Herzen des Naturparks Obere Donau ist ein erstaunliches Projekt, wurde es doch von dem erst 15-jährigen Paul initiiert. Mit zwölf Jahren lag seine erste Ölmühle unter dem Weihnachtsbaum und legte den Grundstein für die Herstellung hochwertiger Öle, an der bis heute die ganze Familie beteiligt ist. Den ökologische Fußabdruck möglichst gering zu halten steht immer im Fokus, denn »Mutter Natur soll mit einem kleinen Lächeln auf die Ölmühle im Donautal schauen«. Im Hofladen gibt es eine große Vielfalt an regionalen Speiseölen, Mehle, Liköre und Edelbrände vom Papa, Senf von Oma und Opa sowie Marmeladen, Honig und Naturkosmetik von Freunden und Nachbarn.

⚑ Die Kiesplätze, auf denen Wohnmobile Quartier beziehen können, liegen ruhig in unmittelbarer Nähe zur Donau, direkt neben Ölmühle und Hofladen – ein idealer Ort für Naturliebhaber, denn in der Umgebung gibt es einen Kanuverleih, Kletterfelsen sowie den Donau-Radweg und etliche Wanderwege.

🚐 20 Plätze ⬛ illok > 7,5 t, > 15 m 🕐 gratis 📶 nicht vorhanden WC nicht möglich ⬤ Frischwasseranschluss, Entsorgungsmöglichkeit für Grauwasser und Bordtoilette ℹ € Übernachtung kostenlos bei Einkauf ab 30 €. Keine Reservierung erforderlich. Hunde willkommen. Schöne Spaziergänge vom Gasthaus aus möglich.

⑨¹ GASTHOF ZUM BAD

Burghof 11
89129 Langenau
Tel. 073 45/960 00
info@gasthof-zum-bad.de
www.gasthof-zum-bad.de

🕐 Di 18–22, Mi–Sa 12–14 und
18–22, So 11.45–14 Uhr, Mo Ruhetag
GPS 48.500248, 10.124468
➡ A7, Ausfahrt Langenau, ca.
3,5 km nach Nordosten auf der L1170

Hauptgerichte 27–42 € – Gourmetküche. Der kulinarische Schwerpunkt dieses Familienbetriebs liegt auf moderner, weltoffener Küche, die mit Geschmacksnoten der Region Akzente setzt. Am Herd steht Hans Häge junior, der nach Stationen in Sternerestaurants seit 2007 im elterlichen Gasthaus verwöhnt. Jahr für Jahr wird das Restaurant ausgezeichnet, hält seit 2013 einen Michelin-Stern und 16 Punkte im Gault Millau. Hans Häges Stil steht mit Gerichten wie Tatar von der roten Garnele mit Beurre blanc, Kartoffelcrème und Saiblingskaviar für klassische Gourmetküche, zeigt mit Jakobsmuschel & Kalbszunge mit verkohltem Lauch aber auch sein Faible für zeitgenössisches Fine Dining.

🛎 Die Wohnmobilstandplätze befinden sich auf der alten Hofstelle. Der Gasthof zum Bad ist ein idealer Start- bzw. Zielpunkt für Ausflüge ins Umland. Das Legoland Deutschland bei Günzburg liegt nur 15 Minuten entfernt, die Altstadt von Ulm 30 Autominuten. Sehenswert ist auch das Lonetal.

🚐 3 Plätze   max. 7,5 t, 7 m   ☺ auf Anfrage   📶 nicht vorhanden   WC gratis, nur zu den Öffnungszeiten   ⚓ kein Frischwasseranschluss, keine Entsorgungsmöglichkeit für Grauwasser und Bordtoilette   **ℹ Reservierung erforderlich**. Schöne Spaziergänge vom Gasthaus aus möglich.

---

⑨² ADLER BRAUEREIGASTHOF

Biberacherstraße 17
89613 Moosbeuren/Oberstadion
Tel. 073 57/92 19 90
info@brauereigasthof-moosbeuren.de
www.brauereigasthof-moosbeuren.de

🕐 Mo–Do, Sa ab 17 Uhr,
Fr, So Ruhetage
GPS 48.179618, 9.724878
➡ B465 bis Schemmenhofen, 5 km
nach Westen auf K7596 und K7420

Hauptgerichte 10–20 € – Rustikal, regionale Spezialitäten. Seit über 400 Jahren wird der traditionsbewusste Gasthof mit Hotel und Hausbrauerei von der Familie Britsch geführt. Nach dem Motto »Von der Region für die Region« werden regionale Produkte in Kochtopf und Sudkessel zu Gaumenfreuden verwandelt. In familiärer Atmosphäre genießen Gäste die ehrliche Heimatküche, zubereitet aus frischen Zutaten der Region, zu der typisch schwäbische Gerichte wie Biergulasch vom Rind, Saure Kutteln, Alblinsen, Spätzle, Schwäbische Maultaschen, Schlutzkrapfen und Rehmaultaschen zählen. Je nach Saison ergänzen Spezialitäten wie Bärlauch-, Spargel-, knusprige Enten- oder Wildgerichte das Angebot.

🛎 Eine ruhige Nacht verbringen Wohnmobilbesitzer auf ebenen, asphaltierten Standplätzen in der Nähe des Restaurants. Zwischen Biberach und Ulm gelegen, ist der Gasthof umgeben von Hügeln, Feldern und Wäldern mit Blick auf den Bussen. Die ehemalige Freie Reichsstadt Biberach hat unter anderem die simultane Stadtpfarrkirche und einen der schönsten Marktplätze Süddeutschlands zu bieten.

🚐 7 Plätze   max. 7,5 t, 15 m   ☺ gratis   📶 gratis   WC gratis, nur zu den Öffnungszeiten   ⚓ kein Frischwasseranschluss, keine Entsorgungsmöglichkeit für Grauwasser und Bordtoilette   **ℹ Keine Reservierung erforderlich. Speisen/Getränke zum Mitnehmen. Hunde willkommen. Spielplatz. Spaziergänge vom Gasthaus aus möglich.**

Für Bewegung nach den Tafelfreuden eignet sich der Albtäler Radweg, der sich auch in Etappen aufteilen lässt.

Wohnmobilstandplätze mit herrlichem Blick in die Schwäbische Alb gibt es auf dem Sonnencamping Albstadt.

CAMPINGPLÄTZE

Sonnencamping Albstadt ★★★★ ★

46 Vor herrlichem Alb-Panorama erstreckt sich der Campingplatz auf einer lang gezogenen, geschotterten Terrasse an einem Südhang und gibt schöne Blicke auf die bewaldeten Höhenzüge der Umgebung frei. Das Gelände wird durch einige junge Laubbäume aufgelockert.

▶ Beibruck 54, 72458 Albstadt, Tel. 074 31/
937 03 48, ganzjährig geöffnet,
GPS: 48.216291, 8.980942
■ pincamp.de/wb6900

Camping Hofgut Hopfenburg ★★★★ ★

47 Der familienfreundliche Platz auf der Schwäbischen Alb erstreckt sich über mehrere Terrassen oberhalb des Ortes Münsingen. Von hier aus ergibt sich ein weiter Blick auf den Ort und in die Umgebung. Das von Wald und Obstbaumwiesen umsäumte Gelände ist durch jüngere Laubbäume und Sträucher gegliedert. Einige Standplätze haben befestigte Fahrspuren und verfügen über

Vorplätze. Eine Besonderheit: Auf dem zum Hofgut gehörenden Archehof werden vom Aussterben bedrohte Haustierrassen gezüchtet, die die Campinggäste natürlich bewundern können.

▶ Hopfenburg 12, 72525 Münsingen,
Tel. 073 81/93 11 93 11, ganzjährig geöffnet,
GPS: 48.403600, 9.508333
■ pincamp.de/wb6400

Campingpark Breitenauer See ★★★★ ★

48 In einem weitläufigen Erholungsgebiet am Stausee liegt der sehr gepflegte Platz, der mit vielen Freizeit- und Bademöglichkeiten für Urlaubsvergnügen sorgt. Das Campingplatzgelände, das bisweilen den Blick auf die umgebenden Hänge freigibt, besteht aus gestuftem und geneigtem Wiesengelände mit Laubbäumen, Hecken und Sträuchern. Die Standplätze sind teils kreisförmig angeordnet. Durch zwei verschließbare Tore führt der Weg zur großen Liegewiese am See. Im Uferbereich verläuft ein schmaler Kiesstreifen.

▶ Breitenauer See 2, 74245 Löwenstein,
Tel. 071 30/85 58, ganzjährig geöffnet,
GPS: 49.117017, 9.38315

■ pincamp.de/wn3000

Family-Resort Kleinenzhof ★ ★ ★ ★ ★

Die vielen Spiel-, Sport- und Unterhaltungs-
möglichkeiten auf dem komfortabel ausgestatteten Platz direkt an der Kleinen Enz garantieren einen Familienurlaub ohne Langeweile. Durch
den Zufahrtsweg wird das lang gestreckte Wiesengelände, das mit Laub- und Nadelbäumen bestanden ist, geteilt. Herrlich ist der Blick auf die
umgebenden bewaldeten Hänge.

▶ Kleinenzhof 1, 75323 Bad Wildbad,
Tel. 070 81/34 35, ganzjährig geöffnet,
GPS: 48.73775, 8.576283

■ pincamp.de/wb4700

Camping-Erbenwald ★ ★ ★ ★ ☆

Für einen unbeschwerten Familienurlaub im
Schwarzwald ist Camping-Erbenwald perfekt. Das durch die Zufahrtsstraße zweigeteilte,
leicht geneigte Wiesengelände ist mit Hecken und
hohen Laubbäumen bestanden, ringsherum
breiten sich Felder und Wald aus. Der neuere
Platzteil weist eine jüngere Bepflanzung auf. Das
Freibad, das sich am Platz befindet, ist öffentlich
und für Campinggäste kostenlos.

▶ 75387 Liebelsberg, Tel. 070 53/73 82, ganzjährig
geöffnet, GPS: 48.677583, 8.689317

■ pincamp.de/wb4820

Stromberg-Camping ★ ★ ★ ★ ☆

Entspannung pur erwartet die Gäste auf
diesem gepflegten Platz am Waldrand in den
wunderschönen Weinlandschaften Kraichgau-
Stromberg. Das überwiegend ebene, stellenweise
auch gestufte Gelände wird an zwei Seiten von
Wald eingerahmt und ist durch Hecken und
Bäume aufgelockert und unterteilt. Viele Dauercamper haben sich hier eingemietet. Wer sich
sportlich betätigen möchte, besucht das Freibad.

▶ Diefenbacher Straße 70, 75438 Freudenstein,
Tel. 070 43/21 60, ganzjährig geöffnet, GPS:
49.034933, 8.833433

■ pincamp.de/wn1350

Camping- und Ferienpark Orsingen
★ ★ ★ ★ ★

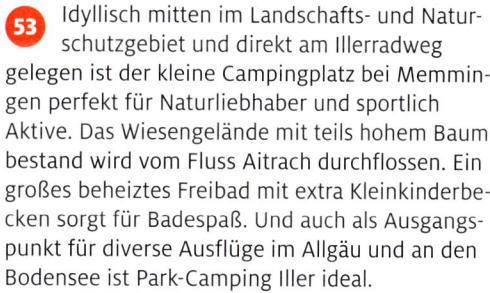

Am Ortsrand von Orsingen und nur einen
Katzensprung vom Bodensee entfernt liegt
der familienfreundliche Platz, der an zwei Seiten
von Laubwald umgeben wird und schöne Blicke
auf die bewaldeten Höhen in der Umgebung
freigibt. Das Gelände besteht aus einer ebenen
Wiesenfläche mit noch jüngeren Anpflanzungen.
An Sommertagen wartet das öffentlich zugängliche Freibad auf Badegäste. Eine Liegewiese
bietet nach der Abkühlung Plätze zum Sonnen.

▶ Am Alten Sportplatz 8, 78359 Orsingen,
Tel. 077 74/999 91 00, Mitte Jan.–Mitte Dez.,
GPS: 47.841999, 8.936150

■ pincamp.de/wb7120

Park-Camping Iller ★ ★ ★ ★ ☆

Idyllisch mitten im Landschafts- und Naturschutzgebiet und direkt am Illerradweg
gelegen ist der kleine Campingplatz bei Memmin-
gen perfekt für Naturliebhaber und sportlich
Aktive. Das Wiesengelände mit teils hohem Baumbestand wird vom Fluss Aitrach durchflossen. Ein
großes beheiztes Freibad mit extra Kleinkinderbe-
cken sorgt für Badespaß. Und auch als Ausgangspunkt für diverse Ausflüge im Allgäu und an den
Bodensee ist Park-Camping Iller ideal.

▶ Illerstraße 57, 88319 Aitrach, Tel. 075 65/54 19,
Anfang April–Mitte Okt., GPS: 47.949333, 10.0874

■ pincamp.de/wb7400

Camping Heidehof ★ ★ ★ ★ ☆

Besondere Merkmale dieses freundlichen
Großplatzes sind Nachhaltigkeit und Authen-
tizität. Durch verschiedenartige Bepflanzung ist
das Wiesengelände, das sich auf einem Hügel
erstreckt, gut gegliedert und aufgelockert. Die
Standplätze werden überwiegend durch Büsche,
Hecken und Bäume unterteilt. Es gibt auch einige
gepflasterte Standplätze für Wohnmobile. Der
Platz ist bei Dauercampern sehr beliebt. Die
Einfahrt zum Platz ist 24 Stunden am Tag möglich.

▶ Heidehofstraße 50, 89150 Machtolsheim,
Tel. 073 33/64 08, ganzjährig geöffnet,
GPS: 48.47805, 9.746250

■ pincamp.de/wb6600

Saarland

»Hauptsach gudd gess«

Das kleine Saarland bezeichnet sich selbst gern als Genussregion. Vielfältig schmeckt es hier auf jeden Fall: Deftige Gerichte in der Tradition von Bauern und Bergleuten gehen mit gehobener französischer und luxemburgischer Küche interessante kulinarische Verbindungen ein.

SAARLAND

GOURMETKÜCHE

(93) (94)

BIO/VEGETARISCH

(93) (94)

CAMPINGPLÄTZE

(55) – (59) s. S. 152

Mersch

Junglinster

Asselscheuer

Betzdorf

Trierweiler

Trier

Fell

Konz

Saarburg

Saar

Mosel

Moselle

Mettlach

Losheim

5

Weis

Schengen

Perl

Merzig

Beckingen

Nalbach

Rehlingen

Dillingen
(Saar)

Wallerfange

Saarlouis

Schw

Bo

Wadgas

Fontoy

Yutz

Hayange

Florange

Fameck

L'orne

La

Amnéville

Rombas

Maizières-lès-
Metz

Überherrn

Creutzwald

Sainte-Marie-
aux-Chênes

Woippy

Saint-Avold
Nord

Freymi
Merleb

Metz

Montigny-lès-
Metz

Saint-
Avold

P.N.R. de
Lorraine

Augny

Rémilly

©Mapcreator.io/©HERE

Bild vorangehende Doppelseite: Wer die Landschaft – hier die Saarschleife bei Mettlach – hinreichend gewürdigt hat, wendet sich den Gaumenfreuden zu. Denn Feinschmecker wissen: Das Saarland glänzt mit Michelin-Sternen.

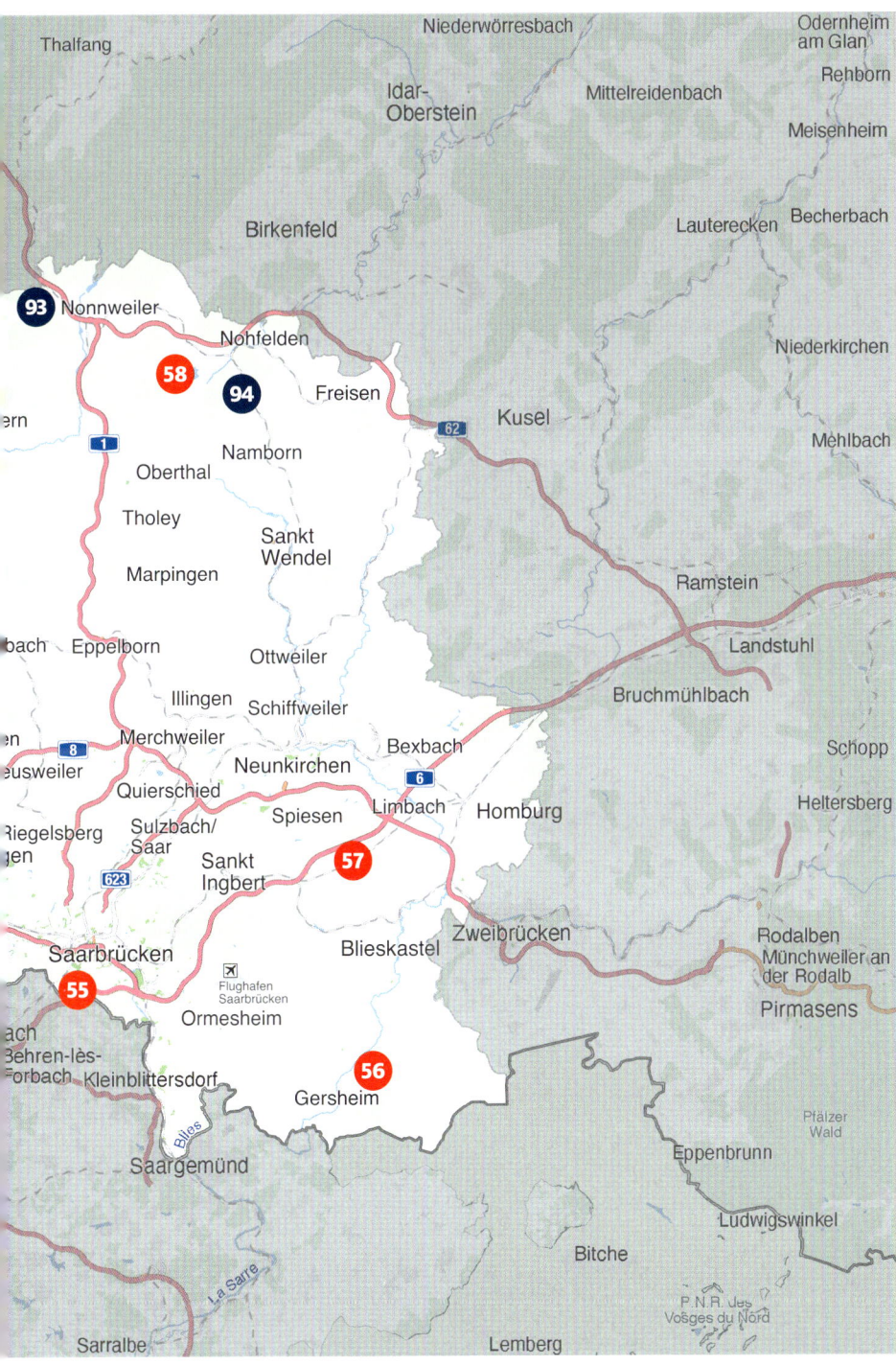

93 LANDGASTHOF PAULUS

Prälat-Faber-Straße 2
66620 Nonnweiler-Sitzerath
Tel. 068 73/910 11
info@landgasthof-paulus.de
www.landgasthof-paulus.de

🕐 Mi–Sa, feiertags 12–22, So 12–20 Uhr, Mo, Di Ruhetage
GPS 49.603817, 6.916151
➡ A 1, Ausfahrt Nonnweiler-Bierfeld, ca. 5 km auf der L365 nach Westen

Hauptgerichte 25–30 € – Gourmetküche. Wenn der drittbeste Sommelier Europas und eine Bio-Spitzenköchin in der unberührten Idylle des Schwarzwälder Hochwaldes ein Restaurant eröffnen, kann nur Gutes dabei herauskommen. Und so spürt man im liebevoll gestalteten Landgasthof Paulus viel von handwerklicher Kunst und »Lust am zeitlos sinnlichen Genuss«. Als engagiertes Mitglied von Slow Food setzt das Restaurant auf eine traditionsverbundene, ländliche Naturküche mit ökologisch erzeugten Produkten aus der Region. Die langjährige Vegetarierin Sigrune Essenspreis hat dabei ein besonderes Faible für das Kochen mit Wildkräutern und essbaren Blumen, während Thomas A. Nickels für außergewöhnliche Weinkultur steht.

🚐 Auf dem Parkplatz des Gasthofs finden Wohnmobilbesitzer eine ruhige Übernachtungsmöglichkeit. Der Nationalpark Hunsrück-Hochwald ist ein Paradies für Wanderer. Um die in die Hochwaldlandschaft eingebettete Talsperre Nonnweiler führt ein 12,8 km langer, herrlicher Rundwanderweg.

🚐 15 Plätze 　max. >3,5 t, >7 m 　☺ gratis 　📶 nicht vorhanden 　WC gratis, nur zu den Öffnungszeiten 　🌊 kein Frischwasseranschluss, keine Entsorgungsmöglichkeit für Grauwasser und Bordtoilette 　🅸 Reservierung möglich. Hunde willkommen. Schöne Spaziergänge vom Gasthaus aus möglich.

---

94 RESTAURANT ZUM BLAUEN FUCHS

Walhausener Straße 1
66649 Oberthal
Tel. 068 52/67 40
info@zumblauenfuchs.de
www.zumblauenfuchs.de

🕐 Fr, Sa 18–21.30, So 12–14 Uhr, Mo–Do Ruhetage
GPS 49.538902, 7.121335
➡ A62, Ausfahrt Nohfelden-Türkismühle, ca. 7 km Richtung Südosten auf der L330 und L319

Hauptgerichte 21–40 € – Gourmetküche. In elegantem Wohlfühlambiente servieren die Wirtsleute Olaf und Christiane Blank gehobene kreative Landhausküche, die herausragenden kulinarischen Genuss beschert. Zu den À-la-carte-Gerichten gesellen sich täglich zwei kreative Menüs – Land- und Fenschmecker-Menü –, die für Vegetarier auch ohne Fleisch auskommen. Die von Ehefrau Christiane zusammengestellte Weinkarte sorgt für die perfekte Weinbegleitung. Im Service wird sie von einem jungen Team unterstützt, das sich mit viel Engagement um das Wohl der Gäste kümmert.

🚐 Nach dem Genießererlebnis finden Gäste, die mit dem Wohnmobil unterwegs sind, eine perfekte Übernachtungsmöglichkeit auf dem gekiesten Restaurantparkplatz. Nach einer ruhigen Nacht mitten im Grünen können sie am nächsten Tag die waldreiche Landschaft in der Umgebung erkunden, die Herzen von Wanderfreunden und Naturliebhabern höher schlagen lässt.

🚐 1 Platz 　max. 3,5 t, 7 m 　☺ nicht vorhanden 　📶 nicht vorhanden 　WC gratis, nur zu den Öffnungszeiten 　🌊 kein Frischwasseranschluss, keine Entsorgungsmöglichkeit für Grauwasser und Bordtoilette 　🅸 **Reservierung erforderlich**. Hunde willkommen. Spielplatz. Schöne Spaziergänge vom Gasthaus aus möglich.

WELTKULTURERBE VÖLKLINGER HÜTTE

Seit 1994 ist die Völklinger Hütte Teil der UNESCO-Welterbeliste und somit das erste Industriedenkmal aus der Hochzeit der Industrialisierung im ausgehenden 19. Jh., das in die Liste aufgenommen wurde. Das 1873 gegründete ehemalige Werk zur Roheisenerzeugung in der saarländischen Stadt Völklingen wurde 1986 stillgelegt und neben der Erhebung in den Rang eines Weltkulturerbes der Menschheit auch für die Auszeichnung als Historisches Wahrzeichen der Ingenieurbaukunst in Deutschland nominiert. Als einer der Ankerpunkte der Europäischen Route der Industriekultur (ERIH) ist die Völklinger Hütte ein Must-See nicht nur für Fans von Industriebauten, sondern für alle Besucher ein hochspannender, faszinierender Ort. Seine Einzigartigkeit lässt sich am besten bei einer Führung erkunden, aber auch die Dauerausstellungen und -installationen sowie wechselnde Sondershows lohnen unbedingt einen Besuch. Wer sich für gesellschaftliche Themen interessiert, wird in den Future Labs fündig, in denen zum Beispiel die Frage erörtert wird, wie es im postindustriellen Zeitalter weitergeht. In unmittelbarer Nähe zur Völklinger Hütte steht Wohnmobilbesitzern ein ganzjährig nutzbarer, gebührenfreier Stellplatz mit zwölf Standplätzen zur Verfügung.

Weltkulturerbe Völklinger Hütte, Europäisches Zentrum für Kunst und Industriekultur, Rathausstraße 75–79, 66333 Völklingen, Anfang April–Anfang Nov. 10–19, sonst bis 18 Uhr, www.voelklinger-huette.org/de

DIE KÜCHE DES SAARLANDS

Wussten Sie, dass…?

… aktuell elf Michelin-Sterne sinnbildlich für die Liebe der Saarländerinnen und Saarländer zum guten Essen stehen? Gemessen an der Fläche des zweitkleinsten deutschen Bundeslandes und gerade mal einer Million Einwohner ist das beachtlich – über Bayern funkeln im Verhältnis nur die Hälfte der Sterne.

Erst gut 60 Jahre ist es her, dass das Saarland der Bundesrepublik Deutschland wirtschaftlich eingegliedert wurde – bis zum »Tag X« am 6. Juli 1959 war das kleine Land im Südwesten eigenständig und stand in vielem den französischen Nachbarn näher. So sind Küche und Kultur bis heute von der Lage im Herzen Europas geprägt: deutsch, französisch, luxemburgisch und international, aber dabei immer typisch saarländisch. Getreu dem fast sprichwörtlichen Motto der Saarländer »Hauptsache gudd gess« (Hauptsache gut gegessen) ist das Leben auf beiden Seiten der Saar von ausgeprägter Lebensfreude und Genusskultur geprägt.

Wie im nahen Frankreich reden die Menschen im Saarland gern vom Essen: »Mir wisse, was gudd iss« – und das gilt auch für deftige, aber immer raffinierte Hausmannskost. Hier liegen nämlich die kulinarischen Wurzeln des ehemaligen Industriereviers. Die hart im Stahlwerk oder Steinkohlebergbau arbeitenden Menschen brauchten eine Kost, die gleichzeitig satt machte und aus in der Region leicht verfügbaren, günstigen Produkten bestand. Zu den Hauptzutaten saarländischer Klassiker wie »Dibbelabbes« (s. Kasten), »Gefillde« (gefüllte Kartoffelklöße)

◄ Heutzutage kommt das ur-saarländische Gericht »Dibbelabbes« in feinen Variationen auf den Tisch.

oder »Plattgeschmelzde« (gekochte Kartoffelstifte) zählen entsprechend »Grumbeeren« (Kartoffeln), Kohl, Bohnen sowie Speck, Wurst und Fleisch. Außerdem lieben die Saarländer das Grillen, das hier »Schwenken« genannt wird: »Der Mensch denkt, Gott lenkt – der Saarländer schwenkt«, lautet ein weiteres Saarländer Motto. Stadtfeste, Feierlichkeiten und generell Sommer ohne »Schwenkbraten« (mariniertes Schweinenackenstück) sind hier schlicht unvorstellbar.

Wer nicht das Glück einer saarländischen Oma hat, die nach alten Familienrezepten kocht, findet in der Landeshauptstadt Saarbrücken eine Vielzahl typischer Restaurants für »Dibbelabbes« & Co. Im historischen Gasthaus Zum Stiefel (www.der-stiefel.de) finden Fans der Saar-Küche Speisen wie »Gefillde«, »Hoorische« und »Röllchen vom Schwenker«. Die Protagonistin der Saarländer Küche fungierte als Namensgebern der Kartoffel (www.die-kartoffel-sb.de), in der Spezialitäten rund um die »Grumbeer« auf dem Teller landen. Für Fleischliebhaber steht eine Lyonerpfanne auf der Karte. Noch mehr Wurst bietet die Kalinski Wurstwirtschaft mit Rost- und Currywurst nach »Schwenkbraten«-Art.

Eine ebenso große Rolle spielt im Saarland die französische Küche. Empfehlenswerte Adressen sind etwa der Familienbetrieb La Bastille (www.restaurant-labastille.de) in Saarbrücken und La Cygne (www.aubergeducygne.fr) in Grosbliederstroff auf der französischen Seite der Saar. Die hübsche Alte Brauerei (www.diealtebrauerei.com) am Rande der Innenstadt von St. Ingbert befindet sich ebenfalls fest in französischer Hand.

SCHLEMMEN AUF STERNENIVEAU

Angeführt wird die Sterne-Gastronomie im Saarland von Christian Bau, der sich im Victor's Fine Dining (www.victors-fine-dining.de/restaurant) erneut drei Sterne erkocht hat. Klaus Erforts hochgelobtes Saarbrücker GästeHaus (www.

gaestehaus-erfort.de) musste aktuell zwar einen seiner drei Sterne abgeben, zählt aber nichtsdestotrotz seit 13 Jahren zu den besten Restaurants in Deutschland. Über zwei Sterne kann sich die mediterran inspirierte klassische Produkt-Küche von Silio Del Fabro im Esplanade freuen (www.esplanade-sb.de/restaurant-saarbruecken).

Die ganze Bandbreite Saarländer Kulinarik spiegelt die Initiative »Genuss Region Saarland«. Hier haben sich Produzenten, Veredler und Gastronomen zusammengeschlossen, um möglichst viele Menschen mit hochwertigen regionalen Erzeugnissen zu begeistern.

Typische Produkte von Manufakturen und Herstellern aus der Großregion Saarland, Lothringen, Luxemburg und Rheinland-Pfalz offeriert Sar-Lor-deLuxe (www.saar-lor-deluxe.com). Im Laden im Nauwieser Viertel in Saarbrücken kann man aus einer großen Auswahl wählen oder im Online-Shop bequem für zu Hause bestellen. Und wenn es für Pâtisserien Sterne gäbe, bekäme der Saarbrücker Weltklasse-Konditor Quanah Schott mit Sicherheit einen – allein für seine süßen Kreationen lohnt der Weg in dieses kleine große Genießerland. Die Saarländer wissen eben, was gut ist.

SAARLÄNDER LIEBLINGSSPEISE

Ästhetisch überzeugt die saarländische Spezialität mit dem putzigen Namen »Dibbelabbes« auf den ersten Blick nicht. Die erste Gabel dafür umso mehr, denn das rustikale Gericht aus Kartoffeln, Dörrfleisch und Zwiebeln hat durchaus seine Raffinesse. Ursprünglich ein Arme-Leute-Essen, wird die Masse aus geriebenen Kartoffeln und Zwiebeln im gusseisernen »Dibbe« (Topf) im Ofen gegart wird. Dazu wird Sauerkraut oder Apfelmus serviert.

In Losheim am See startet der sogenannte Felsenweg, eine erlebnisreiche Rundwanderung.

AUSFLÜGE IM SAARLAND

UNTERWEGS AUF DEM FELSENWEG

Losheim am See ist eine Wanderhochburg des Saarlandes. Hier befindet sich etwa der beliebte Felsenweg, 2005 wurde er vom Deutschen Wanderinstitut als »Schönster Wanderweg Deutschlands« ausgezeichnet. Kein Wunder, schließlich gibt es auf der rund 14 km langen Strecke viel zu sehen. Ob imposante Felsen, idyllische Täler, die Ruine einer mittelalterlichen Burg oder Fundstücke aus der Keltenzeit – die Highlights reihen sich hier aneinander wie Perlen an einer Kette.

Auch für die Gesundheit kann man gleichsam im Vorbeigehen etwas tun. Dafür schlüpft man kurz aus den Wanderschuhen und Socken und steigt in eine der beiden Kneippanlagen. Ein Gang auf dem Barfußpfad wirkt anschließend so erholsam wie eine Massage. Die Planer des toll gestalteten Wanderweges haben bei der Umsetzung ganze Arbeit geleistet. Die abwechslungsreiche Strecke ist zudem gut ausgeschildert, Verlaufen ist also ausgeschlossen. Besser geht es (sich) kaum.

STEILE WEGE UND TIEFE SCHLUCHTEN

Der rund 11 km lange Schluchtenpfad beginnt am Dorfplatz in Rissenthal, einem Ortsteil von Losheim. In dieser Gegend gibt es mehr als zehn faszinierende Schluchten, die hier auch Gräten genannt werden. Bei dieser Tour ist etwas Kondition gefragt, da einige Auf- und Abstiege ganz schön anstrengend sein können. Belohnt wird man für die Mühe mit einer außergewöhnlich schönen Strecke. Der Hohlweg führt bergauf über Buntsandsteinfelsen. Die dicken Wurzeln alter Bäume schlängeln sich an vielen Stellen über den Pfad. Plötzlich steht man vor einem steilen

Abstieg – kein Problem dank hilfreicher Treppenstufen. Auf Bänken eines Rastplatzes ruht man sich für die nächste Etappe aus. Auf eine Wiese mit alten Obstbäumen folgt ein Lianenwald. Ein Fotostopp bei der Gedächtniskapelle – und weiter geht es durch ein mit Moos überzogenes Schluchtenlabyrinth. Es folgt ein steiler Anstieg bei der Großen Grät. Der Puls rast. Ist es die Anstrengung oder eher der Blick in den Abgrund? Fast senkrecht fallen hier Wände spektakulär bis zu 30 m ab. Entlang des Daufenbachs geht es zurück zum Dorfplatz von Rissenthal.

Auf verschlungenen Pfaden und über Stock und Stein führt der Schluchtenpfad zurück zum Ausgangspunkt Rissenthal.

Der beschauliche Platz Camping Walsheim liegt mitten im UNESCO-Biosphärenreservat Bliesgau.

CAMPINGPLÄTZE

Campingplatz am Spicherer Berg
★★ ★ ★

55 Am Stadtrand von Saarbrücken unweit der Autobahn und direkt an der französischen Grenze liegt der naturnahe Campingplatz, den viele Durchreisende und Dauercamper nutzen. Die Standplätze verteilen sich über die leicht geneigte Wiese. Die grüne Umgebung und die Nähe zur saarländischen Landeshauptstadt machen den Platz zu einem attraktiven Standquartier.

▸ Spicherer Weg 10, 66119 Saarbrücken, Tel. 06 81/517 80, Ende März–Ende Okt., GPS: 49.209733, 6.974617
■ pincamp.de/sr0800

Camping Walsheim ★★★★ ★

56 Wer Ruhe und Naturerlebnis sucht, ist auf dem familienfreundlichen Platz Camping Walsheim richtig. Umgeben von einem Mosaik aus offenen Naturlandschaften, Wiesen und Wäldern ist der Platz perfekter Ausgangspunkt für neugieri-

ge Wanderer und Radfahrer. Auf einer lang gestreckten, terrassierten Wiese schmiegt sich das Campinggelände in eine Talmulde beidseits eines Bachlaufs. Ein Highlight für die Campinggäste ist das angrenzende öffentliche Freibad.

▸ Heuweg 3, 66453 Walsheim, Tel. 068 43/80 01 80, Anfang April–Ende Sept., GPS: 49.159051, 7.243738
■ pincamp.de/sr1300

Caravanplatz Mühlenweiher ★★★ ★ ★

57 Der am Fuße der Kirkeler Burg gelegene Caravanplatz Mühlenweiher ist ein gemeindeeigener Platz und bietet seinen Gästen direkten Zugang zum angrenzenden öffentlichen Naturfreibad. Kreisförmig angelegt, verteilen sich die Standplätze – manche mit Blick auf die Burg – über das ebene Wiesengelände, das mit unterschiedlich hohen Laubbäumen bestanden ist. Ein Teil der Plätze wird von Dauercampern genutzt. Das mit frischem Quellwasser gespeiste Naturfreibad bietet im Sommer eine wunderbare Abkühlung, für Kinder gibt es ein spezielles Nicht-schwimmerbecken. Zum Bad gehört eine große Liegewiese, die zum Entspannen und Sonnen einlädt. Nicht weit weg ist das Kirkeler Waldge-biet, mit 15 markierten Rundwanderwegen und zwei Fahrradrundtouren ideal für sportlich Aktive.

▶ Unnerweg 5c, 66459 Kirkel-Neuhäusel,
Tel. 068 49/181 05 55, ganzjährig geöffnet,
GPS: 49.281833, 7.228783
■ pincamp.de/sr1600

Campingplatz Bostalsee ★ ★ ★ ★ ☆

58 Oberhalb des 120 ha großen Bostalsees und inmitten der Mittelgebirgslandschaft des Naturparks Saar-Hunsrück liegt der familien-freundliche Campingplatz, der sich über ein weitläufiges, teils terrassiertes, teils leicht ge-neigtes, durch hohe Bäume und Hecken unter-teiltes Wiesengelände erstreckt. Dass sich der Platz hervorragend zum Wohlfühlen und Entspan-nen eignet, zeigen auch die vielen Dauercamper, die sich hier eingemietet haben. Lediglich fünf

Gehminuten dauert es zum nahe gelegenen Strandbad am Bostalsee, das alles bietet, was es zum Wasser- und Badespaß braucht.

▶ Am Campingplatz 1, 66625 Bosen,
Tel. 068 51/801 80 50, ganzjährig geöffnet,
GPS: 49.56065, 7.060999
■ pincamp.de/sr1000

DCC-Campingplatz Schwarzwälder Hochwald ★ ★ ★ ☆ ☆

59 Der von Wald umgebene Naturpark nimmt ein leicht geneigtes, stellenweise gestuftes Wiesengelände mit hohen Bäumen und zahlrei-chen Hecken ein. Von hier aus kann man Wande-rungen im Naturpark Saar-Hunsrück unternehmen und anschließend zur Stärkung gemeinsam »den Schwenker schwenken«, wie die Saarländer zum Grillen auf dem Schwenkgrill sagen.

▶ Zum Campingplatz 10, 66709 Weiskirchen,
Tel. 068 76/366, GPS: 49.564433, 6.813867
■ pincamp.de/sr0250

Wer nicht mit dem Wohnmobil unterwegs ist, findet auf dem Campingplatz Bostalsee mietbare Holzhäuschen.

Rheinland-Pfalz

Weinland Nr. 1

Zu den rheinland-pfälzischen Spezialitäten gehören neben Pfälzer Saumagen
und Zwiebelkuchen natürlich auch Weine wie Riesling und Müller-Thurgau,
die sich nicht selten in einer schmackhaften Soße oder in Desserts wiederfinden.
Wegen des milden Klimas gedeihen hier sogar Zitronen und Kiwis.

RHEINLAND-PFALZ

RUSTIKAL

96 100

DEUTSCHE KÜCHE

96 97 100

INTERNATIONALE KÜCHE

98 99 101 102

REGIONALE SPEZIALITÄTEN

95 97 98 99 100 102 103

GOURMETKÜCHE

99

BIO/VEGETARISCH

97 98 101

WEINGUT

96 102 103

CAMPINGPLÄTZE

60 – 69 s. S. 166

©Mapcreator.io/©HERE

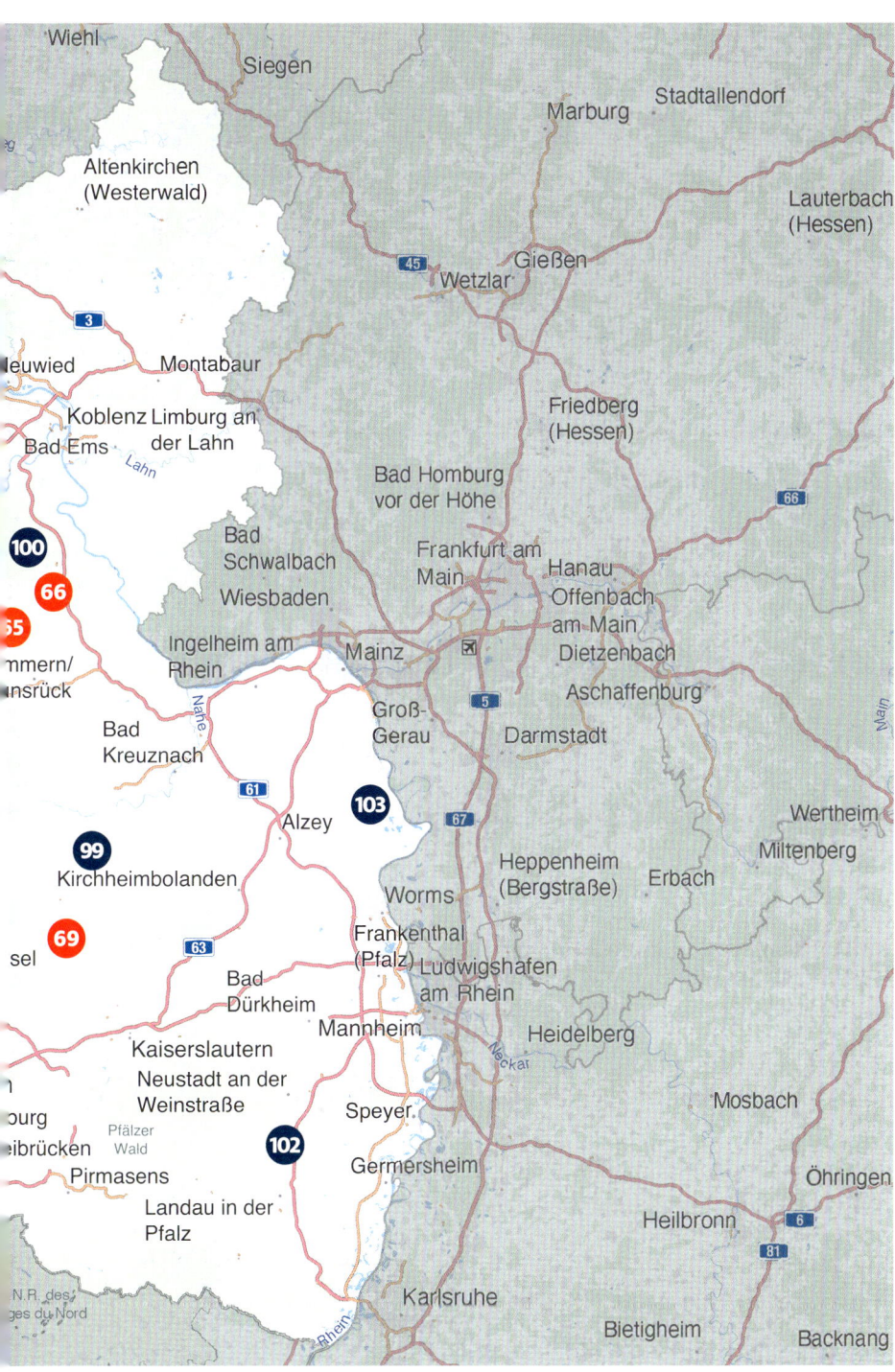

⑨⑤ GUTSWEINSTUBE POHL

Uferallee 4a
54470 Bernkastel-Kues, OT Wehlen
Tel. 06531/8372
info@weinpohl.de
www.gutsweinstube-pohl.de oder
www.weinpohl.de

🕑 Do–Sa ab 17, So ab 11 Uhr,
Mo–Mi Ruhetage
GPS 49.943867, 7.039403
➡ B53 bis Bernkastel-Kues,
abbiegen auf Brückenstraße und
Uferallee. Anfahrt für Wohnmobile
über Reitzengang

Hauptgerichte 9,80–16,50 € – Regionale Spezialitäten. In traum-
hafter Lage am Moselufer liegt diese Weinstube mit herrlicher Sonnenterrasse. Die saisonal geöffnete
Straußenwirtschaft des kleinen, feinen Weinguts Karl O. Pohl ist der perfekte Ort, um Wein und Sekt aus
den weltbekannten Lagen von Wehlen, Graach und Maring zu verkosten. Das im Sommer 2014 von den
Söhnen Stefan und Christopher übernommene Weingut produziert geradlinige, spritzige Rieslinge mit
prägnanter Fruchtsäure. Dazu gibt es typisches Winzeressen, etwa in Riesling eingelegten Weinkäse und
das viel gelobte Winzersteak. Zubereitet werden die Speisen vom Inhaber selbst.

🚐 Platz für ein Wohnmobil bietet der gepflasterte Hof zwischen Weinstube und Wirtschaftsgebäude des
Weinguts. Es liegt im Zentrum des längsten und berühmtesten Südhangs der Mosel direkt am Moselrad-
weg und nur 100 m von einer Schiffsanlegestelle entfernt – ideal zur Erkundung der Mittelmosel.

🚐 1 Platz ⬜ max. 3,5 t, 7 m ☺ gratis 📡 nicht vorhanden ⬜ WC gratis, nur zu den Öffnungszeiten ⬗ kein
Frischwasseranschluss, keine Entsorgungsmöglichkeit für Grauwasser und Bordtoilette ℹ **Reservierung erforderlich**. Hunde willkommen. Schöne Spaziergänge vom Gasthaus aus möglich.

⑨⑥ WINZERHOFCAFÉ UND WEINHOFGUT GÖRGEN

Bahnhofstraße 14
54518 Platten
Tel. 06535/94 48 64
info@weingut-goergen.com
www.weingut-goergen.com

🕑 April–Okt. tgl. 12–22, Nov.–März
Fr–So 12–21 Uhr, Anreise bis 21 Uhr
GPS 49.951778, 6.948523
➡ A1, Ausfahrt Kreuz Wittlich,
ca. 7 km Richtung Osten auf der
B50/E42 bis Platten

Hauptgerichte 12–26 € – Rustikal, deutsche Küche. Das Weingut
Werner Görgen mit modernem, mediterranem Flair befindet sich im Ort Platten, der direkt am Flüsschen
Lieser in einem Seitental der Mosel liegt. Im Winzerhofcafé Zum alten Bahnwärterhäuschen gibt es zu
den hervorragenden Weinen aus eigenem Anbau leckere Spezialitäten wie pikantes Winzersteak sowie
Filet- und Schnitzelspezialitäten. Wem es vor allem um die Weinbegleitung geht, wählt kleine Gerichte
wie den Winzerteller mit Hausmacher Blut- und Leberwurst, Vegetarier greifen zu Käsespätzle mit Röstzwiebeln oder einem Salat. Eine reichhaltige Frühstückskarte sorgt für einen guten Start in den Tag.

🚐 Wohnmobile können zur Übernachtung den ebenen, geschotterten Parkplatz nutzen, der sich in ruhiger Lage direkt am Maare-Mosel-Radweg befindet. Der beschauliche Wein- und Ferienort Platten liegt
am Fuße des Meisbergs am Südrand des idyllischen Wittlicher Tales zwischen Mosel und Eifel.

🚐 3 Plätze ⬜ max. 7,5 t, 15 m ☺ gratis 📡 gratis ⬜ WC gratis, auch außerhalb der Öffnungszeiten ⬗ Frischwasseranschluss (gegen Gebühr), keine Entsorgungsmöglichkeit für Grauwasser und Bordtoilette ℹ **Reservierung erforderlich**. Speisen/Getränke zum Mitnehmen. Hunde willkommen. Spielplatz. Spaziergänge möglich.

⑨⑦ HEIDSMÜHLE

Mosenbergstraße 22
54531 Manderscheid
Tel. 06572/747
post@heidsmuehle.de
www.heidsmuehle.de

🕓 tgl. 7.30–20.30 Uhr,
Anreise bis 22 Uhr
GPS 50.085376, 6.799018
➡ A1, Ausfahrt Manderscheid, ca. 7 km Richtung Westen auf der L16, Anfahrt erfolgt über Serpentinen

Hauptgerichte 10–24 € – Deutsche Küche, regionale Spezialitäten.
In wildromantischer Lage mit großer Terrasse am Bach genießen Gäste Spezialitäten wie fangfrische Forellen aus dem Mühlbach, Eifeler Döppekooche (traditioneller Eifeler Topfkuchen) sowie Gerichte rund um das EIFEL-Schwein und Wild aus heimischen Wäldern. Als zertifizierter Gastgeber der Regionalmarke EIFEL ist die Verwendung frischer, regionaler und gesunder Produkte eine Selbstverständlichkeit – hier soll der Gast schmecken, was »EIFEL« bedeutet. Wer nachmittags vorbeikommt, kann sich über das Kuchenbüfett mit einer großen Auswahl leckerer Kuchen freuen.

🛑 Der geschotterte Platz für die Wohnmobile liegt idyllisch direkt am Bach, der neben dem Gasthaus am Fuße des Mosenbergs vorbeifließt. Von hier aus bieten sich Ausflüge zu den Manderscheider Burgen sowie Wanderungen in die Vulkaneifel und zum Meerfelder Maar mit seinem Naturschwimmbad an.

🚐 20 Plätze   max. 7,5 t, 15 m   ☺ 2,50 €/Tag   📶 nicht vorhanden   WC gratis, nur zu den Öffnungszeiten   ♨ kein Frischwasseranschluss, keine Entsorgungsmöglichkeit für Grauwasser und Bordtoilette   🔋 Keine Reservierung erforderlich. Speisen/Getränke zum Mitnehmen. Hunde willkommen. Schöne Spaziergänge vom Gasthaus aus möglich.

⑨⑧ HOTEL MOLITORS MÜHLE

Eichelhütte 15
54533 Eisenschmitt
Tel. 06567/9660
hotel@molitors-muehle.de
www.molitors-muehle.de

🕓 tgl. 8–22 Uhr
GPS 50.036887, 6.737693
➡ A60, Ausfahrt Spangdahlem, ca. 7 km Richtung Nordosten auf der L46 und L34

Hauptgerichte 19–33 € – Regionale und internationale Küche.
Eingebettet zwischen Seen und Flusslauf, Wiesen und Wald erleben die Gäste des eher wie ein Schloss als eine Mühle anmutenden Landhotels geschmackvolle Gemütlichkeit im Landhausstil und familiäre Gastfreundschaft. Im Fine-Dining-Restaurant verwöhnt das Team um die Familie Molitor mit kulinarischen Genüssen aus der Eifel und Weinen vom eigenen Weingut an der Mosel. Jeden Abend stehen ein neues »Menü des Abends« und drei verschiedene Hauptgerichte zur Auswahl, in denen feine Wildgerichte und vegetarische Alternativen mit frischen Bio-Produkten der Region die Hauptrolle spielen.

🛑 An der Gaststätte finden fünf Wohnmobile einen Übernachtungsplatz auf geschottertem Untergrund. Direkt vom Hotel startet der Wanderweg »Mühlenpfad«, schnell erreichbar sind die Maare der Eifel.

🚐 5 Plätze   max. 7,5 t, 15 m   ☺ gegen Gebühr   📶 in Gebühr inkl.   WC in Gebühr inkl., nur zu den Öffnungszeiten   ♨ kein Frischwasseranschluss, keine Entsorgungsmöglichkeit für Grauwasser und Bordtoilette   🔋 € Übernachtung nicht kostenlos, Standplatzgebühr 10 €/Tag (Strom und Gästebeitrag i. A. der Gemeinde). **Reservierung nur am Wochenende erforderlich**. Hunde willkommen. Spielplatz. Schöne Spaziergänge vom Gasthaus aus möglich.

❾❾ MEISENHEIMER HOF

Obergasse 33
55590 Meisenheim
Tel. 06753/1237780
mai@meisenheimer-hof.de
www.meisenheimer-hof.de

🕐 Di–Sa 18–22, So 12.30–20.30 Uhr, Mo Ruhetag, Anreise bis 18 Uhr
📍GPS 49.707456, 7.670501
➡ B420 bis Meisenheim. Achtung: Die Obergasse ist Einbahnstraße, Zufahrt über Stadtgraben

Hauptgerichte 22–39 € – Regionale Spezialitäten, Gourmetküche.
Das gemütliche Fine-Dining-Restaurant im Meisenheimer Land empfängt seine Gäste mit einem herrlichen Barockportal und dem historischen Gastraum mit seiner 200 Jarhe alten Holztäfelung. Nach Originalen von 1820 gefertigte Stühle und Tische, alte Kunst und schönes Geschirr zeigen die Liebe zum Detail, die sich auch in den Gerichten von Küchenchef Markus Pape wiederfindet. Idealerweise legt man das kulinarische Glück in seine Hände und probiert eines der mehrgängigen Menüs. À la carte gibt es Klassiker wie Terrine von der Gänseleber oder Bouillabaisse von Atlantikfischen. Dazu passen die exzellenten Tropfen vom hauseigenen Weingut.

🚐 Für ungestörte Nachtruhe sorgt der Wohnmobilstandplatz oberhalb der Stadtmauer von Meisenheim an einer ruhigen Anliegerstraße. Eine schöne Wanderung führt durch den Weinberg Kloster Disibodenberg zur wildromantischen Ruine, in der einst Hildegard von Bingen wohnte.

🚐 1 Platz ⬛max 7,5 t, 15 m ☺ nicht vorhanden 📶 gratis ⬛WC gratis, auch außerhalb der Öffnungszeiten ♒ kein Frischwasseranschluss, keine Entsorgungsmöglichkeit für Grauwasser und Bordtoilette 🛈 Reservierung erforderlich. Bewirtung der Gäste auch im Wohnmobil. Hunde willkommen. Schöne Spaziergänge möglich.

---

❿⓿ LANDGASTHOF BAUNHÖLLER-MÜHLE

Baunhöller-Mühle 1
56281 Emmelshausen
Tel. 06747/8201
info@baunhoeller-muehle.de
www.baunhoeller-muehle.de
🕐 So–Di 11.30–22, Do 17–22, Fr, Sa 11.30–23, Mi Ruhetag,

Anreise bis 19 Uhr
📍GPS 50.173575, 7.521143
➡ A61, Ausfahrt Emmelshausen, ca. 5 km westwärts auf L206, 500 m nach Ort Liesenfeld rechts abbiegen, weitere 2,5 km der Straße folgen, Achtung: schmale Straße, nicht für große Wohnmobile geeignet

Hauptgerichte 10–25 € – Rustikal, deutsche Küche. Die 1780 mitten in den Hunsrücker Wäldern erbaute Baunhöller-Mühle befindet sich seit 1954 im Familienbesitz. Für die gutbürgerliche Küche zeichnet Karl-Heinz Becker verantwortlich, der nach der Heirat mit der Tochter der Hauses, Doris, in den Familienbetrieb eingestiegen ist. Seine Spezialität ist ein köstliches Gulasch vom heimischen Wild, aber auch die Käsespätzle und die verschiedenen Schnitzel erfreuen sich großer Beliebtheit.

🚐 Auf dem Schotterparkplatz direkt am Restaurant können Wohnmobilbesitzer ihr Nachtquartier aufschlagen, Brötchenservice oder Frühstück sind auf Wunsch möglich, im Sommer kann der Garten mitgenutzt werden. Die Ruhe des Preisbachtals und der Hunsrückwälder eignen sich perfekt zum Stressabbau.

🚐 2 Plätze ⬛max 3,5 t, 7 m ☺ 4,50 €/Tag 📶 gratis ⬛WC gratis, auch außerhalb der Öffnungszeiten ♒ kein Frischwasseranschluss, keine Entsorgungsmöglichkeit für Grauwasser und Bordtoilette 🛈 Reservierung erforderlich. Speisen/Getränke zum Mitnehmen. Hunde willkommen. Spielplatz. Schöne Spaziergänge möglich.

101 NOA RESTAURANT & LOUNGEBAR

Rosengartenstraße 60
66482 Zweibrücken
Tel. 06332/9770
info@rosengarten-am-park.de
www.rosengarten-am-park.de

🕐 tgl. 7–22 Uhr, Anreise bis 22 Uhr, an der Hotelrezeption anmelden

GPS 49.252675, 7.375420

➡ A8, Ausfahrt Zweibrücken, ca. 4 km auf L471, Adresse für Wohnmobile: Geschwister-Scholl-Allee 13

Hauptgerichte 10–30 € – Internationale Küche. Frische Zutaten bewusst ausgewählter Erzeuger bilden die Basis für die Soulfood-Küche des NOA Restaurant & Loungebar in Zweibrücken. Hier gelingt die Synthese von hausgemachtem »Seelenfutter« mit kreativer, weltoffener Küche, die internationale Einflüsse mit regionalen Zutaten vereint, Achtsamkeit gegenüber Produkten und Tieren und viel Zeit für die Zubereitung in den Vordergrund stellt. Nach dem Essen empfiehlt sich ein Besuch der loungigen Bar, wo feinste Zutaten und beste Spirituosen fantasievoll gemixt werden.

🚩 Nur einen Steinwurf vom Hotel Rosengarten entfernt befindet sich der Freizeitpark an der Schließ. Umgeben von altem Baumbestand gibt es hier 23 Wohnmobilstandplätze. Sie liegen direkt an der Grünachse der Stadt und zeichnen sich durch ihre ruhige Lage und Top-Ausstattung aus.

🚐 23 Plätze   max. 7,5 t, 15 m   ⊙ 0,60 €/kkWh   📶 in Gebühr inkl.   WC in Gebühr inkl., auch außerhalb der Öffnungszeiten   ≈ Frischwasseranschluss, Entsorgungsmöglichkeit für Grauwasser und Bordtoilette
🚻 € Übernachtung nicht kostenlos, Standplatzgebühr 11 bzw. 14 €/Tag (je nach Fahrzeuglänge).
Keine Reservierung möglich. Hunde willkommen. Spielplatz. Schöne Spaziergänge möglich.

Freizeitpark an der Schließ: In nur wenigen Gehminuten ist die Innenstadt von Zweibrücken erreicht.

SPITZENKÜCHE NATURNAH

Wussten Sie, dass...?

... Nils Henkel seine Pure Nature Küche in einem 2010 im Fackelträger Verlag erschienenen Kochbuch verewigt hat? Seit September 2021 gibt es ein weiteres Kochbuch des Spitzenkochs mit dem Titel »Flora« (Hampp Verlag), das die ganze Vielfalt seiner Gemüseküche zeigt.

Dort, wo die Weinanbaugebiete Rheinhessen, Nahe, Rheingau und Mittelrhein aneinanderstoßen, hat im Juni 2020 das Hotel PAPA RHEIN (www.paparheinhotel.de) eröffnet – ein Name, der liebevoll mit der Anziehungskraft des deutschen Flusses schlechthin auf die Dichterinnen und Dichter der Romantik spielt. So drückt das Konzept des lässigen Lifestyle-Hotels im maritimen Vintagelook die Liebe und Verbundenheit zur Region aus. Das gilt auch für die Küche: Für das Restaurant BOOTSHAUS holte Hotelier Jan Bolland Spitzenkoch Nils Henkel an Bord, der mit seiner Pure Nature Küche für einen ganz eigenen Kochstil steht. Alte Gemüsesorten und wilde Kräuter aus der Region stehen als Hauptdarsteller im Mittelpunkt, während Fisch und Fleisch eher sinnvolle Nebenrollen spielen.

◄ Nils Henkel, 1969 in Kiel geboren, zählt zu den besten Köchen Deutschlands. Seine Passion gilt Gemüse und Kräutern, die er facetten- und aromareich auf die Teller bringt.

Wir sprachen mit Nils Henkel über seine Pure Nature Küche und sein Engagement im PAPA RHEIN.

Herr Henkel, im BOOTSHAUS setzen Sie auf eine entspannte Bistroküche jenseits von Sterne-Ambitionen. Wie kam es für Sie als Zwei-Sterne-Koch zu diesem Entschluss?

Mein Engagement im Rheingau endete mit dem ersten Lockdown. Mit Jan Bolland, der auf der anderen Rheinseite in Bingen das Hotel PAPA RHEIN neu baute, bin ich seit vielen Jahren befreundet. Er fragte mich ganz spontan, ob ich es mir vorstellen könnte, auch mal ohne Sterne zu kochen, und ich war vom ersten Moment an begeistert von dem Projekt. Also sagte ich zu, und wir haben mit dem BOOTSHAUS ein spannendes und ganz lässiges Gastronomiekonzept auf die Beine gestellt.

Trotz des leger klingenden Namens steht immer noch Nils Henkel am Herd des BOOTSHAUS, und der kann bekanntermaßen hervorragend kochen. Was ist anders im PAPA RHEIN, auf welche Art von Küche können sich Gäste einstellen?

Wir machen eine hochwertige Küche für jeden Tag, die aber für bis zu 150 Gäste am Abend attraktiv sein muss. Wir versuchen, den Aufwand in Grenzen zu halten, aber wir kochen trotzdem alles selbst. Und wir bedienen uns an dem Rezeptfundus meiner früheren Sterneküche, inklusive der Soßen. Das schätzen unsere Gäste natürlich.

Sie sind bekannt für Ihre Pure Nature Küche, in der Gemüse meist im Vordergrund steht. Auch auf der aktuellen Karte gibt es auffallend viele vegetarische Gerichte. Woher kommt Ihre Vor-liebe für das Produkt und die verschiedenen Zubereitungsmöglichkeiten von Gemüse?

Ich habe vor über zehn Jahren meine ersten Gemüsemenüs auf die Karte gesetzt. Zum einen, weil ich selbst gern mal vegetarisch esse, aber auch weil ich den deutschen Fleischkonsum und die damit verbundene Massentierhaltung erschreckend finde. Daraus entstanden schließlich meine Flora-Gerichte, geprägt durch Jahreszeiten und alte Gemüsesorten, die sich natürlich auch auf unserer BOOTSHAUS-Karte wiederfinden. Vegetarische Küche ist wichtig, und sie wird immer wichtiger werden.

Durch die idyllische Lage am Rhein bietet sich das PAPA RHEIN perfekt für einen Zwischenstopp mit dem Wohnmobil an. Bieten Sie Standplätze an, und welche Angebote das Hauses können Wohnmobilisten als Nicht-Hotelgäste nutzen?

Wir haben anfangs direkt am PAPA RHEIN Stellplätze für Bullis und kleine Wohnmobile angeboten. Im Moment ist das Angebot aber nicht mehr verfügbar. Wer mit dem Wohnmobil auf dem Hotelparkplatz übernachten möchte, kann das gerne tun und ins BOOTSHAUS zum Essen kommen. Die Stellplatzgebühr liegt bei 25 Euro.

Haben Sie Tipps für die Umgebung und verraten Sie uns Ihre ganz persönlichen Lieblingsplätze?

Mein Lieblingsplatz ist natürlich das LIDO DECK auf dem Dach des PAPA RHEIN. Von hier aus hat man einen fantastischen Blick ins Mittelrheintal und in den Rheingau. Dazu kann man da oben am Pool herrlich entspannen. Ich gehe aber auch gern am Nahe-Ufer spazieren oder fahre mit der Fähre rüber in den Rheingau und besuche einen der zahlreichen Winzer (Anmerkung der Redaktion: Tipps für Weingüter im Rheingau s. Seite 174).

Lieber Nils Henkel, wir danken Ihnen für das Gespräch!

⑩② BRUNNENTERRASSE

Staatsstraße 58–60
67483 Edesheim/Pfalz
Tel. 0 63 23/9 41 20
info@weingut-anselmann.de
www.weingut-anselmann.de
🕐 Mitte Mai–Anf. Okt. tgl.

10–22 Uhr, Anreise bis 20 Uhr
GPS 49.267391, 8.132126
➡️ A65, Ausfahrt Edenkoben,
ca. 1 km auf der K6 nach Westen,
ca. 3 km auf der L516 nach Süden
bis Edesheim

Hauptgerichte 10–22 € – Regionale Küche und spanische Tapas.
Der Gutsausschank des Weingutes Anselmann ist nur im Sommer geöffnet und bietet von 10 bis 22 Uhr warme Küche. Dank des milden
Klimas und der vielen Sonnentage mutet das Ambiente mit seinen
Reben, Olivenbäumen und Oleandern fast mediterran an. Selbstver-
ständlich sind die Küche und die Weine streng regional: Auf der Karte
stehen neben edlen Tropfen vom eigenen Weingut Pfälzer Gerichte, eine große Auswahl an Flammkuchen
sowie Rumpsteaks und Winzersteaks. Ergänzt wird das Angebot durch warme und kalte spanische Tapas.

🚐 Es gibt drei geschotterte Wohnmobilstandplätze rund um das Weingut, die von den Mitarbeitern am
Weinprobierstand zugewiesen werden. Die Pfalz ist landschaftlich reizvoll und klimatisch bevorzugt.
44 Weinbauorte liegen an der 85 km langen Deutschen Weinstraße mit ihren endlosen Rebflächen.

🚐 3 Plätze   📏 3,5 t, 7m   ⊙ nicht vorhanden   📡 nicht vorhanden   WC gratis, auch außerhalb der Öffnungszeiten   💧 kein Frischwasseranschluss, keine Entsorgungsmöglichkeit für Grauwasser und Bordtoilette   🛈 **Keine
Reservierung erforderlich. Speisen/Getränke zum Mitnehmen. Hunde willkommen. Spaziergänge möglich.**

---

⑩③ GUTSSCHÄNKE BURGHOF OSWALD

Alsheimer Straße 11
67583 Guntersblum
Tel. 0 62 49/23 92
info@burghof-oswald.de
www.burghof-oswald.de
🕐 Vinothek: Mo–Sa 8–12 und
13.30–19 Uhr (nur Getränke),

Gutsschänke: Zeiten erfragen, Anrei-
se bis 19 Uhr, im Weingut anmelden
GPS 49.796755, 8.345874
➡️ B9 bis Guntersblum, Anfahrt
über Kirchstraße, Achtung: enge
Hofeinfahrt, nur für geübte Fahrer

Hauptgerichte 10 € – Straußwirtschaft und Weinverkostung. Das traditionsreiche Weingut Burghof
Oswald liegt mitten im rheinhessischen Guntersblum. Die Trauben für die Weine des Gutes werden für
maximales Aroma spät gelesen und reifen im Eichenfass oder im modernen Stahltank. In der nur zu be-
stimmten Zeiten geöffneten Straußwirtschaft und in der Vinothek werden typische regionale Gerichte
wie Spundekäs oder saisonal z. B. Wildgerichte gereicht. Weinliebhaber sollten eine Weinprobe buchen.

🚐 Wohnmobile finden auf einem Rasenstück beim Weingut einen ruhigen Ort fürs Übernachtungsquar-
tier. Die schöne Region Rhein-Selz lässt sich wunderbar zu Fuß oder mit dem Fahrrad erkunden.

🚐 3 Plätze   📏 3,5 t, 7m   ⊙ in Gebühr inkl.   📡 gratis   WC in Gebühr inkl., auch außerhalb der Öffnungszeiten   💧 Frischwasseranschluss (in Gebühr inkl.), keine Entsorgungsmöglichkeit für Grauwasser und Bordtoilette
🛈 € **Übernachtung nicht kostenlos, Standplatzgebühr 5 €/Tag, Reservierung erforderlich . Speisen nur zu
ausgewählten Zeiten, auf der Webseite recherchieren.**

WEINANBAUGEBIET PFALZ: TRADITION MIT PRÄDIKAT

Sanfte Hügel, die Weinstraße und unzählige Sonnenstunden im Jahr: Im Osten des Haardt-Gebirges erstreckt sich über eine Länge von 85 km Deutschlands zweitgrößtes Weinbaugebiet. Die 23 400 ha der Pfalz entsprechen einem Viertel der gesamten deutschen Weinbaufläche, und sage und schreibe jede dritte Flasche Wein, die in Deutschland gekauft wird, stammt aus der Pfalz. Angesichts dieser immensen Marktbedeutung könnte man eine reine Massenproduktion vermuten – weit gefehlt, denn die Pfälzer Weine gehören seit vielen Jahren zu den qualitativ hochwertigsten in Deutschland. So erzielten Spitzenrieslinge von der Mittelhaardt im Norden des Pfälzer Weinbaubereiches in der Vergangenheit weltweit Höchstpreise – sogar zur Eröffnung des Suezkanals 1869 gab es Riesling aus der Pfalz. Regelmäßig belegen sie bei renommierten Riesling-Verkostungen die ersten Ränge. Die berühmte Traube ist es auch, die das klare Profil der Pfalz als Riesling-Land par excellence prägt: Mit 5455 ha ist sie tatsächlich das weltweit größte Riesling-Anbaugebiet. Auch bei Spitzen-Rotweinen spielt die Pfalz eine wichtige Rolle: Die Region ist Deutschlands größtes Rotweingebiet, bei den Trauben sind nach Dornfelder auch Spätburgunder und Portugieser von besonderer Bedeutung. Ein weiteres Aushängeschild sind Grau- und Weißburgunder. Eine Vielzahl hervorragender Restaurants, zum Teil auch in den Weingütern selbst, eignen sich perfekt, um die ausgezeichneten Tropfen mit leckeren Pfälzer Spezialitäten und internationaler Spitzenküche zu verkosten.

Die Standplätze auf dem Campingplatz Prümtal-Camping Oberweis reichen bis ans Ufer des Flusses Prüm heran.

CAMPINGPLÄTZE

Camping Landal Sonnenberg ★ ★ ★ ★ ★

60 Die Ferienanlage oberhalb der Mosel ist mit großzügigem Spiel- und Freizeitangebot perfekt auf Familien mit Kindern eingestellt. Das geneigte, in Terrassen angelegte Gelände erstreckt sich auf einem bewaldeten Höhenzug und ist durch verschiedenartige Bepflanzung unterteilt. Badespaß verspricht das Hallenbad mit Schwimmkanal und Whirlpool. Auf geführten Wanderungen lässt sich die schöne Umgebung erkunden.

▶ 54340 Leiwen, Tel. 065 07/936 90, Anfang April–Anfang Nov., GPS: 49.803049, 6.891117
■ pincamp.de/rp5350

Camping Landal Wirfttal ★ ★ ★ ★ ☆

61 Ein wunderbares Naturerlebnis und »Deutschland von seiner schönsten Seite« bietet der Campingplatz mit Freizeitpark-Charakter seinen Gästen, der sich am Ufer eines kleinen Stausees in der reizvollen Landschaft der Vulkaneifel ausbreitet. Das weitläufige Wiesengelände ist mit Laub- und Nadelbäumen, Hecken und Sträuchern bewachsen. Ein Teil des Platzes erstreckt sich oberhalb des Sees und ist über eine Brücke erreichbar. Zum Platzangebot gehören auch Outdoor-Aktivitäten, etwa Klettern und Abseilen.

▶ Wirftstraße 81, 54589 Stadtkyll, Tel. 065 97/929 20, ganzjährig geöffnet, GPS: 50.338867, 6.539383
■ pincamp.de/rp2600

Waldcamping Prüm ★ ★ ★ ★ ☆

62 Beschattet durch einzelne höhere Bäume schmiegt sich der Campingplatz in ein waldreiches, vom Flüsschen Prüm durchflossenes Tal. Das ebene Gelände wird durch das öffentliche Freibad in zwei getrennte Bereiche unterteilt. Daran angrenzend befinden sich Tennisplätze. Der Platz liegt in Hörweite einer Straße.

▶ Prümtalstraße, 54591 Prüm, Tel. 065 51/24 81, ganzjährig geöffnet, GPS: 50.218517, 6.437599
■ pincamp.de/rp2700

Prümtal-Camping Oberweis ★ ★ ★ ★ ☆

63 Herzstück dieses gut ausgestatteten Campingplatzes in der Eifel ist das Freibad mit direktem Zugang zur Terrasse des Restaurants. Das Campingplatzgelände erstreckt sich auf einer ebenen, mit Laubbäumen und Hecken aufgelockerten Wiese am Ufer der Prüm. In der Campingplatzmitte befindet sich ein großes Sportfeld (Fußball und Volleyball), das alle sportlich Ambitionierten nutzen können. Das beheizte Freibad sorgt für ungetrübten Badespaß, auch wenn das Wetter mal etwas kühler ist.

▶ In der Klaus 17, 54636 Oberweis,
Tel. 065 27/929 20, Mitte April–Ende Dez.,
GPS: 49.9589, 6.424667
■ pincamp.de/rp3500

Campingpark Waldwiesen ★ ★ ★ ☆ ☆

64 Das im Nationalpark Hunsrück-Hochwald gelegene Campinggelände erstreckt sich auf einer leicht geneigten, durch mannshohe Hecken sowie Laub- und Nadelbäume gegliederten Wiese. Am Ortsrand von Birkenfeld gelegen, führen die letzten 200 m bis zum Campingplatz über einen teils engen Schotterweg mit Ausweichstellen. Ein separater Platzteil ist für FKK-Anhänger reserviert.

▶ Waldwiesen 1, 55765 Birkenfeld,
Tel. 067 82/52 15, Anfang April–Ende Okt.,
GPS: 49.655067, 7.182133
■ pincamp.de/rp7650

Burgstadt CampingPark ★ ★ ★ ☆ ☆

65 Wer sein Quartier auf dem ruhigen, von Wald umgebenen Campingplatz aufschlägt, kann auch die Einrichtungen (Sauna, Restaurant etc.) des zugehörigen Hotels nutzen. Der parkähnlich angelegte Platz richtet sich vor allem an »Best Ager«, mitreisende Kinder müssen über 14 Jahre alt sein. Stellmöglichkeiten finden die Campinggäste auf dem terrassierten, in mehrere bogenförmige Standplatzfelder unterteilten Gelände, das mit Büschen und Bäumen bestanden ist. An den Platz schließt ein dichtes Wander- und Radwegenetz an.

▶ Südstraße 34, 56288 Kastellaun,
Tel. 067 62/408 00, Anfang Feb.–Ende Nov.,
GPS: 50.067867, 7.454483
■ pincamp.de/rp7200

Camping Am Mühlenteich ★ ★ ★ ★ ☆

66 Der weitläufige, bei einem ehemaligen Mühlenteich mit eigener Kapelle gelegene Campingplatz bietet viel Ruhe und Naturnähe. Die Standplätze verteilen sich über ein leicht geneigtes, durch Laub- und Nadelbäume aufgelockertes Wiesengelände, ein weiterer Bereich ist eben und ohne Bepflanzung. Nach Süden und Westen öffnen sich herrliche Ausblicke auf die Hunsrückhöhen. Für Badespaß sorgt ein Naturschwimmbad.

▶ 56291 Lingerhahn, Tel. 067 46/533, ganzjährig geöffnet, GPS: 50.099383, 7.573299
■ pincamp.de/rp7100

Campingpark Zell-Mosel ★ ★ ★ ★ ☆

67 Am linken Ufer der Mosel und hineingeschmiegt in die Weinberge erstreckt sich der komfortable, gepflegte Platz mit schönem Blick auf eine kleine, bewaldete Insel im Fluss. Das ebene Wiesengelände ist mit jüngeren Bäumen bestanden und bietet großzügige Standplätze.

▶ Moselufer, 56856 Zell (Mosel), Tel. 065 42/96 12 16, GPS: 50.033883, 7.174717
■ pincamp.de/rp4850

Moselcamping Alf ★ ★ ★ ★ ☆

68 Der ruhige, familienfreundliche Campingplatz nahe der Mosel ist ideal als Ausgangspunkt für Rad- und Wandertouren in dem bekannten Weinbaugebiet. Er befindet sich auf einem leicht geneigten, terrassierten Wiesengelände. Überragt wird der Platz von der Burg Arras, einem historischen Kleinod aus dem frühen 12. Jh.

▶ Am Mühlenteich, 56859 Alf, Tel. 065 41/31 11, ganzjährig geöffnet, GPS: 50.052893, 7.11349
■ pincamp.de/rp4910

Camping Am Königsberg ★ ★ ★ ★ ☆

69 Auf einem meist ebenen, lang gezogenen Wiesenstreifen erstreckt sich der Campingplatz am Ufer des Flüsschens Lauter. An den Platz grenzt ein Sportplatz und das städtische Freibad.

▶ Am Schwimmbad 1, 67752 Wolfstein,
Tel. 063 04/41 43, Anfang April–Ende Okt.,
GPS: 49.58008, 7.61838
■ pincamp.de/rp8350

Das beste Esse' gibt's beim Hesse

Wer nach Hessen reist, der probiert natürlich die »Grüne Soße«. Sieben Kräuter geben der Spezialität ihre Würze, genossen wird sie in der Regel mit Kartoffeln und Ei. Aber auch Freunde von fleischigen Spezialitäten kommen auf ihre Kosten: mit Frankfurter Rippchen, Schlachtplatten oder Ahler Wurscht.

Hessen

HESSEN

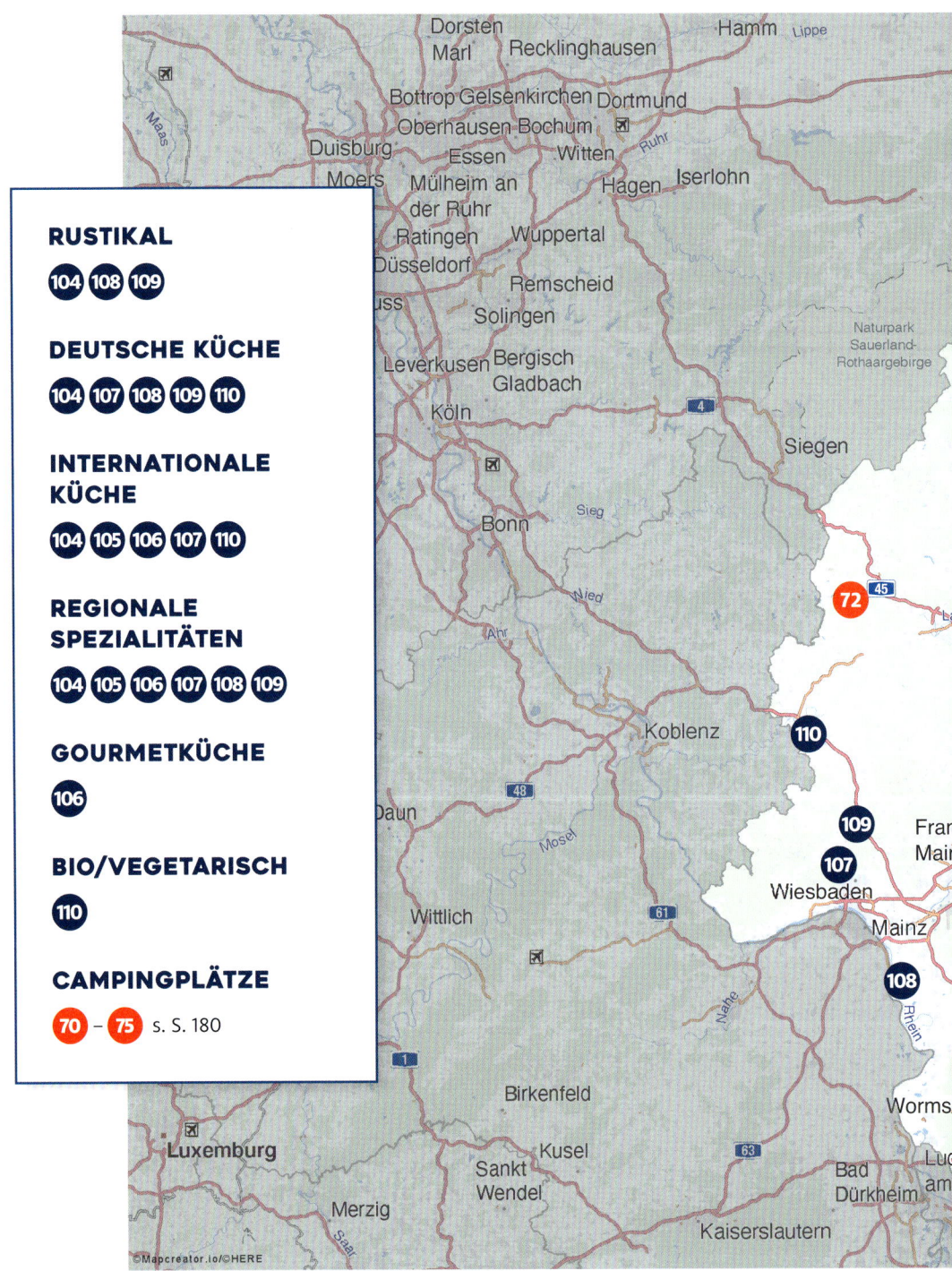

RUSTIKAL
104 108 109

DEUTSCHE KÜCHE
104 107 108 109 110

INTERNATIONALE KÜCHE
104 105 106 107 110

REGIONALE SPEZIALITÄTEN
104 105 106 107 108 109

GOURMETKÜCHE
106

BIO/VEGETARISCH
110

CAMPINGPLÄTZE
70 – 75 s. S. 180

Bild vorangehende Doppelseite: Ländlich beschaulich oder auch großstädtisch mondän lässt sich das Bundesland im Herzen Deutschlands auf einer Erkundungsfahrt erleben, die in einem Landgasthof genussvoll ausklingen sollte.

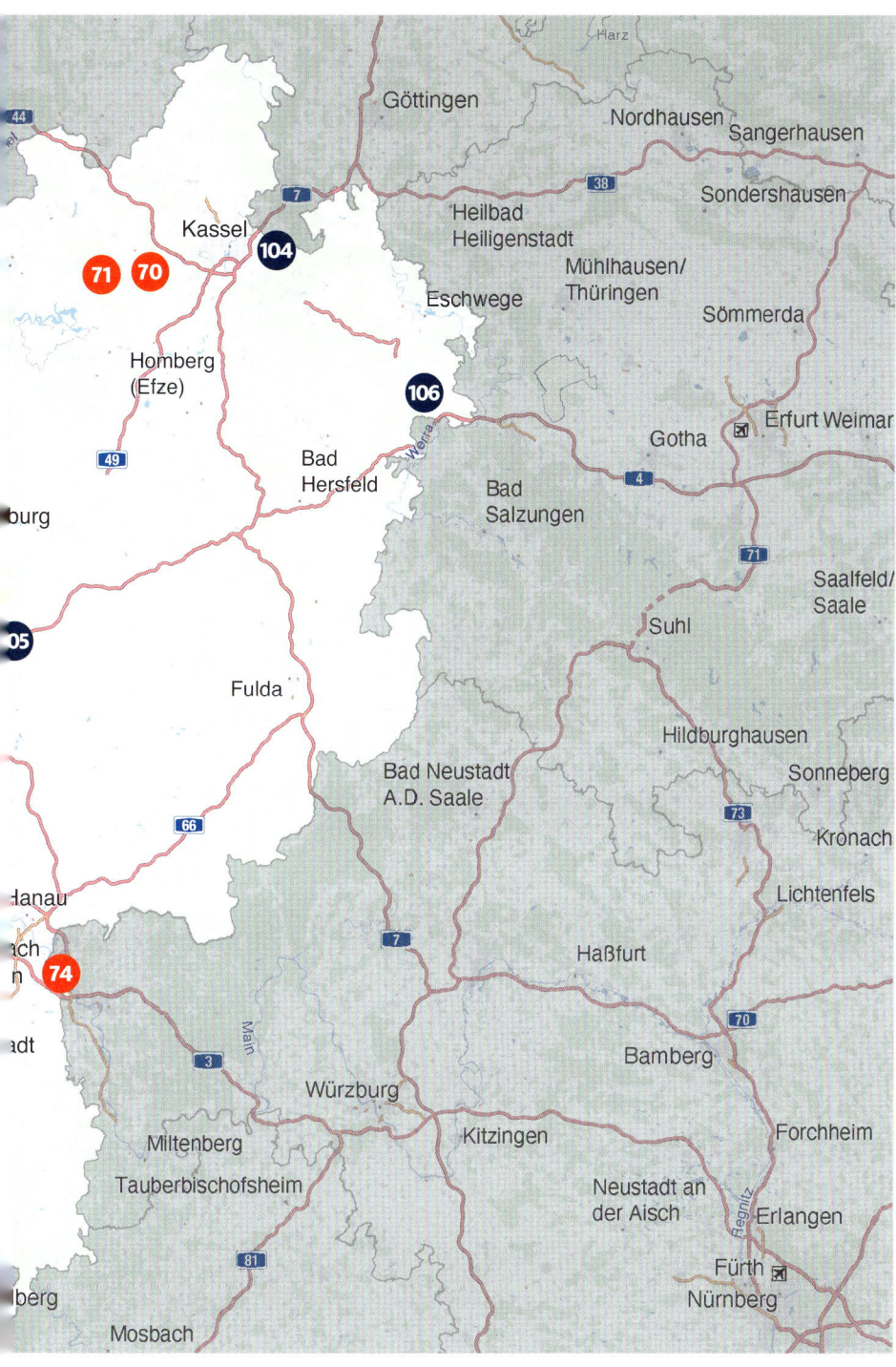

⑩④ HOTEL RESTAURANT TRESOR

Leipziger Straße 465
34260 Kaufungen
Tel. 056 05/92 60 50
info@tresor-kaufungen.de
www.tresor-kaufungen.de

🕐 Mo, Do–So 14–22 Uhr, Di, Mi
Ruhetage, Anreise bis 21 Uhr
📶 GPS 51.282736, 9.634584
➡️ A7, Ausfahrt Kassel-Ost, ca.
6 km südostwärts auf der B7 bis
Kaufungen, Achtung: enge Straßen

Hauptgerichte 11–30 € – Deutsche und internationale Küche. Das gepflegte Restaurant entstand 1998 in den ehemaligen Räumen der örtlichen Sparkasse, von denen der Tresor kurzerhand zum Gastraum umfunktioniert wurde. Auch die Namen auf der Speisekarte wie »Panzerknacker-Vesper«, »Sprengstoff« oder »Die kleine Beute« spielen mit der einstigen Nutzung. Dahinter verbergen sich gutbürgerliche Gerichte wie hausgemachtes gefülltes Kraut, Bratkartoffeln oder Rinderroulade, für die nur hochwertige, frische Zutaten wie Fleisch vom Duroc-Schwein oder Kikok Hähnchenfleisch verwendet werden.

📣 Auf dem Hotelparkplatz ist der Wohnmobilstandplatz gesondert ausgewiesen. Achtung: Für größere Fahrzeuge eignet sich der Platz nicht, da es keine Wendemöglichkeit gibt. Kaufungen begeistert mit historischer Fachwerkarchitektur. Es liegt idyllisch eingebettet im Tal der Losse und vor den Toren Kassels.

🚐 1 Platz max. 3,5 t, 7 m ☺ gratis 📶 nicht vorhanden WC gratis, nur zu den Öffnungszeiten 🔵 kein Frischwasseranschluss, keine Entsorgungsmöglichkeit für Grauwasser und Bordtoilette ℹ️ **Reservierung erforderlich**. Bewirtung der Gäste auch im Wohnmobil. Schöne Spaziergänge vom Gasthaus aus möglich.

---

⑩⑤ GOLFPARK-RESTAURANT

Parkstraße 22
35447 Reiskirchen
Tel. 064 08/95130
reservierung@golfpark-restaurant.de
www.golfpark.de

🕐 tgl. 8–22 Uhr
📶 GPS 50.607514, 8.864927
➡️ A5, Ausfahrt Reiskirchen, ca.
4 km nach Nordosten auf der B49,
L3129 und K36 bis Winnerod

Hauptgerichte 10–26 € – Internationale und regionale Küche. Im grünen Herzen von Hessen gelegen, bietet das Parkrestaurant Winnerod zeitgemäße Küche mit frischen regionalen Produkten. Man speist in lockerer, familiärer Atmosphäre im Restaurant oder auf der Sonnenterrasse – stets mit herrlichem Blick auf die sanfte Naturlandschaft der Golfanlage mit ihrem nahe gelegenen Teich und herrlichem alten Baumbestand. Ob leidenschaftlicher Golfer oder Erholungsuchender: Küchenchef Oskar verwöhnt mit modernen Gerichten wie Tagliatelle mit grünem Spargel und Riesengarnelen, Rinderfilet mit Kartoffelstampf und Marktgemüse oder mediterraner Dorade. Für den kleinen Hunger gibt es Antipastiteller oder Salate, je nach Jahreszeit stehen auch Wild, Gans und Ente oder Spargel auf der Karte.

📣 Wohnmobile stehen auf dem Schotterparkplatz direkt am Restaurant, wo kein Straßenlärm die Nachtruhe stört. Die gepflegte Anlage des Golf-Parks Winnerod bietet erstklassige Trainingsbedingungen auf einem wunderschönen Gelände mit Ausblick auf den Taunus und den Vogelsberg.

🚐 7 Plätze max. > 7,5 t, 15 m ☺ gratis 📶 nicht vorhanden WC gratis, nur zu den Öffnungszeiten 🔵 kein Frischwasseranschluss, keine Entsorgungsmöglichkeit für Grauwasser und Bordtoilette ℹ️ **Reservierung erforderlich**. Speisen/Getränke zum Mitnehmen. Hunde willkommen. Spielplatz. Schöne Spaziergänge möglich.

ORIGINAL FRANKFURTER BETHMÄNNCHEN

Bethmännchen dürfen auf keiner Frankfurter Kaffeetafel fehlen. Außerhalb von Hessens Metropolregion sind die feinen, mit drei Mandelhälften gespickten Kugeln aus feinstem Marzipanteig vor allem zu Weihnachten beliebt. Wichtig ist, dass die Masse aus Mandeln, Puderzucker und Rosenwasser mit Eigelb glasiert und gebacken wird und so vom Gefühl her irgendwo zwischen Gebäck und Praline liegt. Laut Legende sind sie vom Koch des Frankfurter Bankiers Simon Moritz von Bethmann Anfang des 19. Jh. erfunden worden: Jede Mandel steht für einen Bethmann-Sohn. Nach altem Rezept wird das Frankfurter Symbol noch heute in der Rausch's Konditorei & Bäckerei hergestellt und eignet sich in seiner dekorativen Verpackung perfekt als Mitbringsel. Nicht zu verwechseln sind die Bethmännchen mit den Brenten, deren mühsame Herstellung in Eduard Mörikes gleichnamigen Gedicht beschrieben wird. Hier wird der Teig allerdings in Modeln aus Holz zu kleinen Plätzchen geformt, häufig noch mit halbierten Mandeln verziert. Heute gibt es sie vor allem zur Advents- und Weihnachtszeit in wenigen traditionellen Konditoreien, etwa in der Konditorei Hollhorst.

Rausch's Konditorei & Bäckerei, Wiesenstraße 30, 60385 Frankfurt am Main, Di–Fr 6.30–18, Sa 7–17, So 12–17 Uhr, www.rauschs-konditorei.de
Konditorei Hollhorst, Dreikönigsstraße 55a, 60594 Frankfurt am Main, Mo–Fr 9–18.30, Sa 9–17 Uhr, www.konditorei-hollhorst.de

DER RHEINGAU

Wussten Sie, dass...?

... Kloster Eberbach nicht nur durch seine edlen Rieslinge, sondern auch als Leinwandstar Berühmtheit erlangte? Die mittelalterliche Anlage war Schauplatz des Filmklassikers »Der Name der Rose« und diente Regisseur Jean-Jacques Annaud und Produzent Bernd Eichinger als perfekte Kulisse für die Innenaufnahmen.

Dort, wo der Rhein aus der Reihe tanzt und für 35 km gen Westen fließt, erstreckt sich eine der schönsten Landschaften Deutschlands: Von Walluf bis Lorchhausen, von Rüdesheim bis zum Taunuskamm punktet das kleine, feine Weinbaugebiet mit sehenswerten Schlössern und Rieslingen, die Weltruf genießen. Am besten lassen sich Schönheit und Pracht der Weingüter von der Wasserseite aus erschließen. So empfiehlt sich als Einstieg in den Rheingau eine Schifffahrt. Die modernen Ausflugsschiffe legen in Wiesbaden, Eltville am Rhein, Rüdesheim am Rhein, Assmannshausen und Lorch am Rhein zu einer Fahrt ins Obere Mittelrheintal ab und passieren natürlich das Sinnbild der deutschen Romantik schlechthin, den 132 m hohen Loreley-Felsen bei Sankt Goarshausen.

Ab Oestrich-Winkel und Eltville besteht die Möglichkeit zu einer 1,5-stündigen Rundfahrt (www.schifffahrt-rhein.de/rheingau) um die unter Naturschutz stehende Weininsel Mariannenaue. Auf der zu Ehren von Prinzessin Marianne von Preußen benannten Insel scheint die Zeit stillzustehen: In völliger Abgeschiedenheit und unter dem hervorragenden klimatischen Einfluss des Rheins gedeihen hier alte Reben, die mit Leidenschaft gepflegt werden. Aus diesem einzigartigen Weinort stammt die auf nur wenige Flaschen

Rund zwei Kilometer vom Rheinufer entfernt liegt Schloss Vollrads, umgeben von Weinstöcken, so weit das Auge reicht. Geplanzt wird ausschließlich die Riesling-Rebe.

begrenzte Inselcuvée Blanc de Blancs des Traditionsgutes Schloss Reinhartshausen (www.schloss-reinhartshausen.de). Weitere Weine der »Riesling-Legende« Schloss Reinhartshausen in Eltville, wo seit 1337 hochklassige Weine angebaut werden, können in der hauseigenen Vinothek verkostet werden.

BRENTANOHAUS

Auf den Spuren von Johann Wolfgang von Goethe wandelt, wer das 1751 erbaute Brentanohaus im Ortskern von Winkel besichtigt. Es gilt als Zentrum der Rheinromantik und diente der Familie Brentano und ihrem Freundeskreis um Goethe als Sommerresidenz – sogar das Schlafzimmer von Goethe ist original erhalten.
Am Lindenplatz 2, 65375 Oestrich-Winkel, Führung nach Anfrage, www.brentano.de

Zu den Must-sees im Rheingau zählt auch Schloss Vollrads (www.schlossvollrads.com): Eine Besichtigung des Gutes mit Turm und Gärtnerei ist ein echtes Highlight, danach locken im Schlosspark einfache Leckereien als Begleitung der ausgezeichneten Weine des gleichnamigen Weinguts.

Weitere Namen, die bei Weinkennern ein freudiges Prickeln auslösen, sind die Weingüter Robert Weil, Kloster Eberbach mit Domäne Steinberg und das Schloss Johannisberg.

Wer es lässig mag, fühlt sich im Gutsausschank des Weinguts von Corvers-Kauter (www.corvers-kauter.de) bei edlen Weinen und saisonalen Köstlichkeiten in Slow-Food-Qualität aus der Familienküche wohl.

In der coolen Strandbar und dem mediterran geprägten Restaurant des Weinguts Allendorf (www.allendorf.de) in Oestrich-Winkel speisen und genießen die Gäste auf der großen Terrasse direkt am Flussufer – und spüren, dass die sprichwörtliche Romantik des Rheingaus auch sehr modern sein kann.

106 HOTEL HOHENHAUS

Hohenhaus 1
37293 Herleshausen,
OT Holzhausen
Tel. 056 54/98 70

info@hohenhaus.de
www.hohenhaus.de
🕐 Mi–Sa ab 19 Uhr, nach der
Anreise im Hotel anmelden
GPS 51.040943, 10.080190

➡ B400, zw. Wommen und
Breitzbach nach Norden auf die
L3423 abbiegen und ca. 3 km bis
Holzhausen, dort auf Hohenhaus ab-
biegen und ca. 500 m nach Westen

Menüs 140–220 € – Bretonische und regionale Gourmetküche. Verwunschen, romantisch und edel –
drei Attribute, die auf eines der schönsten Hideaways Deutschlands passen. Das Schlosshotel Hohenhaus
entstand bereits im 16. Jh. als Rittergut. Dass La Vallée Verte, das Restaurant des Hotels Hohenhaus, zu
den besten der Region gehört, wurde von den Inspektoren des Guide Michelin mit einem Stern gewürdigt. Die erlesene Speisekarte gliedert sich in ein bretonisches und ein regionales Menü. Die Zutaten
stammen überwiegend aus eigener Produktion. Eingebettet in die Landschaft aus Wald und Wiesen
bietet »Das Grüne Tal« den perfekten Ausklang eines stimmungsvollen Wochenendes.

🅿 Ein Parkplatz vor dem Hotel steht für Wohnmobile zur Verfügung – bitte unbedingt reservieren!
Nach der Anmeldung an der Rezeption weist das Hotelpersonal die Wohnmobilisten beim Parken ein.

🚐 1 Platz max 7,5 t, 7 m ☺ nicht vorhanden 📶 gratis WC gratis, nur zu den Öffnungszeiten 🌊 kein
Frischwasseranschluss, keine Entsorgungsmöglichkeit für Grauwasser und Bordtoilette ℹ **Reservierung erforderlich**. Schöne Spaziergänge über die Felder der Region vom Gasthaus aus möglich.

107 WALDRESTAURANT FISCHZUCHT

Fischzuchtweg 1
65195 Wiesbaden
Tel. 06 11/185 19 03
office@waldrestaurant-fischzucht.de
www.waldrestaurant-fischzucht.de
🕐 Mi–Fr 17–22, Sa, So 12–22 Uhr,

Mo, Di Ruhetage, Anreise bis 20 Uhr
GPS 50.113302, 8.196793
➡ B54, nach Norden abbiegen und
ca. 1 km auf Fischzuchtweg. Achtung:
Einfahrt nur für Fahrzeuge mit einer
Höhe unter 4 m möglich

Hauptgerichte 10–25 € – Deutsche und österreichische Küche.

Pächter der Fischzucht und Küchenchef des idyllisch gelegenen Waldrestaurants ist Paul E. Wührer, den manch einer vielleicht bereits als beliebten Fernsehkoch im Hessischen Rundfunk in Aktion gesehen hat. Bekannt ist das Restaurant mit romantischem Ambiente für seine Lebendforellen aus dem Wasser der drei eigenen Taunusquellen. Sie kommen sowohl geräuchert als auch in anderen leckeren Zubereitungsvarianten auf den Teller. Ein weiterer Fokus des Küchenchefs liegt auf österreichischen Spezialitäten wie Schweinebraten, Wiener Schnitzel und fluffig-lockeren, in der Pfanne servierten Kaiserschmarrn.

🚐 Die gepflasterten Wohnmobilstandplätze befinden sich auf drei Teilbereichen des Restaurantparkplatzes. Inmitten des herrlichen Waldgebietes vor den Toren Wiesbadens finden Naturfreunde hier den idealen Rahmen für nahe Wanderziele und entspannte Ausflüge in die sehenswerte Umgebung.

🚐 17 Plätze 🔲 max. >7,5 t, 15 m 🙂 0,50 €/KWh 🛜 gratis 🚾 gratis, nur zu den Öffnungszeiten 💧 Frischwasseranschluss, Entsorgungsmöglichkeit für Grauwasser und Bordtoilette **🛈 Reservierung erforderlich**. Bewirtung auch im Wohnmobil. Speisen/Getränke zum Mitnehmen. Hunde willkommen. Schöne Spaziergänge möglich.

---

108 GASTHAUS ZUM GRUNDSTEIN UFF DE HESSENAUE

Feldstraße 14
65468 Trebur/Hessenaue
Tel. 0172/611 97 78
hessenaue.grundstein@gmail.com
www.zumgrundsteinhessenaue.de

🕐 Di–Fr 11–21, Sa, So 9–21 Uhr,
Mo Ruhetag
GPS 49.891491, 8.370700
➡ A76, Ausfahrt Büttelborn,
ca. 14 km Richtung Nordwesten auf
der B44 und L3094 bis Trebur

Hauptgerichte 10–36 € – Rustikal, deutsche und regionale Küche.

»Gudde Abbeditt, nix verschlabbert, nix verschütt« – in diesem Motto drückt sich der echt hessische Geist des idyllisch gelegenen Gasthauses aus. Die authentischen Spezialitäten der Region sind bis zu den Soßen hausgemacht: vom Schnitzel mit grüner Soße oder Kochkäse bis zum Handkässalat mit Produkten direkt vom Landwirt. Saisonale Gerichte wie Gänsekeule mit Apfelrotkraut, Maronensoße, Kartoffeln und Semmelkloß oder eine spezielle Spargelkarte sorgen für Abwechslung. Das Tüpfelchen auf dem »I« ist die supernette Wirtin Gloria Schmitt, die ihre reichhaltigen Speisen mit großer Herzlichkeit serviert.

🚐 Der Boden des Stellplatzes für bis zu 14 Wohnmobile ist gepflastert bzw. aus fester Erde. Er befindet sich direkt an der Straße hinter dem Gasthof im Herzen des Naherholungsgebietes Hessisches Ried.

🚐 14 Plätze 🔲 max. 7,5 t, 15 m 🙂 5 €/Tag 🛜 nicht vorhanden 🚾 gratis, nur zu den Öffnungszeiten 💧 kein Frischwasseranschluss, keine Entsorgungsmöglichkeit für Grauwasser und Bordtoilette **🛈 Reservierung erforderlich**. Bewirtung der Gäste auch im Wohnmobil. Speisen/Getränke zum Mitnehmen. Hunde willkommen. Spielplatz. Schöne Spaziergänge vom Gasthaus aus möglich. Bolzplatz, Tischtennis, Basketballplatz.

109 GASTHOF KERN

Am Dorfbrunnen 6
65510 Idstein-Oberauroff
Tel. 06126/8474
service@hotelkern.de
www.hotelkern.de

Mo, Do–Sa ab 17, So 12–14 und 17–20.30 Uhr, Di, Mi Ruhetage
GPS 50.212540, 8.239275
A3, Ausfahrt Idstein, ca. 1 km nach Westen auf der L3274

Hauptgerichte 11–27,50 € – Rustikal, regionale Küche. Bereits in vierter Generation in Familienhand steht der Gasthof Kern für gutbürgerliche deutsche Küche in rustikaler, lockerer Atmosphäre. Die bodenständigen Gerichte und Nassauer Spezialitäten werden täglich frisch gekocht. Fast alles wird selbst hergestellt, darunter auch der für die Region typische Apfelwein aus eigener Kelterei, der Eigenbrand »Calvados Art« und die Hausmacher-Wurstspezialitäten. Wer im Oktober in der Nähe ist, sollte keinesfalls das Schlachtfest verpassen. Neben der ehrlichen handwerklichen Küche lieben die Stammgäste den ausgesprochen freundlichen und zuvorkommenden Service und im Sommer den herrlichen Biergarten.

Der ebene Schotterparkplatz, ca. 50 m vom Restaurant entfernt, bietet vier Wohnmobilen Platz und liegt trotz der Nähe zur Autobahn A3 abseits jeglichen Straßenlärms. Der beschaulich-verschlafene Ort Oberauroff ist eingebettet in eine waldreiche Umgebung und ein idyllisches Wiesental, das sich perfekt für erholsame Spaziergänge eignet. Die nahegelegene Altstadt Idsteins lohnt ebenfalls einen Besuch.

4 Plätze max. > 7,5 t, > 15 m nicht vorhanden gratis WC gratis, nur zu den Öffnungszeiten kein Frischwasseranschluss, keine Entsorgungsmöglichkeit für Grauwasser und Bordtoilette **Reservierung erwünscht. Bewirtung der Gäste auch im Wohnmobil. Speisen/Getränke zum Mitnehmen. Spielplatz.**

110 TRATTORIA CATANIA

Taunusstraße 2
65550 Limburg/Linter
Tel. 06431/43983
tratoriacatania2012@gmail.com
www.restaurant-limburg.com

Mo, Di, Do–Sa 17–22, So 11–14 und 17–22 Uhr, Mi Ruhetag
GPS 50.366538, 8.092718
A3, Ausfahrt Limburg-Süd, ca. 1 km nach Westen auf der B8, links abbiegen und ca. 2,5 km auf der B417

Hauptgerichte 20–40 € – Deutsche und italienische Küche. Chefkoch Daniele Arena steht für die raffinierte Interpretation traditioneller süditalienischer Gerichte. Gleichzeitig schafft er die perfekte Synthese aus gehobener italienischer Küche und deutschen Klassikern wie Gans mit Bratapfel, Apfelrotkohl, Thymianjus und Kartoffelklößen. In das Tiramisu kommen kurzerhand Apfel und Zimt, den Lachs vom Grill kombiniert er mit Caponata und Buttergnocchi: In der Küche kennt der Sizilianer keine Grenzen, er überschreitet sie vielmehr für die Kreation aufregender Genüsse. Eines der Geheimnisse der exzellenten Küche ist der Einsatz von frischen regionalen und biologischen Produkten – mehr wird nicht verraten.

Wohnmobile finden Standplätze für die Nacht auf dem Restaurantparkplatz. Ein Besichtigungsmuss ist der berühmte Limburger Dom, und das Lahntal zwischen den Städten Limburg und Weilburg ist eine der romantischsten Flusslandschaften Deutschlands mit vielen Burgen und Schlössern.

6 Plätze max. 7,5 t, 7 m 5 €/Tag gratis WC gratis, nur zu den Öffnungszeiten Frischwasseranschluss, keine Entsorgungsmöglichkeit für Grauwasser und Bordtoilette **Reservierung erforderlich. Bewirtung der Gäste auch im Wohnmobil. Speisen/Getränke zum Mitnehmen. Hunde willkommen. Spaziergänge möglich.**

Blick auf den Dom in Limburg: Das Meisterwerk der Frühgotik hat sieben Türme, mehr als jede andere deutsche Kirche.

Umgeben von Wäldern, Wiesen und Feldern bietet die Ferienanlage Erzeberg Campern ein ruhiges Quartier.

CAMPINGPLÄTZE

Ferienanlage Erzeberg ★★★★★

70 Der ruhige und gepflegte Platz im Naturpark Habichtswald zeichnet sich durch eine freundliche Atmosphäre aus. Im gesunden Mittelgebirgsklima finden die Campinggäste Entspannung und Abstand zum Alltagsstress. Der Campingplatz erstreckt sich auf einem Wiesengelände mit mittelhohem Baumbestand und in leichter Hanglage oberhalb des Ortes.

▶ Birkenstraße 21, 34308 Balhorn, Tel. 056 25/52 74, ganzjährig geöffnet, GPS: 51.268933, 9.253
■ pincamp.de/hs1800

Camping in Naumburg ★★★★☆

71 Der ruhige und beschauliche Campingplatz befindet sich vor den Toren Naumburgs in ländlicher Umgebung und an einem Südhang des Krebsbachtals. Das Gelände des kinderfreundlichen Platzes ist in Rondells aufgeteilt und erstreckt sich auf einem terrassierten Gelände mit noch junger Bepflanzung. Ein kleinerer Platzteil ist

überwiegend eben und mit Laub- und Nadelbäumen bestanden. Direkt neben dem Campingplatz liegt das Naumburger Schwimmbad.

▶ Am Schwimmbad 12, 34311 Naumburg, Tel. 056 25/923 96 70, ganzjährig geöffnet, GPS: 51.250683, 9.160333
■ pincamp.de/hs1700

Camping Ulmbachtalsperre ★★★★☆

72 Der Campingplatz in waldreicher Umgebung liegt direkt am Ulmbach-Stausee. Eine gute Bademöglichkeit gibt es gleich bei der Staumauer. Dort ist ein Uferstreifen mit Sand aufgeschüttet, an den eine Liegewiese anschließt. Campinggäste suchen sich ein Plätzchen auf dem weitläufigen Gelände, das aus mehreren geneigten Wiesenflächen mit Laubbaumgruppen und einem neueren Bereich mit ebenen Standplätzen besteht. Organisierte Wander- und Mountainbiketouren führen vor die Tore des Campingplatzes und hinein in die reizvolle Landschaft des Hessischen Westerwalds.

▸ Ulmbachtalsperre 1, 35753 Beilstein,
Tel. 02779/349, Anfang April–Mitte Okt.,
GPS: 50.602867, 8.267233
■ pincamp.de/hs4600

Campingplatz Mainkur ★★★★☆

73 Zwischen dem Main und einer verkehrsreichen Straße erstreckt sich auf einer
langen und schmalen, überwiegend ebenen Wiese
der Campingplatz Mainkur, von dem aus die
Frankfurter City schnell erreicht ist.

▸ Frankfurter Landstraße 107, 63477 Maintal,
Tel. 069/412193, Anfang April–Ende Sept.,
GPS: 50.138333, 8.782383
■ pincamp.de/hs7150

Seecamping Mainflingen ★★★⯪☆

74 Drei Seen säumen diesen Platz: der Mainflin-
ger Badesee, ein Angelsee und ein großer
Naturschutzsee – und machen ihn perfekt für alle
Wasserratten. Auf sie wartet ein Strandbad mit
Sandstrand, Holzstegen, einer Badeinsel und einer

großen, Liegewiese. Auf dem ebenen Wiesengelände mit Bäumen und Hecken stehen viele Dauercamper. FKK ist in einem separaten Bereich möglich.

▸ Seestraße 11, 63533 Mainhausen, Tel. 06182/
825052, ganzjährig geöffnet, GPS: 50.022768,
9.021703
■ pincamp.de/hs7300

Nibelungen-Camping am Schwimmbad
★★★☆☆

75 Der schöne, gepflegte Platz am Rand von
Fürth ist ideal für alle, die Ruhe und Entspannung suchen. Durch Hecken sind die Standplätze voneinander getrennt, die sich auf einem
leicht geneigten Wiesengelände verteilen. In nur
zwei Minuten zu Fuß ist das beheizte Schwimmbad der Gemeinde Fürth erreicht.

▸ Tiefertswinkel 20, 64658 Fürth,
Tel. 06253/5804, Ende April–Mitte Okt.,
GPS: 49.659533, 8.783899
■ pincamp.de/hs8150

Mit Blick auf die Frankfurter Skyline und direkt am Main lässt sich auf dem Campingplatz Mainkur nächtigen.

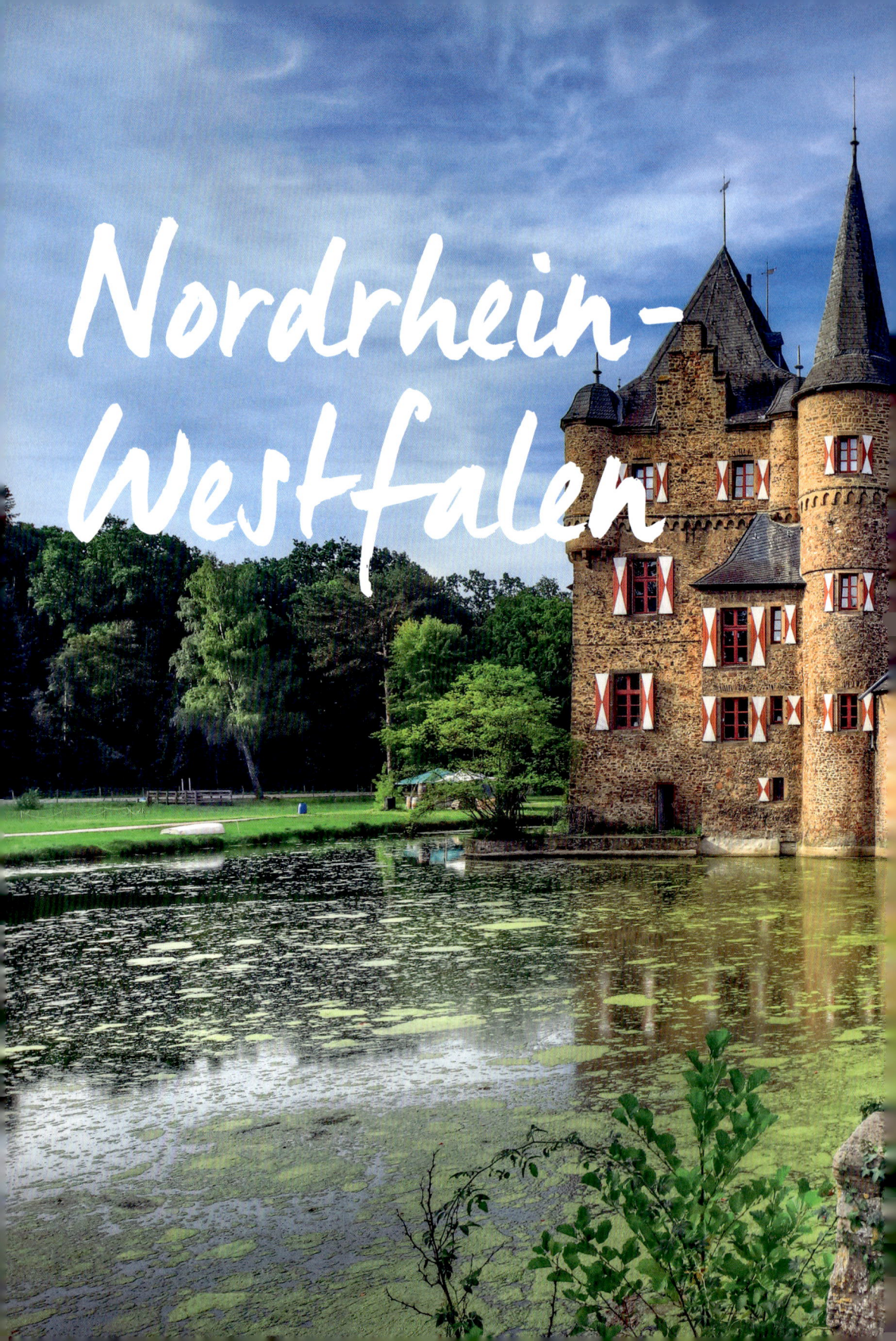

Nordrhein-Westfalen

Genuss zwischen Rhein und Weser

Klar, das berühmte Kölsch kennt jeder. Aber es gibt auch unbekanntere Gaumenfreuden zu entdecken: Düsseldorfer Mostert etwa – den ältesten Senf Deutschlands – oder gereiften Westfälischen Knochenschinken. Und nach den fleischlastigen
Hauptspeisen gibt es dann Aachener Printen oder Belgische Waffeln zum Abschluss.

NORDRHEIN-WESTFALEN

RUSTIKAL

111 114 124 126 129 130 132

DEUTSCHE KÜCHE

111 114 117 118 119 120 124
127 132

INTERNATIONALE KÜCHE

114 115 116 117 118 121 122
124 129 131

REGIONALE SPEZIALITÄTEN

111 112 113 119 120 122 125
126 127 128 129 130 131 132
133

GOURMETKÜCHE

112 115 116 117 125 133

BIO/VEGETARISCH

112 113 115 119 121 122 124
125 126 128 133

WOHNMOBIL-KOCHKURS

123

CAMPINGPLÄTZE

76 – 84 s. S. 204

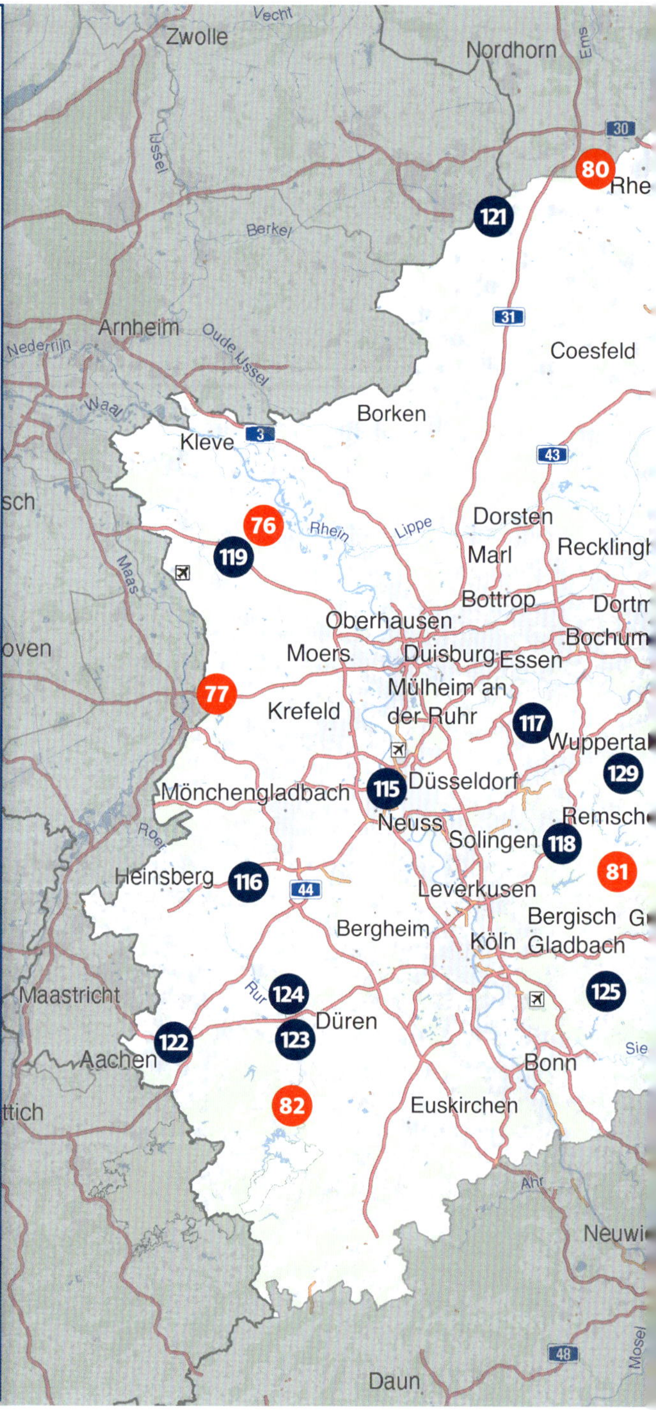

Bild vorangehende Doppelseite: Urlaub in der Natur oder Kulturtrip, etwa mit einem Abstecher zur Burg Satzvey in Mechernich? In Nordrhein-Westfalen lässt es sich gut aushalten – und auch tafeln, denn zahlreiche Spitzenköche warten hier auf Gäste.

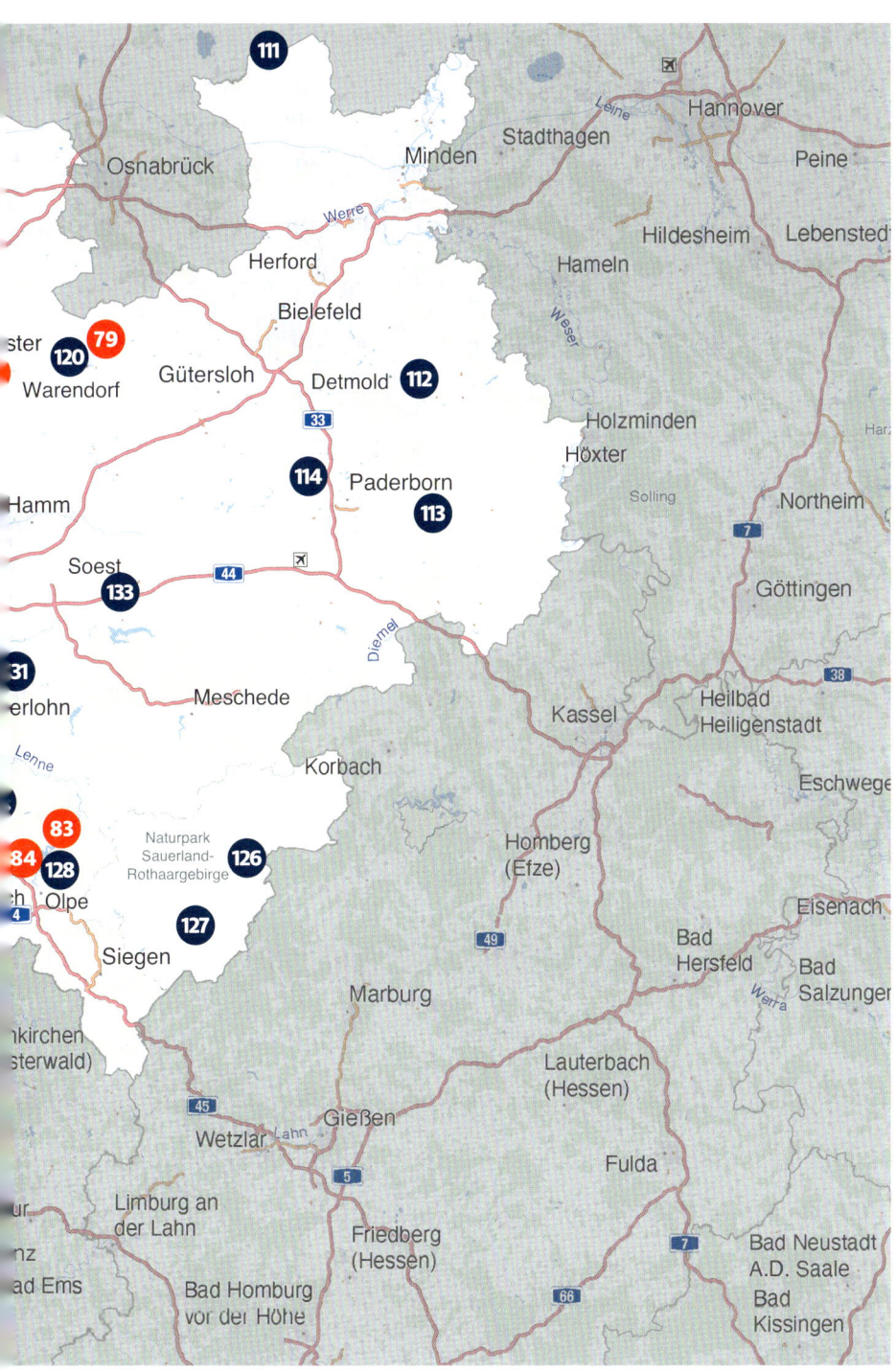

⑪ RESTAURANT MOORHOF

Wagenfelder Straße 34

32351 Stemwede-Oppenwehe

Tel. 05773/374

moorhof-huck@t-online.de

www.moorhof-oppenwehe.de

🕐 Di, Mi 11–14 und 17–21, Fr–So 11–21 Uhr, Mo, Do Ruhetage

GPS 52.500196, 8.535261

➡ B239 bis Wagenfeld, ca. 7 km Richtung Süden auf der K27 und K60, Achtung: sehr schräge Einfahrt, am besten aus Richtung Wagenfeld kommend auf die Grünfläche fahren

Hauptgerichte 10,50–28,50 € – Rustikal, deutsche Küche. Im westfälischen Oppenwehe befindet sich das familiäre Restaurant Moorhof mit großer Terrasse. Familie Huck bietet deutsche Küche mit rustikalen Gerichten, etwa verschiedene Schnitzel, Rumpsteak nach Försterart oder hausgemachte Sülze mit Bratkartoffeln. Ergänzt wird die Karte durch saisonale Spargelgerichte, hausgebackene Torten am Sonntag und typische Spezialitäten der Region wie Westfälischen Lappenpickert, ein traditionelles Pfannkuchengericht aus Kartoffeln, das früher auf der sogenannten Pickertplatte gebacken wurde – dazu werden Zucker, Butter, Apfelmus und Kaffee gereicht.

🚌 Wohnmobile parken auf der Rasenfläche am Restaurant. Am Rand des Naturschutzgebiets Oppenweher Moor und des Naturparks Dümmer gelegen, finden Naturfreunde ein großes Erlebnisangebot.

🚐 30 Plätze   max >7,5 t, >15 m   ☺ 3 €/Tag   📶 nicht vorhanden   WC gratis, auch außerhalb der Öffnungszeiten   ♨ Frischwasseranschluss, Entsorgungsmöglichkeit für Grauwasser und Bordtoilette   ⓘ **Keine Reservierung erforderlich. Bewirtung der Gäste auch im Wohnmobil. Spielplatz. Schöne Spaziergänge möglich.**

---

⑫ DIE WINDMÜHLE FISSENKNICK

Windmühlenweg 10

32805 Horn-Bad Meinberg

Tel. 05234/919602

Info@windmuehle-fissenknick.de

www.diewindmuehle.de

🕐 Mi, Do 18–21, Fr–So 12–14 und 18–21 Uhr, Mo, Di Ruhetage

GPS 51.912871, 8.973622

➡ B239 bis Bad Meinberg, ca. 3 km Richtung Nordwesten auf der L943 und K92 bis Fissenknick

Hauptgerichte 15–26€ – Gourmetküche, regionale Spezialitäten.
Das historische Kleinod aus dem 14. Jh. liegt im Dörfchen Fissenknick in Ostwestfalen-Lippe und wurde auf gelungene Weise in ein vielfach ausgezeichnetes Restaurant umgewandelt. Das engagierte Küchenteam unter der Leitung von Holger Lemke zaubert eine moderne Küche auf den Tisch, die je nach Jahreszeit variiert und auch vergessene Produkte der Region wiederentdeckt. Durch ganz unterschiedliche Zubereitungsweisen und Kombinationen von oft aus Bioanbau stammenden Zutaten kommt es zu außergewöhnlichen Geschmackserlebnissen, etwa wenn sich die Jakobsmuschel zum Kürbispesto oder ein Birnenduftkuchen zum Fichtennadelparfait gesellt.

🚌 Wohnmobile finden auf dem Gästeparkplatz Unterstand. In der Umgebung gibt es attraktive Sehenswürdigkeiten wie das Freilichtmuseum, das Residenzschloss und die Residenzstadt Detmold.

🚐 5 Plätze   max 7,5 t, 15 m   ☺ nicht vorhanden   📶 nicht vorhanden   WC gratis, nur zu den Öffnungszeiten   ♨ kein Frischwasseranschluss, keine Entsorgungsmöglichkeit für Grauwasser und Bordtoilette   ⓘ **Reservierung erforderlich. Bewirtung der Gäste auch im Wohnmobil. Speisen/Getränke zum Mitnehmen. Hunde willkommen. Spielplatz. Schöne Spaziergänge vom Gasthaus aus möglich.**

⑬ LANDGASTHAUS IKENMEYER

Paderborner Straße 25
33014 Bad Driburg/Neuenheerse
Tel. 052 59/770
landgasthaus@ikenmeyer.de
www.ikenmeyer.de

🕐 Fr, Sa 17–22, So 11–22 Uhr, Mo–
Do Ruhetage, Anreise bis 20 Uhr
GPS 51.676540, 8.998107
➡ B64 bis Bad Driburg, ca. 7 km
Richtung Süden auf der L945

Hauptgerichte 15–25 € – Regionale Küche, Wildgerichte. Das familiengeführte Landgasthaus in Neuenheerse bei Bad Driburg ist bekannt für seine Wildgerichte und die kräuterinspirierte Küche, die
Fleischfans wie auch Vegetarier glücklich macht. Küchenchef Franz Josef Ikenmeyer setzt sich kreativ mit
den Produkten auseinander, die in den Wäldern und Wiesen der westfälischen Umgebung gedeihen, und
achtet bei der Zubereitung auf Frische und vitaminschonende Verfahren. Experimentierfreudige Gourmets erleben die ganze Fülle der Ikenmeyer'schen Geschmacksfacetten bei einem vom Küchenchef zu-
sammengestellten Vier-Gänge-Menü. Zur Kaffeezeit sind hausgemachte Kuchen und Torten im Angebot.

📍 Die asphaltierten Standplätze befinden sich direkt am Restaurant mit Blick auf das Wasserschloss.
Das nahe Eggegebirge ist ein Wanderparadies, die Stiftskirche, die alte Dechanei und das Wasserschloss
lohnen den Besuch. Die Wildspezialitäten aus eigenem Jagdrevier kann man auch für daheim erwerben.

🚐 4 Plätze   max. 7,5 t, 7 m   ☺ gegen Gebühr   📶 gratis   WC gratis, nur zu den Öffnungszeiten
🌊 kein Frischwasseranschluss, keine Entsorgungsmöglichkeit für Grauwasser und Bordtoilette
ℹ **Reservierung erforderlich**. Bewirtung der Gäste auch im Wohnmobil. Speisen/Getränke zum Mitnehmen.
Hunde willkommen. Schöne Spaziergänge vom Gasthaus aus möglich.

Bereits 1925 zog in die Windmühle Fissenknick, die jahrhundertelang als Getreidemühle diente, eine Gaststätte ein.

⑪⑭ WIRTHSHAUS AM SEE

Am Mühlenteich 10
33106 Paderborn
Tel. 052 54/669 88
cyrill.wirth@gmx.de
www.facebook.com/
wirthshaussennelager

🕐 Di–So ab 17, im Sommer So ab
12 Uhr, Mo Ruhetag
GPS 51.746424, 8.674256
➡ A33, Ausfahrt Paderborn-Schloss
Neuhaus, ca. 5 km auf der B64 Rich-
tung Westen und Sander Straße nach
Süden, Achtung: schmale Einfahrt

Hauptgerichte 9–24 € – Deutsche und mediterrane Küche. Als
amüsantes Wortspiel weist das »h« im Namen auf Besitzer Cyrill Wirth hin, die Seele dieses rustikalen
Gasthauses in Paderborn-Elsen. Auf der Karte stehen Burger, Schnitzelgerichte, Flammkuchen, reichhaltige Salate und vieles mehr. Dazu passt ein großes Biersortiment mit frisch gezapftem Guinness, Krombacher Pils, Krombacher Dunkel und Stiftungsbräu vom Hahn, und natürlich stehen auch Weine auf der
Karte. Die Atmosphäre ist herzlich und kommunikativ, im Sommer lockt der gemütliche Biergarten.

🚐 Wohnmobilstandplätze fürs Nachtquartier befinden sich auf dem großen, asphaltierten Parkplatz hinter dem Haus. Die Durchfahrt ist zwar schmal, aber auch große Wohnmobile können wenden. Der See
liegt nur wenige Meter entfernt, und ein Fahrradweg zur Erkundung der Umgebung schließt direkt an.

🚐 12 Plätze max 7,5 t, 15 m 😐 nicht vorhanden 🛜 gratis WC gratis, nur zu den Öffnungszeiten 💧 kein
Frischwasseranschluss, keine Entsorgungsmöglichkeit für Grauwasser und Bordtoilette 🔌 Keine Reservierung er-
forderlich. Bewirtung der Gäste auch im Wohnmobil. Speisen/Getränke zum Mitnehmen. Hunde willkommen.
Schöne Spaziergänge vom Gasthaus aus möglich. Frühstückspaket auf Anfrage möglich.

In Paderborn sollte ein Abstecher zum Schloss Neuhaus, einem Wasserschloss mit hübschem Barockgarten, nicht fehlen.

⑪⑮ RATATOUILLE

Auf der Lausward 51
40221 Düsseldorf
Tel. 02 11/16 74 55 46
samkeshvari@yahoo.de
www.ratatouille-in-duesseldorf.de

🕐 tgl. 11–22 Uhr

GPS 51.223145, 6.738280

➡ B1 Richtung Norden, nach Westen abbiegen auf Plockstraße und ca. 4 km bis zum Düsseldorfer Hafen

Hauptgerichte 3–29 € – Internationale Gourmetküche. Nach einer Auszeit in Kanada hat Chefkoch Sam Keshvari sein Bistro in neuen Räumen im Düsseldorfer Hafen wiedereröffnet. Die französische Küche des gebürtigen Iraners hat immer auch orientalische Akzente, so verfeinert er etwa seinen legendären Cappuccino vom Hummer mit persischem Safran und Pernod. Hohe Qualität und Frische stehen bei seinen Kreationen immer im Vordergrund, beim Fleisch genauso wie bei den veganen Gerichten. Auf der Karte stehen französische Klassiker, aber auch Pastagerichte, Grillteller und Fisch. In den letzten Jahren hat er sich zudem auf die Zubereitung von Pinsa spezialisiert.

🏕 Ein Nachtquartier finden Wohnmobilbesitzer auf mehreren Standplätzen auf dem Parkplatz gegenüber dem Restaurant. Ein Spaziergang führt in den lebhaften Düsseldorfer Medienhafen mit den berühmten O'Gehry-Häusern. Das Düsseldorfer Zentrum erreicht man in 15 Minuten mit der Tram.

🚐 7 Plätze   max. > 7,5 t, 15 m   ☺ nicht vorhanden   📡 nicht vorhanden   WC gratis, nur zu den Öffnungszeiten   💧 kein Frischwasseranschluss, keine Entsorgungsmöglichkeit für Grauwasser und Bordtoilette   ℹ **Reservierung erforderlich**. Bewirtung der Gäste auch im Wohnmobil. Speisen/Getränke zum Mitnehmen. Hunde willkommen.

Die Rheinuferpromenade in Düsseldorf eignet sich perfekt für einen Verdauungsspaziergang.

⒉ TROYKA

Rurstraße 19
41812 Erkelenz-Neu-Immerath
Tel. 024 31/945 53 55
info@troyka.de
www.troyka.de

🕐 Do–Sa 18–22, So 12–14 und
18–21 Uhr, Mo–Mi Ruhetage,
GPS 51.058819, 6.331347
➡ A46, Ausfahrt Erkelenz-Süd, ca.
1 km nach Süden auf der B57 und ca.
3 km ostwärts auf der K32

Hauptgerichte 30–135 € – Internationale Gourmetküche. Sternekoch Alexander Wulf dürfte einigen auch aus dem Fernsehen bekannt sein. Die Küche des gebürtigen Russen zeichnet sich durch eine
Symbiose aus den Aromen seiner Heimat und französisch-mediterra-
nen Einflüssen aus: Das Gourmet Menü verzaubert mit Erinnerungen
aus Wulfs Kindheit, er verwendet dafür jedoch Produkte aus der Regi-
on und interpretiert die russische Küche zudem komplett neu. TROYKA heißt auf Russisch übrigens Dreigespann, und dazu gehören neben Alexander Wulf auch Sternekoch Marcel Kokot und Sommelier Ronny
Schreiber. Die drei stehen für »Creative Russian Crossover Cuisine«, die definitiv einen Umweg lohnt.

🔌 Wohnmobile finden auf dem Parkplatz des Restaurants Unterschlupf, das in einem ruhigen Neubau-
gebiet liegt. Von hier aus lohnt ein Besuch der sehenswerten Stadt Erkelenz. Das angrenzende Naturschutzgebiet Maas-Schwalm-Nette eignet sich bestens zum Radfahren und Wandern.

🚐 1 Platz   max. > 7,5 t, 15 m   😊 gegen Gebühr   📶 gratis   WC nicht möglich   ⚓ kein Frischwasseranschluss,
keine Entsorgungsmöglichkeit für Grauwasser und Bordtoilette   ℹ **Reservierung erforderlich** . Hunde willkommen.

ALEXANDER WULF & TROYKA

TROYKA (s. o.) bedeutet im Russischen
Dreigespann, und so symbolisiert der
Name des Erkelenzer Restaurants die Ver-
bindung zwischen den beiden Küchenchefs
Alexander Wulf und Marcel Kokot sowie
dem Sommelier Ronny Schreiber. Die drei
eint eine lange Geschichte an verschiedenen Gastrostationen, bis sie 2018 in der
Burgstuben Residenz in Heinsberg ihren
ersten Michelin-Stern erkochten. Der aus
Kasachstan stammende, deutschstämmige
Alexander Wulf versteht seine »Creative
Russian Cuisine« als Liebeserklärung an
seine Heimat, ohne »Schnickschnack und
Tüdelu«, wie Kollege Tim Mälzer es aus-
drückte. In jedem Fall beschert der einzige
russische Sternekoch Deutschlands Gourmets ein besonderes kulinarnisches Erlebnis.

⑪ HAUS STEMBERG

Kuhlendahler Straße 295
42553 Velbert
Tel. 02053/5649
stemmi@tv-stemberg.de
www.stemberg.tv

🕐 Mo–Mi 17.30–23, Sa, So 12–15 und 18–23 Uhr, Do, Fr Ruhetage,

GPS 51.331391, 7.091358

➡ A535, Ausfahrt Tönisheide, ca. 3 km auf der L107 nach Nordosten

Hauptgerichte 19–49 € – Gourmetküche. Seit 2013 kann Küchenchef Sascha Stemberg mit einem Michelin-Stern auftrumpfen, und bereits unter seinem Vater gehörte das historische Haus Stemberg zu den besten Adressen im Bergischen Land. Das Besondere an Stembergs anspruchsvoller, feiner Regionalküche ist, dass sowohl Liebhaber der rustikalen als auch der Sterneküche hier etwas finden und von der herausragenden Küchenleistung und dem exzellenten Service profitieren. So sieht ein Königsberger Klops vielleicht aus wie von Oma, schmeckt aber eben doch viel besser. Auf der anderen Seite sorgen exquisite Produkte wie Steinbutt oder Hummer für klassisch-französische Fine-Dining-Momente.

🚐 Quartier bezieht man mit seinem Wohnmobil auf oder hinter dem Schotterparkplatz in einer reizvollen Umgebung zwischen den Metropolregionen Ruhrgebiet und Rheinland. Schloss Burg, die Elfringhäuser Schweiz und die sanfte Hügellandschaft mit Wäldern und Wiesen laden zu Besuchen ein, und gleich neben dem Restaurant liegt der landschaftlich schöne Golfplatz Velbert-Gut Kuhlendahl.

🚐 2 Plätze   max. 7,5 t, 15 m   ☺ nicht vorhanden   📶 nicht vorhanden   WC gratis, nur zu den Öffnungszeiten   💧 kein Frischwasseranschluss, keine Entsorgungsmöglichkeit für Grauwasser und Bordtoilette   ℹ **Reservierung erforderlich**. Speisen/Getränke zum Mitnehmen. Schöne Spaziergänge vom Gasthaus aus möglich.

⑱ RESTAURANT ROMANOWSKI

Mebusmühle 1
42859 Remscheid
Tel. 02191/32534
info@restaurant-romanowski.de
www.restaurant-romanowski.de

🕐 Mi–Sa 17.30–23, So, feiertags 12–22 Uhr, Mo, Di Ruhetage

GPS 51.159585, 7.226446

➡ A1, Ausfahrt Remscheid, ca. 2 km nach Westen auf der B229 und L407, weitere 2 km nach Süden auf der K3

Hauptgerichte 14–35 € – Internationale und mediterrane Küche. Im bergischen Remscheid ist das gepflegte Restaurant Romanowski eine feste Größe in der Genusslandschaft. Gäste lieben vor allem die Fleischgerichte und das einzigartige Aroma der heimischen Steakküche vom Rind und vom Schwein. Eine eigene Karte widmet sich exquisiten, aus dem Rücken des Bergischen Landschweins geschnittenen Schnitzeln. Wer es lieber fleischlos mag, bestellt eine leckere Salatbowl oder Spaghetti mit Gambas und getrockneten Tomaten. Gemeinsam haben alle Gerichte, dass die immer frischen Zutaten mit Liebe, Sorgfalt und Kreativität zubereitet werden.

🚐 Der Stellplatz befindet sich neben dem Restaurant, der Boden ist teils mit Split bedeckt, teils asphaltiert. Das Restaurant liegt nur fünf Gehminuten von Deutschlands ältester Trinkwassertalsperre, der imposanten Eschbachtalsperre, entfernt. Um den Stausee führt ein landschaftlich reizvoller Waldlehrpfad.

🚐 12 Plätze   max. 7,5 t, 15 m   ☺ gegen Gebühr   📶 nicht vorhanden   WC gratis, nur zu den Öffnungszeiten   💧 kein Frischwasseranschluss, keine Entsorgungsmöglichkeit für Grauwasser und Bordtoilette   ℹ **Reservierung erforderlich** (kurz vor Anreise telefonisch anmelden). Bewirtung der Gäste auch im Wohnmobil. Speisen/Getränke zum Mitnehmen. Hunde willkommen. Schöne Spaziergänge vom Gasthaus aus möglich.

⑪⑨ WALDRESTAURANT HÖFER

Graf Haeseler Weg 7
47665 Sonsbeck
Tel. 028 38/24 42
info@waldrestaurant.de
www.waldrestaurant.de

🕐 Mi–So 11–22 Uhr,
Mo, Di Ruhetage
GPS 51.590730, 6.389680
➡️ A57, Ausfahrt Sonsbeck, ca. 4 km
auf L491 und L480 ost- und südwärts

Hauptgerichte 18–35 € – Deutsche Küche, regionale Spezialitäten.
»Essen – nur besser!« ist das Motto von Familie Höfer, die dieses idyllische Restaurant mitten im Grünen betreibt. Was das heißt? Dass vieles hier mit Natur zu tun hat: die Lage, der wunderschöne Garten und ein großer Respekt für die Gaben der Natur. In der Küche stehen fünf gelernte Köche, die nicht etwa Tütchen aufreißen. Vielmehr bereiten sie aus exzellenten Zutaten wie Kräutern aus dem eigenen Garten oder Wild aus eigenem Waldgebiet leckere Gerichte zu. Die Speisekarte verrät eine klar regionale Positionierung: Da stehen Gerichte wie Vorspeisenvariation mit Leckereien vom Niederrhein oder Roastbeef vom Xantener Weiderind zur Wahl, während Vegetarier mit frischen Salaten oder knusprigen Brokkoli-Ecken glücklich gemacht werden.

🚐 Wohnmobilbesitzer parken auf einer Kiesfläche, nächtigen fernab von Hektik und Massentourismus und entspannen am nächsten Tag beim Wandern oder Radfahren in der herrlichen Umgebung.

🚐 3 Plätze 📏 >7,5 t, >15 m ☺ gegen Gebühr 📶 gratis 🚻 gratis, nur zu den Öffnungszeiten 🌊 Frischwasseranschluss (gegen Gebühr), keine Entsorgungsmöglichkeit für Grauwasser und Bordtoilette ℹ️ **Reservierung erforderlich**. Bewirtung der Gäste auch im Wohnmobil. Speisen/Getränke zum Mitnehmen. Hunde willkommen. Spielplatz. Schöne Spaziergänge vom Gasthaus aus möglich.

---

⑫⓪ RESTAURANT HAUS ALLENDORF

Neuwarendorf 16
48231 Warendorf
Tel. 025 81/21 07
info@haus-allendorf.de
www.haus-allendorf.de
🕐 Mi–So 11.30–14.30 und

17.30–21.30 Uhr, im Sommer So durchgehend, Mo, Di Ruhetage
GPS 51.957827, 7.929629
➡️ A1, Ausfahrt Kreuz Münster-Süd, ca. 31 km auf der B51 und B64 nordost- und ostwärts

Hauptgerichte 10–30 € – Deutsche Küche, regionale Spezialitäten.
Lust auf westfälisches Rindfleisch mit Zwiebelsoße, Pfeffersteak oder Hirschragout »Köhlertopf«, das nach altem Brauch mit Pilzen, gefüllter Williamsbirne, Eierspätzle und Apfelkompott serviert wird? Seit 1903 befindet sich das 1885 als Kaffeehaus gegründete Gasthaus im Besitz der Familie Allendorf, die Münsterländer Speisen und saisonale Spezialitäten wie Wild- und Spargelgerichte kredenzt.

🚐 Wohnmobile stehen auf dem Parkplatz mit Blick auf Feld und Wiese, auf Wunsch wird ein Stromanschluss bereitgestellt. Die Münsterländer Parklandschaft lädt zu Spaziergängen oder Radtouren ein.

🚐 3 Plätze 📏 > 7,5 t, 15 m ☺ gegen Gebühr 📶 nicht vorhanden 🚻 gegen Gebühr, nur zu den Öffnungszeiten 🌊 kein Frischwasseranschluss, keine Entsorgungsmöglichkeit für Grauwasser und Bordtoilette ℹ️ **Reservierung erforderlich**. Bewirtung der Gäste auch im Wohnmobil. Speisen/Getränke zum Mitnehmen. Hunde willkommen. Spielplatz. Schöne Spaziergänge vom Gasthaus aus möglich.

121 HOTEL RESTAURANT VERST

Gronauer Straße 139
48599 Gronau (Westf.)
Tel. 02565/1258
info@hotelverst.com
www.hotelverst.com
🕐 Mi–Sa ab 17, So 11.30–14

und ab 17 Uhr, Mo, Di Ruhetage,
Anreise bis 20 Uhr, im Gasthaus
anmelden
GPS 52.190123, 7.029619
➡ A31, Ausfahrt Gronau/Ochtrup,
ca. 7 km nach Westen auf der B54

Hauptgerichte 14–35 € – Internationale Küche. »Klassik trifft Moderne« lautet das Motto des seit 130 Jahren in Familienhand geführten Restaurants, das ganz von Westfalen und seinen Menschen geprägt ist. Die Küche ist inspiriert von alten, seit Generationen weitergegebenen Rezepten. Getreu dem Slow-Food-Gedanken setzt sie auf Regionalität und Saisonalität sowie traditionelle Zubereitung, in die moderne Tendenzen einfließen. Das Ergebnis sind eine zeitgemäß interpretierte Crossover-Küche und kreative, elegant präsentierte Menüs.

🚗 Auf dem großzügigen, teils gepflasterten, teils geschotteterten Parkplatz gibt es viel Platz zum Rangieren. Ruhige Schlafplätze sind auf dem hinteren Schottergelände verfügbar, Schattenplätze findet man unter den Bäumen. Schöne Naturseen und der Fluss Dinkel laden zum Entspannen ein.

🚐 10 Plätze max > 7,5 t, 15 m ☺ gegen kleine Gebühr (nach Vereinbarung) 📡 nicht vorhanden WC gratis, nur zu den Öffnungszeiten 🌊 kein Frischwasseranschluss, keine Entsorgungsmöglichkeit für Grauwasser und Bordtoilette ⓘ **Keine Reservierung erforderlich. Bewirtung der Gäste auch im Wohnmobil. Speisen/Getränke zum Mitnehmen. Hunde willkommen. Schöne Spaziergänge vom Gasthaus aus möglich.**

Wer nicht im Gasthaus speisen möchte, kann sich vom Team des Restaurants Verst auch im Wohnmobil bewirten lassen.

⓬ AIXCELLENCE

Joseph-von-Görres-Straße 21
52068 Aachen
Tel. 02 41/168 70
info.aachen@eventhotels.com
www.mercure-aachen-europaplatz.de
🕐 Mo–Sa 18–21 Uhr, So Ruhetag

GPS 50.781681, 6.108147
➡ A4, Ausfahrt Aachen Zentrum, ca. 2 km nach Süden auf der B57, abbiegen auf Passstraße und weitere 1,5 km Richtung Südosten

Hauptgerichte 16–35 € – Regionale und internationale Küche. Das Restaurant des Mercure Hotel Aachen Europaplatz zeichnet sich durch ein helles, modernes Ambiente und eine entspannte Atmosphäre aus. Direkt am Ludwig Forum gelegen, genießt man hier köstliche Gerichte mit regionalem Bezug wie Sauerbraten, »Omas Frikadelle« in Zwiebelsoße oder rheinischen Bohneneintopf. Wer es internationaler mag, greift zu Lachsfilet in Safran-Tomatensoße oder vegetarischem Gemüsecurry. An der Hotelbar lässt sich der Abend mit einem kühlen Bier oder süffigen Cocktails beschließen, während morgens ab 6 Uhr das Frühstücksbüfett lockt.

🚐 Wohnmobile stehen auf dem Hotelparkplatz, der über ebene, asphaltierte Standplätze im hinteren Parkbereich verfügt. Nur einen halben Kilometer entfernt liegt das Ludwig Forum für internationale Kunst mit Teilen der Sammlung des Aachener Ehepaars Ludwig. Ein gemütlicher Spaziergang führt zu den Carolus-Thermen und der sehenswerten historischen Aachener Innenstadt mit dem Dom.

🚐 2 Plätze 📏 > 7,5 t, > 15 m 😊 nicht vorhanden 📶 gratis WC gegen Gebühr, nur zu den Öffnungszeiten 🚰 kein Frischwasseranschluss, keine Entsorgungsmöglichkeit für Grauwasser und Bordtoilette ℹ️ **Reservierung erforderlich**. Speisen/Getränke zum Mitnehmen. Hunde willkommen.

⓭ KOCHEN MIT LOTHAR

An der Pulvermühle 6
52349 Düren
Tel. 01 71/899 32 45
info@kochen-mit-lothar.de
www.kochen-mit-lothar.de

🕐 Mo–So nach Vereinbarung
GPS 50.799152, 6.465132
➡ A4, Ausfahrt Düren, ca. 8 km nach Süden auf der B56 und B264, Grundstück am Ende der Sackgasse

Hauptgerichte ab 95 € für 2 Pers. zzgl. Kosten für Einkauf. Bei »Kochen mit Lothar« handelt es sich nicht um einen Landgasthof, sondern vielmehr um ein Wohnmobildinner der besonderen Art: Der gelernte Koch und Restaurantfachmann hat sich auf für Wohnmobilbesitzer konzipierte, private Kochkurse spezialisiert. Er stellt sich der Herausforderung, gemeinsam mit seinen Gästen in deren Wohnmobil zu kochen, Tipps und Tricks zu vermitteln und so einen erlebnisreichen kulinarischen Aufenthalt in familiärer Atmosphäre zu ermöglichen. Gemeinsam wird festgelegt, was gekocht und ausprobiert werden soll, und Lothar gibt Tipps, wo man einkaufen und gleichzeitig etwas von der Region sehen kann – etwa auf dem bekannten Dürener Wochenmarkt oder in einem der zahlreichen Hofläden.

🚐 Auf dem unweit der Dürener Innenstadt gelegenen Betriebsgelände gibt es Standplätze für Wohnmobile auf befestigtem Untergrund. Auch große Fahrzeuge passen bequem und ohne Rangieren durch das Tor. Einkaufsmöglichkeiten, Radwege und der Dürener Stadtpark sind nur wenige Minuten entfernt.

🚐 3 Plätze 📏 > 7,5 t, > 15 m 😊 0,50 €/KWh 📶 nicht vorhanden WC gratis, auch außerhalb der Öffnungszeiten 🚰 Frischwasseranschluss (gegen Gebühr), Entsorgungsmöglichkeit für Grauwasser und Bordtoilette ℹ️ **Reservierung erforderlich**. Hunde willkommen. Schöne Spaziergänge möglich.

Die schöne Altstadt und die Lage am Dreiländereck macht Aachen zum attraktiven Sightseeing-Ziel.

DIE BERGISCHE KAFFEETAFEL

Wussten Sie, dass...?

... es ein Museum gibt, das sich der Bergischen Kaffeetafel widmet? Im Niederbergischen Museum in Wülfrath wird nicht nur die echte Dröppelmina in der hauseigenen Zinnwerkstatt hergestellt, sondern auch die traditionelle Kaffeetafel erlebbar gemacht.
Bergstraße 22, 42489 Wülfrath, www.nieder bergisches-museum.de, Mi, Sa, So 14.30–17 Uhr, Kaffeetafel nach Voranmeldung

Der klassische deutsche Nachmittagskaffee kann eine triste Sache sein: ein einsamer Kaffee, der an besonderen Tagen von einem Stück Kuchen begleitet wird. Ganz anders sieht das bei der Bergischen Kaffeetafel aus. Bei diesem opulenten »Koffeedrenken met allem dröm on dran« gibt es Herzhaftes und Süßes, für jeden Geschmack ist etwas dabei.

MEHR ALS KAFFEE UND KUCHEN

Großen Hunger und viel Zeit sollte man mitbringen, denn die Kaffeetafel mit Zwiebelmusterporzellan ist reichlich gedeckt. Schwarz-, Grau- und Weißbrot, Rosinenstuten, Waffeln mit Kirschen und Sahne, Milchreisbrei, Quark, Bauernbutter, Wurst und Käse, Honig und Konfitüre, Zucker und Zimt sowie Apfel- und Birnenkraut kommen auf den Tisch.

Über allem thront die Königin der Kaffeetafel, die sogenannte Dröppelmina. Bei der bauchigen Kaffeekanne aus Zinn mit einem seitlichen Hahn kommt die Tasse zur Kanne und nicht

◄ Ein Nachmittagskaffee der etwas anderen Art: Im Bergischen Land ersetzen Waffeln, Brot und Rosinenstuten den Kuchen und ergänzen Wurst und Käse die Tafel.

umgekehrt. Häufig verstopfte der Kaffeesatz den Hahn – Filtereinsätze waren noch nicht in Gebrauch –, und dann »dröppelte« (tröpfelte) der Kaffee aus der Kanne, während »Mina« auf Wilhelmine, die Hausdienerin, zurückgeht.

ZEREMONIELL DER BESONDEREN ART

Die Bergische Kaffeetafel erinnert an die Lebensbedingungen der bergischen Vorfahren und ist als festliches Kaffeetrinken in familiärer Gemütlichkeit Ausdruck ihrer Gastfreundschaft. Erstmals ist in Erzählungen aus dem 19. Jh. von der Kaffeetafel die Rede, die an Fest- und Feiertagen stattfand. Ihren Namen erhielt sie aber erst in den Dreißigerjahren des 20. Jh., als Feiern und Feste immer mehr in den öffentlichen Raum verlegt wurden und die ersten Touristen ins Bergische Land reisten. Noch heute wird die Bergische Kaffeetafel in vielen Restaurants und Gaststätten serviert, in die man am besten nach einer ausgiebigen Wanderung einkehrt, um den erforderlichen Appetit mitzubringen.

Im Städtedreieck Wuppertal, Remscheid und Solingen in Nordrhein-Westfalen gelegen, bietet das Bergische Land mit seinen wunderschönen Wäldern und Talsperren unzählige Wandermöglichkeiten. Rund 10 km südlich von Wuppertal laden das wasserreiche Gelpe- und Saalbachtal zu einer Wanderung mit Kaffeetafel im Café-Restaurant Haus Zillerthal (www.haus-zillertal.de) in Wuppertal-Cronenberg ein, im Erholungsgebiet an der Großen Dhünn-Talsperre bei Wermelskirchen bietet wiederum das Café-Restaurant Jägerhof (www.jaegerhof-siebel.de) eine Bergische Kaffeetafel an. Im Restaurant Kartoffel-Kiste in Solingen gibt es neben der Bergischen Kaffeetafel auch ein Wohnmobildinner, das auf Porzellantellern serviert wird (www.kartoffelkiste.de, nur nach Voranmeldung).

Neben Kulinarik und Natur hat das Bergische Land mit seinen malerischen Fachwerk- und Schieferhäusern auch Architekturfans einiges zu bieten. Im idyllisch von Wiesen und Wäldern umgegebenen Odenthal liegt der berühmte mittelalterliche Altenberger Dom, die ehemalige Klosterkirche einer Zisterzienserabtei, die im Zuge der Säkularisation 1803 aufgelöst wurde. Lediglich einen kurzen Spaziergang entfernt lädt die Sonnenterrasse des Hotel-Restaurants Wißkirchen (www.hotel-wisskirchen.de) zum Genuss einer Bergischen Kaffeetafel ein. Von hier geht keiner hungrig weg. Und träumt beim nächsten Nachmittagskaffee zu Hause von einer üppigen Bergischen Kaffeetafel.

WAFFELREZEPT

Keine Bergische Kaffeetafel ohne Waffeln – diese Zutaten brauchen Sie:

250 g Butter oder Margarine
100 g Zucker
1 Päckchen Vanillin-Zucker
4 Eigelb, 4 Eiweiß
125 g Weizenmehl
125 g Speisestärke
6 g (2 gestr. Teelöffel) Backpulver
1/4 l Sahne
Speckschwarte oder Öl

Butter oder Margarine schaumig rühren, Zucker, Vanillin-Zucker und Eigelb hinzugeben. Das mit Speisestärke und Backpulver gemischte und gesiebte Mehl abwechselnd mit der Sahne unterrühren. Zuletzt den steif geschlagenen Eischnee unterheben. Den Teig in nicht zu großer Menge in ein erhitztes und gut gefettetes Waffeleisen füllen und sofort verstreichen. Die Waffeln von beiden Seiten goldbraun backen.

⑫ HOLZER'S TRADITIONSHAUS

Breite Straße 24
52382 Niederzier
Tel. 024 28/90 53 10 04
info@Holzers-Traditionshaus.de

www.Holzers-Traditionshaus.de
🕐 Mo, Do–So 11.30–20 Uhr, Di, Mi
Ruhetage, Anreise bis 18 Uhr
GPS 50.884837, 6.464485

➔ A44, Ausfahrt Jülich-West, ca.
13 km nach Südosten auf B56 und L12

Hauptgerichte 15–40 € – Rustikal, deutsche und internationale Küche. In Holzer's Traditionshaus erwartet die Gäste angenehme Atmosphäre, aufmerksamer Service und modern interpretierte gutbürgerliche Küche. Die Speisekarte führt quer durch die Spezialitäten der saisonal orientierten deutschen Küche. Dazu zählen traditionelle Gerichte der Region wie Rheinischer Sauerbraten mit Rosinensoße, Apfelrotkohl und Kartoffelklößen, aber auch französische Klassiker wie ein Coq au vin, der mit Gnocchi und karamellisierten Walnüssen serviert wird. Veganer verwöhnt die Küchenchefin zum Beispiel mit herzhaftem Jackfruit-Pilz-Gulasch mit Salat oder einer Apfel-Sellerie-Suppe. In den Topf kommen nur frische und qualitativ hochwertige Zutaten, Kräuter aus dem eigenen Garten und eine ordentliche Portion Liebe.

🚐 Der hauseigene Parkplatz mit einem Wohnmobilstandplatz liegt hinter dem Haus. Der nahe Aussichtsturm Indemann bietet einen großartigen Blick auf das Braunkohlerevier. Für die nahen Rad- und Wanderwege des Indelands versorgt das Restaurant Gäste gerne mit kostenlosen Wanderkarten und Infomaterial.

🚐 1 Platz   max > 7,5 t, 15 m   ☺ nicht vorhanden   📶 nicht vorhanden   WC gratis, nur zu den Öffnungszeiten
💧 kein Frischwasseranschluss, keine Entsorgungsmöglichkeit für Grauwasser und Bordtoilette   🛈 **Reservierung erforderlich**. Bewirtung der Gäste auch im Wohnmobil. Hunde willkommen. Schöne Spaziergänge möglich.

⑫⑤ HAUS AM BERG

Bergstraße 56
53819 Neunkirchen-Seelscheid
Tel. 022 47/302 52 66
info@haus-am-berg-seelscheide
www.haus-am-berg-seelscheid.de

🕐 Mo, Di, Fr, Sa 17–21, So 12–20 Uhr, Mi, Do Ruhetage

GPS 50.875280, 7.320370

➡ A3, Ausfahrt Lomar-Nord, ca. 7 km nach Osten auf der B507, weitere 4 km nach Nordosten auf der B56

Hauptgerichte 22–35 € – Regionale Spezialitäten, Gourmetküche.
Das Motto des kleinen Restaurants im historischen Ortskern von Berg-Seelscheid ist »Absolut Saisonal« – und das heißt, dass im Einklang mit der Natur nur zur jeweiligen Jahreszeit regional verfügbare und biozertifizierte Lebensmittel verarbeitet werden. Durch alte Techniken wie Einlegen, Fermentieren und Trocknen sowie Einfrieren kann Küchenchef Michael Frank das Sortiment auch im Winter erweitern und seine moderne Küche mit mediterranen Einflüssen aufpeppen. Am besten lernt man die Küche bei einem Degustationsmenü kennen, dazu passen ausgewählte Weine mit Schwerpunkt auf dem heimatlichen Rheinhessen und Europa.

🚐 Der Schotter-Standplatz für ein Wohnmobil liegt direkt am Restaurant in einer ruhigen Nebenstraße. Die Gemeinde Berg-Seelscheid verfügt über ein schönes altes Dorfzentrum und liegt mitten im landschaftlich reizvollen Bergischen Land. In der Nähe befindet sich auch das Naturschutzgebiet Naafbachtal.

🚐 1 Platz max. 3,5 t, 15 m ☺ gratis 📡 nicht vorhanden WC gratis, nur zu den Öffnungszeiten ♨ Frischwasseranschluss, keine Entsorgungsmöglichkeit für Grauwasser und Bordtoilette 🛈 **Reservierung erforderlich**. Hunde willkommen. Schöne Spaziergänge vom Gasthaus aus möglich.

---

⑫⑥ LANDGASTHOF RESTAURANT LAIBACH

Auf dem Laibach 1
57319 Bad Berleburg
Tel. 027 51/72 18
info@landgasthof-laibach.de
www.landgasthof-laibach.de

🕐 Mi–Fr 10–14 und 17.30–21, Sa 10–21, So 10–18 Uhr, Mo, Di Ruhetage

GPS 51.068165, 8.445580

➡ B480 bis Bad Berleburg, ca. 5 km nach Nordosten auf der L717

Hauptgerichte 9–24 € – Rustikal, regionale Spezialitäten. Der ganztägig geöffnete Landgasthof bietet vom reichhaltigen Frühstück bis zum feinen Abendessen regionale Spezialitäten der gutbürgerlichen Küche an. Klassiker wie Hasenkeule mit Preiselbeerrahmsoße, Apfelrotkohl und Kartoffelkroketten oder Rinderroulade nach Hausfrauenart stehen ebenso auf der Karte wie vegetarische Spezialitäten. Nachmittags warten hausgebackener Kuchen und frische Waffeln mit heißen Früchten auf hungrige Mäuler. Vom Panoramarestaurant eröffnet sich ein herrlicher Blick auf das Rothaargebirge, während bei gutem Wetter auch die Sonnenterrasse geöffnet ist.

🚐 Der Landgasthof verfügt über vier befestigte bzw. geschotterte Standplätze, die Wohnmobilbesitzer dank der gastfreundlichen Wirtsleute unbeschränkt lange nutzen dürfen. Zahlreiche Wander- und Spaziermöglichkeiten auf gekennzeichneten Wanderwegen bietet das Wittgensteiner Sauerland.

🚐 4 Plätze max. 7,5 t, 15 m ☺ 5 €/Tag 📡 nicht vorhanden WC gratis, nur zu den Öffnungszeiten ♨ Frischwasseranschluss, keine Entsorgungsmöglichkeit für Grauwasser und Bordtoilette 🛈 **Keine Reservierung erforderlich. Speisen/Getränke zum Mitnehmen. Hunde willkommen. Schöne Spaziergänge möglich.**

⑫ ROMANTIK LANDHOTEL DOERR

Sieg-Lahn-Straße 8–10
57334 Bad Laasphe-Feudingen
Tel. 027 54/37 00
info@landhotel-doerr.de
www.landhotel-doerr.de

🕐 tgl. 13–22 Uhr, nach Anreise am Empfang melden
📍 GPS 50.941285, 8.329681
➡️ B62 bis Saßmannshausen, ca. 4 km nach Südwesten auf der L719

Hauptgerichte 18–35 € – Deutsche Küche, regionale Spezialitäten. Das einst als einfache Fuhrmannsschenke gegründete und von der Familie Doerr geführte Haus steht seit 130 Jahren für gepflegte Gastlichkeit im Wittgensteiner Land. Heute bietet das helle, offen gestaltete Restaurant mit herrlichem Blick auf die Lahntal-Auen eine leichte, kreative Küche. Wer es rustikaler mag, nimmt in der behaglichen, mit Lerchenholz getäfelten Bauernstube Platz. Auf der Karte stehen klassische Gerichte mit mediterranen Einflüssen, die immer mit frischen und regionalen Produkten zubereitet werden. Weinkenner werden bei der Auswahl hervorragender Weine, darunter auch einige große Gewächse, garantiert fündig.

🚐 Asphaltierte Wohnmobilstandplätze im hinteren Bereich des Hotelparkplatzes sorgen für angenehme Nachtruhe. Das Restaurant liegt am Ausgang des Örtchens Feudingen inmitten der naturbelassenen Landschaft und der Ruhe des Wittgensteiner Landes. Das nahe Bad Laasphe und die umliegenden Gemeinden locken mit historischen Gebäuden, unverfälschter Atmosphäre und besonders erholsamem Klima.

🚐 2 Plätze   max. 7,5 t, 15 m   😐 nicht vorhanden   📶 nicht vorhanden   WC gratis, nur zu den Öffnungszeiten   🌊 kein Frischwasseranschluss, keine Entsorgungsmöglichkeit für Grauwasser und Bordtoilette   ℹ️ **Reservierung erforderlich**. Speisen/Getränke zum Mitnehmen. Hunde willkommen. Schöne Spaziergänge möglich.

---

⑫ HOTEL RESTAURANT HAUS DUMICKETAL

Dumicker Straße 11
57489 Drolshagen
Tel. 027 61/624 24
mluetticke@hausdumicketal.de
www.hausdumicketal.de

🕐 Mo ab 17, Di–Fr 10–14 und ab 17, Sa, So ab 10 Uhr durchgehend
📍 GPS 51.060079, 7.821754
➡️ A45, Ausfahrt Olpe, ca. 6 km nordwärts auf der B54, L512 und K13

Hauptgerichte 14–40 € – Regionale Spezialitäten. Martin Lütticke und seine Familie sind leidenschaftliche Sauerländer und lieben ihre Region. Deshalb kommen in die ausgezeichnete saisonale Frischeküche des Hauses auch nur erstklassige regionale Zutaten und keinerlei Geschmacksverstärker. Für Klassiker wie das Sauerländer Krüstchen gilt das genauso wie für moderne Gerichte. Als ausgebildetem Jäger liegt es dem Inhaber und Küchenchef besonders am Herzen, das zu Bratwurst, Ragout und Rehkeule verarbeitete Sauerländer Wild im eigenen Revier ausschließlich mit bleifreier Munition und waidgerecht zu jagen. Auch sonst wird Achtsamkeit auf allen Ebenen des Betriebs gelebt – das reicht bis zum spürbar guten Betriebsklima.

🚐 Wohnmobile beziehen ihr Quartier auf ebenem, geschottertem und festem Untergrund gegenüber vom Hotel direkt am Wald. In der Umgebung gibt es viele attraktive Ausflugsziele wie die Atta-Höhle, die Burg Altena oder den Galileo-Park mit den berühmten Sauerland-Pyramiden.

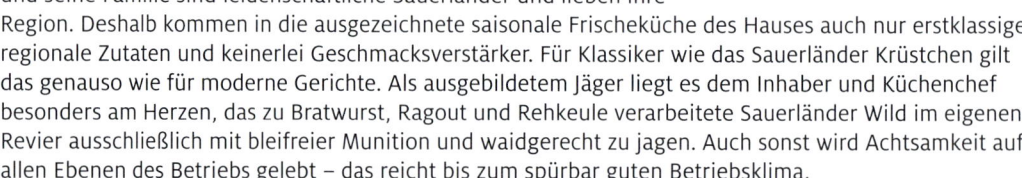

🚐 3 Plätze   max. > 7,5 t, 15 m   😐 5 €/Tag   📶 nicht vorhanden   WC gratis, auch außerhalb der Öffnungszeiten   🌊 kein Frischwasseranschluss, keine Entsorgungsmöglichkeit für Grauwasser und Bordtoilette   ℹ️ **Keine Reservierung erforderlich. Speisen/Getränke zum Mitnehmen. Hunde willkommen. Schöne Spaziergänge möglich.**

129 JAUSENSTATION KLÜTINGER ALM

Niederklütingen 3
58339 Breckerfeld
Tel. 0175/270 17 87
info@partyservice-braselmann.de
www.partyservice-braselmann.de
🕐 Mi, Do, Sa ab 11.30, Fr ab 17, So ab 10 Uhr, Mo, Di Ruhetage

📍 GPS 51.246946, 7.381474
➡️ B483, zw. Radevormwald und Schwelm nach Nordosten abbiegen Richtung Wönkhausen und Filde, ca. 3 km auf der K7, nach Westen abbiegen und weiter ca. 1 km nach Niederklütingen

Hauptgerichte 15–25 Euro – Rustikal, internationale Küche. Die wohl nördlichste Alm Deutschlands liegt im äußersten Süden des Ennepe-Ruhr-Kreises. Hier bringen Sigrid und Wolfgang Braselmann echtes Österreich-Feeling in die Hügellandschaft nahe der Heilenbecker Talsperre. Bei großem Hunger empfiehlt sich eine »Fuhre Mist« mit Schweineschnitzel, einem Stück Schweinebraten, Putensteak, gebratenem Speck, Würstchen und Pommes – alles in einer hölzernen Schubkarre serviert. Zur echten Jause gehören Käse aus Prem in Bayern, österreichische Wurstspezialitäten sowie bayerisches Weißbier oder Almdudler.

🚐 Ein geschotterter, ebener Platz liegt hinter dem Restaurant in ruhiger Lage am Waldrand. Es gibt keine befahrene Straße in der Nähe – hier sagen sich tatsächlich noch Fuchs und Hase gute Nacht.

🚐 5 Plätze ⬜ max. > 7,5 t, 15 m 😊 gratis 📶 nicht vorhanden 🚾 WC gratis, nur zu den Öffnungszeiten
🚰 Frischwasseranschluss, keine Entsorgungsmöglichkeit für Grauwasser und Bordtoilette ℹ️ **Reservierung erforderlich**. Bewirtung der Gäste auch im Wohnmobil. Speisen/Getränke zum Mitnehmen. Hunde willkommen.

---

130 NANNI'S KIRCHHAHN

Fuelbecker Straße 160
58513 Lüdenscheid
Tel. 02351/216 85
info@nannis-kirchhahn.de
www.nannis-kirchhahn.de
🕐 Do, Fr 16–23, Sa 14–23, So 12–21 Uhr, Mo–Mi Ruhetage,

nach Anreise im Lokal anmelden
📍 GPS 51.239121, 7.643772
➡️ A45, Ausfahrt Lüdenscheid, ca. 1,5 km nach Westen auf der L655 und L691, nach Norden abbiegen und ca. 1,5 km auf Vogelberger Weg und Fuelbecker Straße

Hauptgerichte 11–18 € – Rustikal, regionale Spezialitäten. Benannt ist das Ausflugslokal am Stadtrand von Lüdenscheid nach seiner Inhaberin Christiana »Nanni« Lange, die sich mit ihren 70 Jahren noch einmal in das Abenteuer gewagt hat, den Kirchhahn zu übernehmen. Auf den Tisch kommt gutbürgerliche »Schmeckt-Lecker-Küche« mit deutlich westfälischer Prägung. Berühmt ist der Gasthof für seine zwölf (!) Schnitzelgerichte. Spezialität des Hauses und ungebrochener Bestseller ist das »Kirchhahn-Krüstchen«, ein Schnitzel mit frischen Champignons und Bratkartoffeln oder Pommes. In der Region ebenfalls nicht fehlen dürfen leckere Reibeplätzchen, pikant oder süß serviert.

🚐 Für Wohnmobile gibt es Abstellmöglichkeiten zur Übernachtung am Parkplatz direkt neben dem Restaurant oder auf dem großen Parkplatz gegenüber, der von Tannen umrandet ist. Ein Teil der Plätze ist leicht abschüssig. Nanni's Kirchhain liegt mitten im Grünen, ideal für kurze und lange Wanderungen.

🚐 4 Plätze ⬜ max. > 7,5 t, 7 k 😊 nicht vorhanden 📶 nicht vorhanden 🚾 WC gratis, nur zu den Öffnungszeiten
🚰 kein Frischwasseranschluss, keine Entsorgungsmöglichkeit für Grauwasser und Bordtoilette ℹ️ **Reservierung erforderlich**. Bewirtung der Gäste auch im Wohnmobil. Speisen/Getränke zum Mitnehmen. Hunde willkommen.

131 RESTAURANT ZWANZIGZEHN

Platanenallee 14
58675 Hemer
Tel. 02372/5551565
info@restaurant-zwanzigzehn.de

www.restaurant-zwanzigzehn.de
🕐 Do, Fr 17–23, Sa, So 11–23 Uhr,
Mo–Mi Ruhetage
GPS 51.387013, 7.779869

➡ A46 bis zu ihrem Ende östl. von
Iserlohn, ca. 2 km nach Osten auf der
B7 bis Hemer

Hauptgerichte 10–15 € – Regionale Spezialitäten, internationale Küche. Das Tolle an diesem Restaurant mit angegliederter Kochschule ist, dass es hier für jeden Geschmack das Passende gibt. Spezialität des Hauses ist das Sauerländer Krüstchen, bei dem Kalbsschnitzel mit frischen Pilzen, Salat, pochiertem Ei und Brotchips gereicht wird. Saisonal gibt es Klassiker wie Gans oder Spargelgerichte. Ansonsten stehen kleine Köstlichkeiten aus aller Welt auf der Karte. Die Reise geht von der Französischen Zwiebelsuppe über italienische Antipasti bis hin zu spanischen Tapas oder mexikanischem Chicken Burrito. Wer selber tätig werden möchte, lernt mit Stefan Lunkenheimer, wie man seine Gerichte selbst zubereitet.

🚐 Die Stellplätze für Wohnmobile liegen an der Straße und auf einem großen, 50 m vom Restaurant entfernten Parkplatz. Direkt am südwestlichen Rand der Stadt Hemer im märkischen Sauerland wartet die Heinrichshöhle mit ihren Tropfsteinen auf bewundernde Besucher. Ein weiteres Highlight ist der Sauerlandpark Hemer, der als Landschaftspark, Naherholungs- und Kulturzentrum fungiert.

🚐 20 Plätze max. >7,5 t, >15 m ☺ nicht vorhanden 📶 nicht vorhanden WC gratis, nur zu den Öffnungszeiten ⚓ kein Frischwasseranschluss, keine Entsorgungsmöglichkeit für Grauwasser und Bordtoilette **i** **Reservierung erforderlich**. Bewirtung auch im Wohnmobil. Speisen/Getränke zum Mitnehmen. Spaziergänge möglich.

132 CAFE-RESTAURANT VEDDER

Nieder-Holte 1
58849 Herscheid
Tel. 02357/2458
info@restaurant-vedder.de
www.restaurant-vedder.de
🕐 Mi–So 12–20 Uhr,

Mo, Di Ruhetage, Anreise bis 22 Uhr
GPS 51.170617, 7.705662
➡ A45, Ausfahrt Lüdenscheid-Süd, ca. 3,5 km nach Osten auf der L561 und weitere ca. 2,5 km nach Süden auf der Straße Gasmert

Hauptgerichte 12–22 € – Rustikal, deutsche Küche Das familiengeführte Café-Restaurant in Herscheid besticht mit idyllischer Lage inmitten unberührter Natur und gemütlichem Ambiente zum Wohlfühlen. In der Alten Wirtschaft, dem Herzstück des Betriebs, findet der Gast unter niedrigen Decken und auf bequemen Eckbänken ein Stück echtes Sauerland. Auf der Karte stehen Wildgerichte, Steaks und Schnitzel, aber auch Snacks wie Bockwurst und belegte Brote. Der Mittwoch steht immer im Zeichen der hausgemachten Reibekuchen, die von süß bis salzig in verschiedenen Variationen serviert werden. Das Gasthaus ist auch für seine hausgebackenen Kuchen berühmt. Bei schönem Wetter kann man auf der herrlichen Gartenterrasse speisen.

🚐 Der Wohnmobilstellplatz befindet sich auf dem ruhig gelegenen und geschotterten Restaurantparkplatz, der teils eben ist, aber auch Stellen mit Neigung aufweist. Im umliegenden Märkischen Kreis sind drei Prozent der Gesamtfläche als Naturschutzgebiet gekennzeichnet, das reizvolle Naturerlebnisse bietet.

🚐 4 Plätze ⬜ max 7,5, 7 m 😊 nicht vorhanden 📡 nicht vorhanden WC gratis, nur zu den Öffnungszeiten 🚰 kein Frischwasseranschluss, keine Entsorgungsmöglichkeit für Grauwasser und Bordtoilette ❱ **Keine Reservierung erforderlich. Spielplatz. Schöne Spaziergänge vom Gasthaus aus möglich.**

---

133 WALDRESTAURANT ZUR STEINKISTE

Körbecker Weg 8
59494 Soest
Tel. 02921/73444
steinkiste@t-online.de
www.steinkiste-soest.de

🕐 Mi–Fr 17–21, Sa, So 11–21 Uhr, Mo, Di Ruhetage, Anreise bis 20 Uhr
GPS 51.532908, 8.114093
➡ A44, Ausfahrt Soest, ca. 500 m auf B229 nach Süden, links abbiegen, ca. 2 km auf K5 und Körbecker Weg

Hauptgerichte 12–35 € – Regionale Spezialitäten, Gourmetküche.
Nahe der alten Hansestadt Soest und inmitten des Naturschutzgebietes Hiddingsen befindet sich dieses liebevoll eingerichtete Restaurant. Es steht für gepflegte Gastlichkeit in ländlicher Ruhe und Abgeschiedenheit. Bekannt ist das Restaurant für seine raffinierten Wildgerichte, für die Reh, Sikka, Wildschwein und Hirsch aus heimischen Revieren schmackhaft zubereitet werden. Die abwechslungsreiche Karte bietet außerdem kreative Fisch- und Meeresfrüchtegerichte und eine gute Auswahl vegetarischer Spezialitäten. In der warmen Jahreszeit lädt der schöne Biergarten zum Speisen unter freiem Himmel ein.

🚐 Fürs Nachtquartier gibt es Wohnmobilstandplätze auf einem befestigten Parkplatz oder bei trockenem Wetter auf dem »Apfelkamp« (Wiese). Wanderwege laden zum Erkunden der Gegend ein. Ein historisches Megalithgrab befindet sich in der Nähe, und die sehenswerte Altstadt von Soest ist nur 5 km entfernt.

🚐 5 Plätze ⬜ >7,5 t, >15 m 😊 gegen (freiwillige) Gebühr 📡 nicht vorhanden WC gratis, nur zu den Öffnungszeiten 🚰 Frischwasseranschluss, keine Entsorgungsmöglichkeit für Grauwasser und Bordtoilette ❱ **Reservierung erforderlich.** Bewirtung auch im Wohnmobil. Hunde willkommen. Spielplatz. Spaziergänge möglich.

Eine große ebene Wiese steht im Campingpark Heidewald für Wohnmobile zur Verfügung.

CAMPINGPLÄTZE

Campingpark Kerstgenshof ★★★★★

76 Natur als Erlebnis: Dieses Motto begegnet den Gästen überall auf dem Platz – angefangen beim naturnah gestalteten Gelände und dem großen Naturspielbereich mit Kinderbetreuung bis hin zum Tiergehege und dem angeschlossenen Bauernhof mit Nutztieren. Die Standplätze sind auf dem ebenen, mit Hecken und halbhohen Bäumen gestaltetem Wiesengelände verteilt und durch eine Hecke und hohe Laubbäume vom Bereich für Dauercamper getrennt. Wer die ländliche Umgebung mit dem Fahrrad erkunden möchte, braucht keine Angst vor Fahrradpannen zu haben, denn es gibt am Platz eine neu installierte Fahrrad-Servicestation. Bequemer ist die Fortbewegung auf Elektrorollern, die es vor Ort zu mieten gibt (für bis zu zwei Personen).

▶ Marienbaumer Straße 158, 47665 Labbeck, Tel. 02801/4308, ganzjährig geöffnet, GPS: 51.659883, 6.372283
■ pincamp.de/rw3100

Campingplatz Blaue Lagune ★★★★★

77 Der professionell geführte Platz direkt am See liegt innerhalb eines Freizeitparks und punktet mit einem großen Angebot an Aktivitäten rund um den Wassersport. Sein Übernachtungsplätzchen findet man auf dem ebenen Wiesengelände mit noch jungem Baumbestand. Die Autobahn ist zwar in Hörweite, sollte den nächtlichen Schlaf jedoch nicht stören. Den Badesee säumt ein Sandstrand, auch auf der daran anschließenden Liegewiese lässt es sich gut entspannen.

▶ Jülicher Straße, 47669 Wachtendonk, Tel. 02839/277, Anfang April–Ende Okt., GPS: 51.38135, 6.268022
■ pincamp.de/rw3550

Campingplatz Münster ★★★★★

78 Der gepflegte, gastfreundliche Platz vor den Toren von Münster bietet eine gute Busverbindung in die historische Altstadt – die Haltestelle befindet sich beinahe vor der Tür. Das ebene

Wiesengelände, auf dem sich der Platz erstreckt, ist durch mittelhohe Bäume und Hecken unterteilt und bietet parzellierte Standplätze mit gepflastertem Vorplatz. An zwei Seiten ist der Platz von einem bis zu 4 m hohen Erdwall begrenzt (Schallschutz). Nebenan geht es ins Freibad.

▶ Laerer Werseufer 7, 48157 Münster,
Tel. 02 51/31 19 82, ganzjährig geöffnet,
GPS: 51.946649, 7.690733
■ pincamp.de/rw0450

Campingpark Heidewald ★★★★☆

79 Der idyllisch im Münsterland gelegene Campingplatz nimmt ein ebenes Wiesengelände mit zwei Teichen ein und ist von Bäumen umgeben. Längs der Straße erstreckt sich ein Lärmschutzwall. Viele Dauercamper haben sich hier einquartiert, die einen eigenen Bereich belegen. Die Standplätze für die übrigen Gäste weisen eine noch junge Bepflanzung auf. Ein Badesee liegt in nur 300 m Entfernung. Auf geführten Radtouren lässt sich die Umgebung erkunden.

▶ Versmolder Straße 44, 48336 Sassenberg,
Tel. 025 83/13 94, ganzjährig geöffnet,
GPS: 51.999817, 8.065783
■ pincamp.de/rw0540

Campingpark Haddorfer Seen ★★★★☆

80 Eingebettet in die Münsterländische Parklandschaft ist der Platz Teil einer weitläufigen Freizeitanlage mit Surf- und Angelsee und einem kleinen Badesee mit Strand und Liegewiese. Ein Standquartier finden die Gäste unter halbhohen Bäumen im Einfahrtsbereich sowie im naturbelassenen, lichten Kiefernhain. Auch ein separates Wiesengelände steht ihnen zur Verfügung.

▶ Haddorf 59, 48493 Wettringen, Tel. 059 73/27 42, ganzjährig geöffnet, GPS: 52.274083, 7.3204
■ pincamp.de/rw0350

Campingpark im Bergischen Land
★★★☆☆

81 Der familienfreundliche Platz mit weitem Blick ins Bergische Land erstreckt sich auf einem mehrfach terrassierten Wiesengelände an einem bewaldeten Hang. Durch einen kleinen öffentlichen Weg sind die Campinggäste vom

separaten Platzteil für Dauercamper getrennt. Damit sich auch die Kleinen nicht langweilen, gibt es einen Streichelzoo und einen großen Spielplatz.

▶ Oberbüschem 45, 51789 Lindlar,
Tel. 022 66/66 52, ganzjährig geöffnet,
GPS: 51.067607, 7.382183
■ pincamp.de/rw6050

Campingplatz Hetzingen ★★★★☆

82 Mit Blick auf die Burg Nideggen nächtigen Campinggäste, wenn sie einen der Standplätze auf dem meist ebenen, teils durch Hecken und Bäume eingefassten Gelände einnehmen. Dieses liegt am Fluss Rur und ist durch Zufahrtsstraße und Bahnlinie (nachts kein Verkehr) dreigeteilt. Umweltschutz wird hier großgeschrieben, so gibt es eine Zusammenarbeit in einem Naturschutzprojekt mit der Biologischen Station Brück.

▶ Campingweg 1, 52385 Brück,
Tel. 024 27/508, ganzjährig geöffnet,
GPS: 50.685299, 6.469667
■ pincamp.de/rw7150

Campingplatz Hof Biggen ★★★☆☆

83 Der große Platz erstreckt sich auf einem mehrfach terrassierten, weitläufigen Gelände an einem bewaldeten Hang. Die Standplätze für Campinggäste befinden sich überwiegend im oberen Bereich und gewähren einen herrlichen Blick auf die bewaldete Berghänge der Umgebung.

▶ Finnentroper Straße 131, 57439 Attendorn,
Tel. 027 22/955 30, ganzjährig geöffnet,
GPS: 51.136699, 7.939667
■ pincamp.de/rw4620

Camping Gut Kalberschnacke ★★★★★

84 Von dem mit Bäumen und Hecken bewachsenen Terrassenplatz oberhalb des Südufers der Listertalsperre öffnet sich ein schöner Blick auf die waldreiche Umgebung. Für Urlaubsspaß sorgen einfallsreich organisierte Wanderungen: von der Schatzsuche für die Kleinen über Ausflüge für die ganze Familie bis hin zu Nachtwanderungen.

▶ Kalberschnacke 8, 57489 Drolshagen, Tel. 027 63/6171, ganzjährig geöffnet, GPS: 51.07175, 7.816333
■ pincamp.de/rw4700

Österreich

Küche nicht nur für Kaiser und Könige

Vom Wiener Schnitzel bis zu den Salzburger Nockerln – schon die Namen der Spezialitäten machen deutlich, wo wir uns befinden. Dabei ist die Küche Österreichs spätestens seit der k.u.k. Monarchie stark durch den Einfluss der zahlreichen Nachbarn geprägt. Zur Begleitung gibt es ein Glas österreichischen Riesling.

ÖSTERREICH

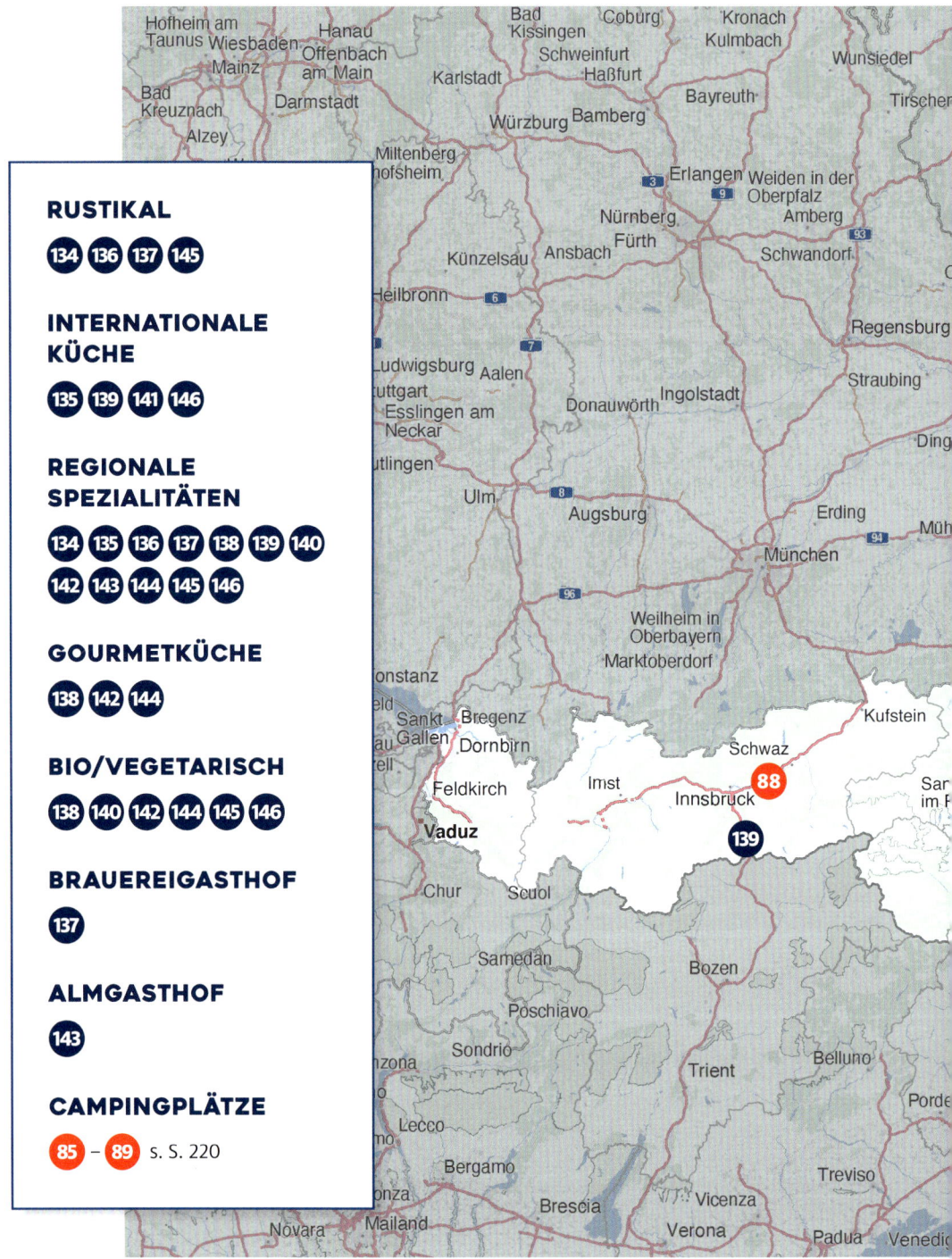

RUSTIKAL

134 136 137 145

INTERNATIONALE KÜCHE

135 139 141 146

REGIONALE SPEZIALITÄTEN

134 135 136 137 138 139 140
142 143 144 145 146

GOURMETKÜCHE

138 142 144

BIO/VEGETARISCH

138 140 142 144 145 146

BRAUEREIGASTHOF

137

ALMGASTHOF

143

CAMPINGPLÄTZE

85 – 89 s. S. 220

Bild vorangehende Doppelseite: Über Gebirgspässe und durch enge Täler, vorbei an Bergseen und malerischen Dörfern geht es der österreichischen Küche entgegen, die viel mehr bietet als Kaiserschmarrn und Backhendl.

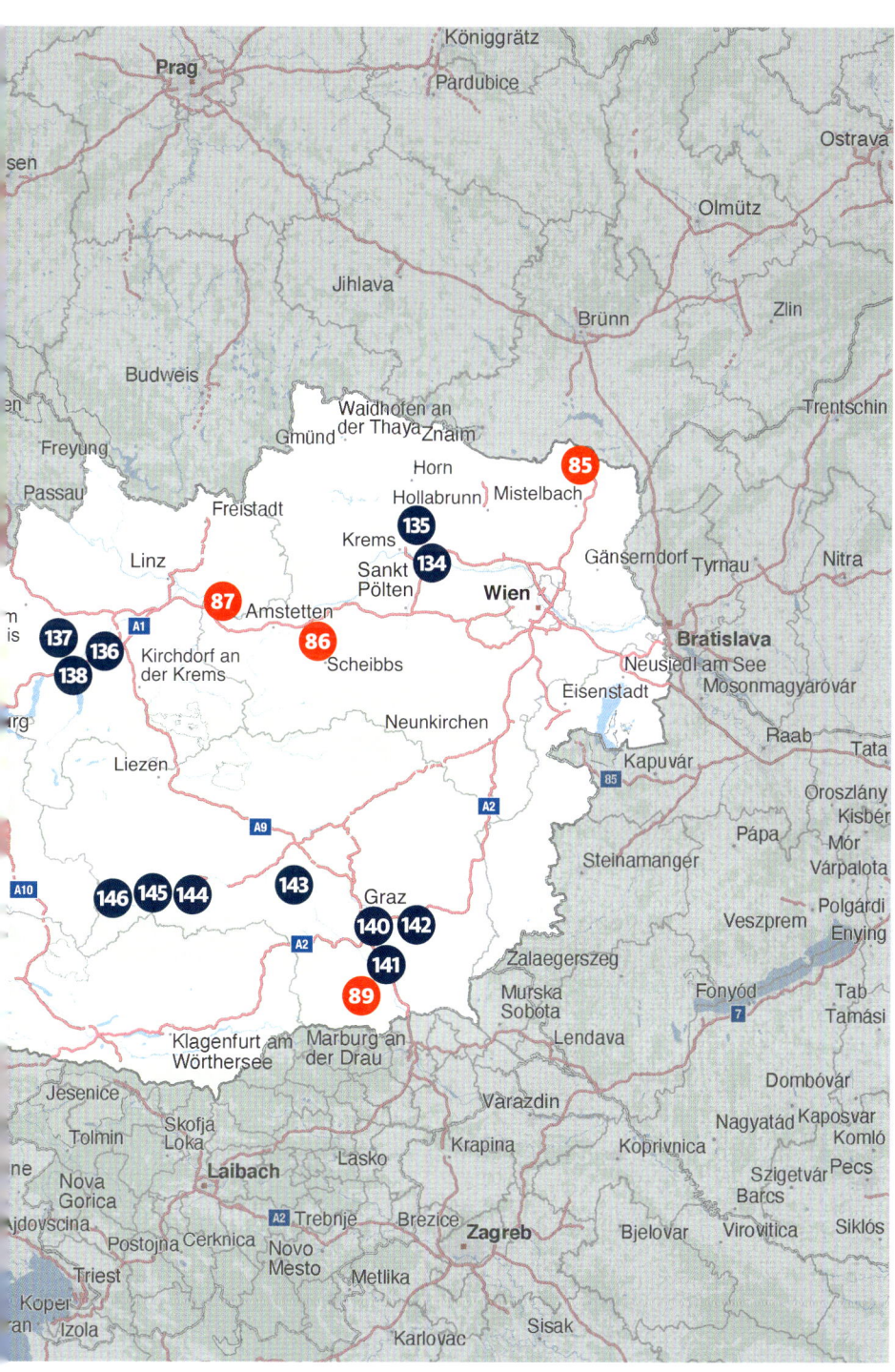

134 APRICO BEACHBAR & RESTAURANT

In der Traisenau 1
A-3133 Traismauer
Tel. +43/680/154 14 86
office@aprico.at
www.aprico.at

🕐 tgl. 10–21 Uhr, im Winter
Di, Mi Ruhetage
GPS 48.362622, 15.752050
➡ S33, Ausfahrt Traismauer-Nord,
ca. 3 km nach Südosten auf B43, links
abbiegen auf Ingenieur-Toder-Gasse

Hauptgerichte 10–20 € – Rustikal, regionale Spezialitäten. Solche
Orte finden Gastronomen selten, aber Stefan Schön hatte Glück und entdeckte direkt an einem romantischen Badeteich in Traismauer einen wunderbaren Gasthof für sein Aprico. Hier ist alles möglich, sei es ein kleiner Snack mit Fingerfood am Badetag, eine deftige Mahlzeit oder ein romantisches Abendessen. Die ganze Familie legt Hand an, um die Gäste zu verwöhnen. In der Küche zaubert der Vater moderne österreichische Hausmannskost wie Backhenderl, Tafelspitz und Wiener Krautfleckerl auf die Teller, der Bruder wirkt als Manager mit. Ein romantisches Kleinod zum Wohlfühlen!

🛑 Der Parkplatz besteht teils aus Schotter, teils aus Wiese. Wohnmobile können maximal eine Nacht bleiben. Das Aprico liegt direkt am Badesee von Traismauer in einem Naturschutzgebiet. Vor der Tür führt ein Radweg vorbei, und Krems an der Donau und der Donau-Radweg sind auch nicht weit.

🚐 4 Plätze   max. > 7,5 t, > 15 m   ☺ nicht vorhanden   📶 nicht vorhanden   WC 0,50 €, nur zu den Öffnungszeiten   🌊 kein Frischwasseranschluss, keine Entsorgungsmöglichkeit für Grauwasser und Bordtoilette   🔋 Keine Reservierung erforderlich. Speisen/Getränke zum Mitnehmen. Hunde willkommen. Schöne Spaziergänge möglich.

135 HEURIGER BAUMGARTNER HÖHE FAMILIE BLAIM

Kühsteingraben 14
A-3550 Langenlois
Tel. +43/676/711 90 66
blaim.markus@hotmail.com
www.heuriger-langenlois.at

🕐 Mo, Di, Fr, Sa ab 15, So ab
10 Uhr, Mi, Do Ruhetage
GPS 48.476618, 15.652260
➡ B37, Ausfahrt Lengenfeld, ca.
7 km auf L55 Richtung Langenlois

Hauptgerichte 9–16 € – Regionale Spezialitäten, internationale Küche. Traumhaft gelegen in der grünen Umgebung der Langenloiser Weinberge genießen die Gäste auf der Sonnenterrasse oder im gemütlichen Innenraum österreichische Köstlichkeiten und regionale Weine. Für den kleinen Hunger stehen Wurstsalat, Käseplatte, diverse Aufstriche und verschiedene Salate auf der Speisekarte, den großen Appetit können die Gäste unter anderem mit hausgemachtem Fleischknödel, geröstetem Knödel mit Ei und Salat, »Blunzengröstl« (Blutwurstgeröstetes) und Käsespätzle stillen. Warme Brote und gefüllte »Stangerln« ergänzen das Angebot.

🛑 Wohnmobile parken auf der Wiese oder dem Schotterparkplatz auf dem Gelände und können auf Anfrage mit Strom und Wasser versorgt werden. Ganz in der Nähe liegt der Weinweg Langenlois, der nicht nur eine erlebnisreiche Wanderung mit einer wundervollen Aussicht verspricht, sondern den Wanderern auch Wissenswertes über den Weinanbau vermittelt.

🚐 20 Plätze   max. > 7,5 t, 15 m   ☺ gratis   📶 gratis   WC gratis, nur zu den Öffnungszeiten   🌊 Frischwasseranschluss, keine Entsorgungsmöglichkeit für Grauwasser und Bordtoilette   🔋 Keine Reservierung erforderlich. Speisen/Getränke zum Mitnehmen. Hunde willkommen. Schöne Spaziergänge vom Gasthaus aus möglich.

136 WIRT IN DER EDT – LAND-GASTHOF – MAISLABYRINTH

Schart 7
A-4655 Vorchdorf
Tel. +43/699/17 77 46 55
wirt.edt@gmail.com
www.wirt-edt.at

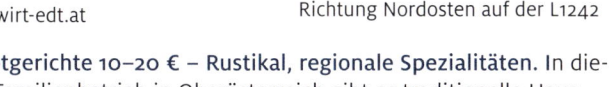

🕐 Mi–Fr 10–23, Sa 10–24, So 10–22 Uhr, Mo, Di Ruhetage
GPS 48.023818, 13.954220
➡️ A1, Ausfahrt Vorchdorf, ca. 4 km Richtung Nordosten auf der L1242

Hauptgerichte 10–20 € – Rustikal, regionale Spezialitäten. In diesem Familienbetrieb in Oberösterreich gibt es traditionelle Hausmannskost mit Produkten aus der Region und der eigenen Landwirtschaft. Die Küche führt Besitzerin Elke Radner persönlich und mit viel Leidenschaft. Sie bereitet Speisen nach Rezepten zu, die aus Ur-Omas Zeiten und über die Generationen weitergeben wurden – vom rustikalen Bier-Krustenbraten über Bauern Cordon bleu bis hin zu Elkes aus Eiern glücklicher Hühner hausgemachter Kardinalschnitte. Bei den Getränken sind Heuriger Most, eigener Apfel- und Birnensaft sowie hausgebrannte Destillate ein Muss.

📷 Der befestigte Parkplatz zum Abstellen der Wohnmobile liegt direkt am Landgasthof, der über einen großen Kinderspielplatz, ein Schildkrötengehege und von Ende Juli bis September ein Maislabyrinth verfügt. Der Gasthof befindet sich verkehrstechnisch gut gelegen am Voralpenkreuz mit der A1, A9 und A8. Die Region um Vorchdorf ist das Tor zum Salzkammergut und der Tourismusregion Traunsee/Almtal.

🚐 5 Plätze   max 7,5 t, 7 m   😊 gegen Gebühr   📶 gratis   WC gratis, nur zu den Öffnungszeiten   ≈ Frischwasseranschluss und Entsorgungsmöglichkeit für Grauwasser (10 €), keine Entsorgungsmöglichkeit für Bordtoilette   ℹ️ **Reservierung erforderlich**. Spielplatz. Hunde nur im Gastgarten gestattet. Spaziergänge möglich.

137 GASTHAUSBRAUEREI ZUM ALFONS

Bergern 2
A-4690 Rutzenham
Tel. +43/76 73/24 42
office@zum-alfons.at
www.zum-alfons.at

🕐 Mi–So ab 16 Uhr, Mo, Di Ruhetage
GPS 48.055812, 13.706317
➡️ A8, Ausfahrt Haag am Hausruck, ca. 23 km Richtung Süden auf der L520 und L1259

Hauptgerichte 9–14 € – Rustikal, österreichische Küche. Die Gasthausbrauerei Zum Alfons steht für Wohlfühlatmosphäre. Bei dem vielfältigen Speisenangebot ist für jeden Geschmack etwas dabei. Österreichische Gerichte wie heiße Brote, »Kasnock'n« oder Braumeister-Schnitzel stehen ebenso auf der Speisekarte wie Burger und Pommes mit selbst gemachter Trüffelmayonnaise. Spezialität des Hauses ist das selbst gebraute Bier in unterschiedlichen Sorten, das auch flaschenweise mit nach Hause/ins Wohnmobil genommen werden kann.

📷 Auf dem teilweise asphaltierten Parkplatz ist ausreichend Platz für Wohnmobile. Nicht weit entfernt befindet sich der Naturerlebnisweg Pfarrerwald in Vöcklabruck, der Groß und Klein auf einen Waldlehrpfad mit Waldspielplatz zum Wandern und Entdecken einlädt.

🚐 10 Plätze   max 7,5 t, 15 m   😊 nicht vorhanden   📶 nicht vorhanden   WC gratis, nur zu den Öffnungszeiten   ≈ kein Frischwasseranschluss, keine Entsorgungsmöglichkeit für Grauwasser und Bordtoilette   ℹ️ **Keine Reservierung erforderlich. Speisen/Getränke zum Mitnehmen. Spielplatz. Schöne Spaziergänge möglich.**

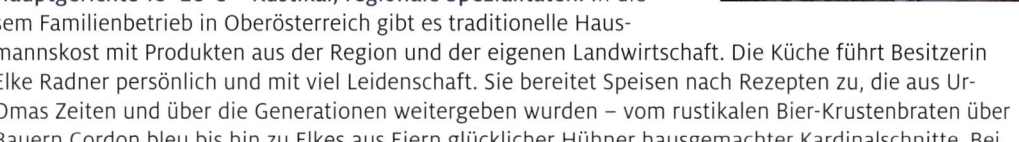

138 RESTAURANT & HOTEL WALDESRUH

Kohlwehr 1
A-4694 Ohlsdorf
Tel. +43/76 13/31 43
office@waldesruh.at
www.waldesruh.at
🕐 Mi ab 17.30, Do–So 11.30–14.30 und 17.30–23 Uhr, Mo, Di Ruhetage,

Anreise bis 20 Uhr
📍GPS 47.987081, 13.809896
➡ A1, Ausfahrt Laakirchen West, ca. 1 km auf der B144 Richtung Süden, rechts abbiegen und ca. 1 km auf Bahnhofstraße (Brücke über die Traun) und Kohlwehr

Hauptgerichte 15–33 € – Regionale Spezialitäten, Gourmetküche. Der in herrlicher Waldlandschaft gelegene Gasthof verzaubert seine Gäste mit kreativer Gourmetküche. Franz und Eva Wiesmayr führen das 130 Jahre alte Haus seit über 20 Jahren mit viel Liebe zum Beruf und zur fachgerechten Zubereitung hochwertiger Lebensmittel regionaler Herkunft. Das Motto »Fine Dining mit lokaler Verbundenheit« bringt das Konzept auf den Punkt, und genauso liest sich das Degustationsmenü, das klassische Gourmetküche mit regionalen Zutaten vereint. Auf der Weinkarte dominieren edle österreichische Gewächse.

🚐 Der asphaltierte Parkplatz bietet Wohnmobilen einen Logenplatz am Waldesrand. An der nahen Traun kann man angeln. Wer sich lieber bewegt, genießt die umgebenden Wälder bei einem Spaziergang.

🚐 2 Plätze max. 7,5 t, 7 m ☺ 5 €/Tag 📶 gratis WC gratis, nur zu den Öffnungszeiten 🌊 kein Frischwasseranschluss, keine Entsorgungsmöglichkeit für Grauwasser und Bordtoilette ℹ **Reservierung erforderlich**. Speisen/Getränke zum Mitnehmen. Spielplatz. Schöne Spaziergänge vom Gasthaus aus möglich.

---

139 HOTEL RESTAURANT HUMLERHOF

Nösslach 483
A-6156 Gries am Brenner
Tel. +43-5274-87500
info@humlerhof.com
www.humlerhof.com

🕐 Mo–Sa 7–10 und 17–23, So, feiertags 7–23 Uhr, Anreise bis 23 Uhr, an der Hotelrezeption anmelden
📍GPS 47.066664, 11.472157
➡ A13, Ausfahrt Nösslach, im Ort ca. 1 km nordwärts den Berg hinauf

Hauptgerichte 12–25 € – Regionale Spezialitäten, internationale Küche. Das typische Tiroler Gasthaus mit kleiner Abendkarte serviert ehrliche regionale Küche, die auch von Einheimischen geschätzt wird. Das liegt nicht nur an den großen Portionen, sondern auch an der Qualität der Speisen. Das Rindfleisch für Steaks und Tafelspitz kommt aus eigener Produktion – deshalb nicht nur das (sehr gute) Wiener Schnitzel probieren! Eine weitere Spezialität sind Wildgerichte. Man schmeckt, dass die Soßen, die Beilagen und die Salate vom Büfett selbst gemacht und stets frisch zubereitet sind. Der Service ist schnell, herzlich und selbst bei großem Gästeandrang überraschend effektiv.

🚐 Für Wohnmobile gibt es eine schöne und vom Autobahnlärm gänzlich verschonte Übernachtungsmöglichkeit mit Standplätzen auf Schotter, Wiese oder Asphalt direkt am Bauernhof und am Hotel-Restaurant. Auf 1386 m Höhe eröffnet sich ein herrlicher Blick auf die Tiroler Bergwelt.

🚐 20 Plätze max. >7,5 t, >15 m ☺ nicht vorhanden 📶 gratis WC gratis, nur zu den Öffnungszeiten 🌊 Frischwasseranschluss, keine Entsorgungsmöglichkeit für Grauwasser und Bordtoilette ℹ **Keine Reservierung erforderlich. Speisen/Getränke zum Mitnehmen. Spielplatz. Schöne Spaziergänge möglich.**

⑭⓪ HERBERTS STUBN

Aufelderweg 24
A-8073 Feldkirchen
Tel. +43/676/54267 71
herberts.stubn@mx.at
www.herberts-stubn.at

🕓 Di–Sa 11–20, So 11–17 Uhr,
Mo Ruhetag, Anreise bis 19 Uhr
GPS 47.000261, 15.455009
➡ A2, Ausfahrt Flughafen Graz/
Feldkirchen, ca. 3 km südwärts auf
der B67 bis Abtissendorf

Hauptgerichte 12–22 € – Regionale Spezialitäten. Seit über 20 Jahren verwöhnt das südlich von Graz gelegene Gasthaus Herberts Stubn mit österreichischen Spezialitäten. Chefin ist Simone Paukert, die das von ihrem Vater Herbert mit viel Herzblut gegründete Haus übernommen hat. In entspannter Atmosphäre genießen Gäste die Schmankerl aus der Küche, bei denen regionale Zutaten immer mit von der Partie sind: Vogerl-Salat mit Erdäpfel, Bio-Tafelspitz mit Rösterdäpfeln oder Herberts-Stubn-Klassiker, das mit Käse und Schinken gefüllte Erdäpfel Cordon bleu. Spätestens wenn der Duft frisch gebackener Mehlspeisen durch das Restaurant zieht, wird sich der eine oder andere garantiert noch für einen Nachtisch begeistern lassen.

🚐 Zur Nachtruhe begeben sich Wohnmobilbesitzer auf dem Stellplatz an der Straße neben dem Restaurant. Gut ausgeruht besucht man am nächsten Tag die nahe gelegene und schnell erreichbare sehenswerte Grazer Innenstadt mit dem Dom, dem Uhrenturm und dem Schloss Eggenberg.

🚐 3 Plätze   〔max.〕 3,5 t, 7 m   ☺ nicht vorhanden   📶 nicht vorhanden   〔WC〕 gratis, nur zu den Öffnungszeiten   🌊 kein Frischwasseranschluss, keine Entsorgungsmöglichkeit für Grauwasser und Bordtoilette   **ⓘ Reservierung erforderlich** . Speisen/Getränke zum Mitnehmen. Hunde willkommen. Spielplatz. Schöne Spaziergänge möglich.

ZOTTER SCHOKOLADE

Von der Schokofabrik zum Schokoladen-Kompetenzzentrum: Das von Josef Zotter 1999 gegründete Unternehmen zählt heute zu den international besten Schokoladen-herstellern, der die Welt der Schokolade mit seinen bunten, innovativen Tafeln nachhaltig revolutioniert hat. Neben klassischen Sorten hat sich Zotter vor allem mit verrückten Kreationen wie Cola & Popcorn oder Hanfpraline einen Namen gemacht. Die handgeschöpften Schokoladen werden »from-bean-to-bar«, also von der Kakaobohne bis zur Tafel, und nach den strengen Regeln eines eigenen Fair-Trade-Konzeptes selbst hergestellt. Ein Fabribbesuch mit 18 süßen Kostproben im Gepäck lohnt sich.

Zotter Schokolade GmbH, Bergl 56,
8333 Riegersburg, www.zotter.at

141 AMEDIA EXPRESS GRAZ AIRPORT

Flughafenstraße 23
A-8073 Feldkirchen bei Graz
Tel. +43/316/29 22 22
graz@amediahotel.com
www.amediahotels.com/de/
oesterreich/graz-airport/

🕐 Mo–Fr 6.30–22.30, Sa, So, feiertags 7–22.30 Uhr
GPS 46.996441, 15.450963
➡ A2, Ausfahrt Flughafen Graz/Feldkirchen, ca. 2 km Richtung Süden auf der B67

Hauptgerichte 6–12 € – Internationale Küche. Das moderne Amedia Express Graz Airport befindet sich direkt am Flughafengelände in Feldkirchen bei Graz. Mit seiner guten Lage und der perfekten Anbindung an die öffentlichen Verkehrsmittel eignet es sich für einen Zwischenstopp auf der Durchreise oder um Graz zu besichtigen. Bis 10 Uhr bietet das Hotel ein reichhaltiges Frühstück an. Danach lässt sich der spontane Hunger mit leckeren Gerichten von der Snackkarte stillen, darunter Kaiserschmarrn, Pastagerichte, Gulaschsuppe und Toast.

🚐 Der Hotelparkplatz, auf dem auch Wohnmobile stehen können, ist durch eine Schranke gesichert und befindet sich vor, hinter und neben dem Hotel. Gekennzeichnet sind die Standplätze durch eine rote Bodenmarkierung. Graz mit seinen vielen Sehenswürdigkeiten ist schnell und leicht erreichbar.

🚐 3 Plätze max. > 7,5 t, > 15 m ⊙ nicht vorhanden 📶 gratis WC gratis, nur zu den Öffnungszeiten 💧 kein Frischwasseranschluss, keine Entsorgungsmöglichkeit für Grauwasser und Bordtoilette ℹ **Reservierung erforderlich**. Hunde willkommen. Schöne Spaziergänge vom Gasthaus aus möglich.

142 HOTEL LIEBMANN

Liebmannweg 23
A-8301 Laßnitzhöhe
Tel. +43/3133/232 26
office@hotel-liebmann.at
www.hotel-liebmann.at

🕐 Mo–Sa 7–10, 12–14 und 18–20.30 Uhr, So Ruhetag
GPS 47.071967, 15.577412
➡ A2, Ausfahrt Laßnitzerhöhe, ca. 2,5 km nach Nordwesten auf Autalerstraße und Badweg

Hauptgerichte 15–30 € – Regionale Spezialitäten, Gourmetküche. Dass das familiengeführte Hotel Liebmann mehr als 150 Jahre auf dem Buckel hat, ist dem topmodernen Haus mit Restaurant und Wellnessbereich nicht anzusehen. Umso traditioneller sind die Atmosphäre und die Gastfreundschaft, die das Hotel zu einem perfekten Ort für genussvolle Stunden machen. Bei regionalen und saisonalen Schmankerln, Grill- und Themenabenden sowie 5-Gänge-Menüs, die sowohl von Mama und Papa Liebmann als auch vom Sohn zubereitet werden, tauchen Genießer ins kulinarische Paradies der Steiermark ein. Die Veggie & Vegan Tage sind das Richtige für Gemüsefans, während Liebhaber feuriger Aromen die Tex-Mex-Tage nicht versäumen sollten.

🚐 Ebene, asphaltierte Wohnmobilstandplätze befinden sich auf zwei Teilbereichen des Hotelparkplatzes. Die 1000 m² große Parkanlage ist ideal für kleine Spaziergänge, zahlreiche Rundwege befinden sich vorm Hotel. Der Wellnessbereich mit Dampfbad, Bio- und finnischer Sauna steht auch Tagesgästen offen.

🚐 5 Plätze max. 7,5 t, 7m ⊙ nicht vorhanden 📶 gratis WC gratis, nur zu den Öffnungszeiten 💧 kein Frischwasseranschluss, keine Entsorgungsmöglichkeit für Grauwasser und Bordtoilette ℹ **Reservierung erforderlich**. Speisen/Getränke zum Mitnehmen. Hunde willkommen. Schöne Spaziergänge vom Gasthaus aus möglich.

143 OSKAR SCHAUER HAUS/ SATTELHAUS

Scherzberg 27
A-8592 Salla
Tel. +43/3144/80019
passiflora71@gmx.at
www.oskar-schauer-haus-sattelhaus.
naturfreunde.at
🕐 Mi–So 8–20 Uhr,

Mo, Di Ruhetage, im Winter geschl.
GPS 47.165097, 14.993148
➡ B77, ca. 4 km nördl. von Köflach
abbiegen auf L341, ca. 5 km bis Graden
und 9 km auf Graden-Jägerwirt-Weg
und Sattelhaus-Weg (letzten 5 km
schmale, teils steile Schotterstraße)

Hauptgerichte 12–18 € – Regionale Spezialitäten. In diesem rustikalen, auf Wanderer ausgerichteten Almgasthof in den Lavanttaler Alpen speisen hungrige Bergwanderer auf der Terrasse oder an kühleren Tagen in den beiden gemütlichen Stuben. Hüttenwirtin Martha Reischl steht selbst am Herd bzw. in der Backstube und verwöhnt ihre Gäste mit selbst gemachten regionalen Köstlichkeiten. Besonders berühmt sind ihre Mehlspeisen und der Schweinsbraten mit Sauerkraut und Knödel.

🚐 Ein Wiesenparkplatz wartet auf Wohnmobile und bietet ein ruhiges Nachtquartier am Waldrand. Gut erholt starten Wanderer am nächsten Tag zu einer der wunderschönen Rundtouren mit weitem Blick über die Steiermark. Die Wege sind markiert und eignen sich für Wanderer jeden Alters.

🚐 5 Plätze   max > 7,5 t, 15 m   ☺ nicht vorhanden   (((•))) nicht vorhanden   WC gratis, nur zu den Öffnungszeiten
💧 kein Frischwasseranschluss, keine Entsorgungsmöglichkeit für Grauwasser und Bordtoilette   🔋 **Keine Reservierung erforderlich. Speisen/Getränke zum Mitnehmen. Hunde willkommen. Schöne Spaziergänge möglich.**

Die Grazer Umgebung bietet eine Vielzahl an Wanderwegen, die durch die grüne Hügellandschaft führen.

⑭ GASTHOF KNAPPENWIRT

Hoferdorf 113
A-8812 Mariahof
Tel. +43/35 84/25 42
info@knappenwirt.at

www.knappenwirt.at
🕐 Di 17–21, Mi–Sa 8–14
und 17–21, So 8–15 Uhr, Mo Ruhetag,
Anreise bis 21 Uhr

GPS 47.095647, 14.403558
➡ B96 bis Teufenbach, ca. 7 km
Richtung Süden auf der L513 und
L502 bis Mariahof

Hauptgerichte 11–30 € – Regionale Spezialitäten, Gourmetküche. Der Knappenwirt ist der ideale Ort, um steirische Küche auf höchstem Niveau kennenzulernen. Gespeist wird in einer der zwei alten Stuben aus dem Jahre 1827 und dem modernen Wintergarten. Haubenkoch Michael Lohr (Österreichs Bezeichnung für vom Gault-Millau ausgezeichnete Köche) kombiniert moderne Küche mit heimatlicher Hausmannskost und verarbeitet mit großer Sorgfalt und bester Handwerkskunst überwiegend regionale Produkte wie Fisch, Wild, Kräuter und Pilze von persönlich bekannten Herstellern. Aus dem hauseigenen Weinkeller kommen edle Tropfen, die auch direkt im Kellergewölbe genossen werden können.

🔌 Zwei ebene, befestigte und sehr ruhige Standplätze mit Steckdose befinden sich im Bereich des Restaurant- und Hotelparkplatzes. Der nahe Red Bull Ring Spielberg erweist sich für Erwachsene und Kinder als Spielplatz der Extraklasse. Große und kleine Wassernixen besuchen die Aqualux Therme in Fohnsdorf, außerdem liegt direkt neben dem Gasthof die gepflegte hauseigene 18-Loch Minigolfanlage.

🚐 2 Plätze   max. > 7,5 t, > 15 m   ☺ gegen Gebühr   📶 gratis   WC gratis, nur zu den Öffnungszeiten   🚰 kein Frischwasseranschluss, keine Entsorgungsmöglichkeit für Grauwasser und Bordtoilette   ℹ **Reservierung erforderlich**. Speisen/Getränke zum Mitnehmen. Hunde willkommen. Spielplatz. Schöne Spaziergänge möglich.

145 ALPENGASTHOF MOSER

Karchau 8
A-8813 St. Lambrecht
Tel. +43/35 88/280
office@alp-moser.at
www.alp-moser.at
🕐 Mo, Do–So 11.30–14 und 17–20 Uhr, Di, Mi Ruhetage,

Anreise bis 18 Uhr
GPS 47.112746, 14.258610
➡ B96 bis Murau (Anfahrt nicht über Triebendorf), ab Murau ca. 10 km südostwärts über Laßnitzbach und Probst nach Karchau

Hauptgerichte 13–18 Euro – Rustikal, regionale Spezialitäten. Mitten im Naturpark Grebenzen-Zirbitzkogel gibt die Natur den Ton an. Nach einem Tag in der Urlaubsregion Murau kehren Hungrige beim Karchauer Wirt ein, der den Gästen eine gemütliche, familiäre Atmosphäre bietet. Berühmt ist das Wirtshaus der Familie Moser für seine Backhendl, die von Hermine Wech in St. Andrä stammen. Auch die Bio-Produkte, die in Spezialitäten wie dem selbst gemachten Schweinsbraten verarbeitet werden, sind streng regionaler Herkunft.

🚐 Die Wohnmobilstandplätze befinden sich auf dem Parkplatz des Gasthauses oder hinter dem Haus auf der Wiese und sind wunderbar ruhig inmitten von Wiesen und Wäldern gelegen. Direkt am Haus verlaufen Wanderwege, im Winter stehen der kleine hauseigene Skilift und eine Langlaufloipe zur Verfügung.

🚐 3 Plätze max. > 7,5 t, 15 m 😐 nicht vorhanden 📡 gratis WC gratis, nur zu den Öffnungszeiten ⚓ kein Frischwasseranschluss, keine Entsorgungsmöglichkeit für Grauwasser und Bordtoilette ℹ **Reservierung erforderlich**. Hunde willkommen. Spielplatz. Schöne Spaziergänge vom Gasthaus aus möglich.

---

146 EGIDIWIRT MURAU

St. Egidi 82
A-8850 Murau
Tel. +43/35 32/22 32
gasthof@egidiwirt.at
www.egidiwirt.at

🕐 Di–So 9–23 Uhr, Mo Ruhetag, Anreise bis 21 Uhr
GPS 47.111603, 14.187163
➡ B96 oder B97 bis Murau, ca. 1,5 km auf der B96 Richtung Osten

Hauptgerichte 11,90–25,90 € – Regionale Spezialitäten. Wenn Einkehr zum Erlebnis wird, befindet man sich wahrscheinlich gerade im Gasthof Egidiwirt, einem der beliebtesten Wirtshäuser der Region Murau, wo seit vielen Jahren auf die Teller der Gäste nur Bestes aus der Steiermark kommt – und zwar ausschließlich das, was gerade Saison hat. Neben Klassikern aus dem Butterreindl wie ein halbes »Backhenderl« mit Preiselbeeren und gemischtem Blattsalat oder Schwarzenberg Forelle »Müllerin Art« mit Petersilerdäpfel und Krenmousse gibt es auch vegetarische Gerichte, etwa handgemachte Pilz-»Nudeltascherl«. Viele Gäste kommen auch wegen der ofenfrischen Pizza zum Egidiwirt – sie ist vom Klassiker bis hin zur grenzüberschreitenden »Alpe Adria« in vielen Varianten erhältlich.

🚐 Die asphaltierten, schattigen Standplätze befinden sich an der Seite zum Gasthof, der direkt an der Hauptstraße der Stadt Murau, am Fuße der Stolzalpe und nahe den Schigebieten Kreischberg und Frauenalpe liegt. Auf sportlich Aktive wartet der Murradweg, der direkt beim Egidiwirt vorbeiführt.

🚐 2 Plätze max. 7,5 t, 7m 😐 nicht vorhanden 📡 gratis WC gratis, nur zu den Öffnungszeiten ⚓ kein Frischwasseranschluss, keine Entsorgungsmöglichkeit für Grauwasser und Bordtoilette ℹ **Keine Reservierung erforderlich. Speisen/Getränke zum Mitnehmen. Hunde willkommen. Spielplatz. Schöne Spaziergänge möglich.**

Die schroffen Grate des Bosruck verlangen gute Kondition und Trittsicherheit.

AUSFLÜGE IN ÖSTERREICH

GRATWANDERUNG ZU DEN DREI KREUZEN

Man kann den Bosruck getrost Grenzberg nennen, denn an seinen Flanken verläuft die Landesgrenze zwischen Oberösterreich und der Steiermark. Die Strecke dieser Tour für fortgeschrittene, trittsichere und schwindelfreie Bergexperten ist von wie mit dem Stift in den Himmel gezeichneten Bergkämmen gesäumt. Drei Gipfelkreuze stehen auf dem Programm der Tour. Das ist anspruchsvoll, mehr als 1000 Höhenmeter müssen überwunden werden. Von der Ortschaft Spital am Pyhrn geht es über den Pyhrnpass hinauf zur Fuchsalm. Von dort wandert man ein Stück des Weges durch den Wald. Serpentinen schlängeln sich hinauf zum Lahnerkogel. Das Gipfelkreuz befindet sich in 1854 m Höhe. Weiter geht es als Gratwanderung über den Kitzstein mit seinem Gipfelkreuz in 1925 m und weiter zum Gipfel des Bosruck auf 1992 m. Nach einer Verschnaufpause verläuft die Strecke nun wieder zurück zum Ausgangspunkt. Für die Anstrengung wird man mit einem wunderbaren Panorama belohnt. Es empfiehlt sich, diese Tour nur bei gutem Wetter zu unternehmen und außerdem gleich früh am Morgen zu starten.

MIT RAD UND SCHIFF DURCH DIE WACHAU

Zwischen Melk und Krems an der Donau liegt das Weltkulturerbe Wachau. Die einzigartige Landschaft zeichnet sich besonders durch Marillengärten und Weinanbaugebiete aus. Am besten erkundet man die Wachau per Schiff und mit dem Fahrrad. Ein guter Startpunkt dafür ist die Schiffsanlegestation in Melk. Das Fahrrad darf mit an Bord genommen werden, so kann man Bequemlichkeit und Bewegung gut miteinander verbinden. Auf der Schiffstour kommt man an romantischen Ortschaften vorbei. Wer viel Zeit hat, kann zwischendurch aussteigen, bummeln und dann mit dem nächsten Schiff weiterfahren. In Dürnstein, unweit von Krems, beginnt die knapp 40 km lange Radtour. Immer am Ufer entlang geht es durch Weißenkirchen bis nach Spitz. Ein Abstecher führt nach Maria Laach am Jauerling, der Ort ist mit der sehenswerten spätgotischen Wallfahrtskirche unbedingt einen Besuch wert. Von hier aus geht es dann zurück nach Melk.

Auf rund 40 Kilometern schlängelt sich die Donau durch die von sanften Hügeln und Weinbergen geprägte Wachau.

Unter hohen Bäumen und hinter Hecken verstecken sich die Standplätze auf dem Camping Au an der Donau.

CAMPINGPLÄTZE

Veltlinerland-Camping Poysdorf
★ ★ ★ ☆ ☆

85 Die gepflegte Anlage in der Weinstadt Poysdorf ist ein idealer Ausgangspunkt für Ausflüge ins nahe Tschechien. Der Platz erstreckt sich auf einem zweistufigen Wiesengelände, der untere Bereich ist für Dauercamper reserviert, der obere für Touristen vorgesehen. Über einen separaten Zugang gelangt man zum angrenzenden, 3 ha großen Badeteich und dem öffentlichen Freizeitgelände mit Kinderspielplatz, Beachvolleyball- und Tennisplatz. Dort wartet ein kleine Sandbucht mit Liegewiese auf Badegäste.

▶ Laaer Straße 106, 2170 Poysdorf, Tel. +43/25 52/20371, Mai–Ende Okt., GPS: 48.664794, 16.611463
■ pincamp.de/nö5500

Aktiv Camp Purgstall ★ ★ ★ ★ ☆

86 Eingebettet in die sanft hügelige Landschaft des Mostviertels finden Campinggäste auf dem familienfreundlichen, gepflegten Platz am Rand von Purgstall Ruhe und Beschaulichkeit. Das ebene Rasengelände ist durch einige mittelhohe Laubbäume und Sträucher aufgelockert, einige Standplätze sind durch Hecken abgeteilt. Für Abkühlung an heißen Sommertagen sorgt der platzeigene kleine Badeweiher. Auf die kleinen Gäste wartet ein Mini-Streichelzoo.

▶ Augasse 8, 3251 Purgstall, Tel. +43/74 89/20 15, Anfang April–Mitte Okt., GPS: 48.0563, 15.129666
■ pincamp.de/nö3200

Camping Au an der Donau ★ ★ ★ ★ ☆

87 Donau-Radwanderer, Bootsfahrer und Wasserratten treffen sich auf diesem gemütlichen Platz zwischen Naturbadeteich, Donaudamm und Yachthafen. Das Wiesengelände, auf dem sich der Platz ausbreitet, ist durch mittelhohe und hohe Laubbäume und Buschreihen gegliedert, die Standplätze sind durch höhere Hecken abgegrenzt, die für Privatsphäre sorgen. Eine Zeltwiese ist mit alten Bäumen bestanden, dort kann man die Tisch-Bank-Kombinationen nutzen. Ein kleine Liegewiese säumt den Naturbadeteich, an dem die Campinggäste Abkühlung finden. Über den Radweg geht es zur ca. 200 m langen und 50 m breiten Liegewiese an der Donau, ein wunderbarer Platz zum Entspannen mit Blick über den Fluss.

▶ Hafenstraße 1, 4332 Au an der Donau,
Tel. +43/72 62/530 90, Anfang April–Ende Sept.,
GPS: 48.228117, 14.58005
■ pincamp.de/oö3700

Schloss Camping Aschach ★ ★ ★ ★ ☆

88 Der gemütliche, gepflegte Platz, oberhalb des Ortes Volders gelegen, bezaubert mit seiner netten Atmosphäre und dem herrlichen Blick auf das Karwendelgebirge. Schattige Plätze und ein kleines Schwimmbad laden zum Ausspannen ein. Durch einen Weg wird der teils ebene, teils geneigte Wiesenplatz mit altem Baumbestand in zwei Bereiche geteilt. Am Platz kann man regionale Produkte kaufen.

▶ Hochschwarzweg 2, 6111 Volders,
Tel. +43/52 24/523 33, Anfang Juni–Mitte Sept.,
GPS: 47.287167, 11.572533
■ pincamp.de/nt4480

Camping Weinland ★ ★ ★ ★ ☆

89 Das kleine, familiäre und sehr gepflegte Camperidyll liegt an einem Badeweiher und ist Teil einer öffentlichen kommunalen Freizeiteinrichtung am Ortsrand von Gleinstätten. Auf der leicht geneigten, von Büschen und Hecken gesäumten Wiese findet man sicher das perfekte Standquartier. Am kleinen Naturbadesee lassen sich angenehme Badetage verbringen. Wohnmobilbesitzer können für Ausflüge in die Umgebung einen Elektro-Pkw leihen. Der Platz setzt auf Umweltschutz, so kommt die Reinigung der kompletten Sanitäranlagen ohne Chemie aus.

▶ Gleinstätten 230, 8443 Gleinstätten,
Tel. +43/34 57/33 44, Ende März–Ende Okt.,
GPS: 46.75175, 15.361333
■ pincamp.de/sm0760

Die Attraktion für Klein und Groß ist auf dem Gelände des Camping Weinland der kleine Naturbadesee.

Touren für
Genießer

Käse, Spargel, Bier und Wein

Deutschland genussvoll erfahren: Die deutschen Themen- und Ferienstraßen widmen sich nicht nur dem Kunst- und Kulturerleben, einige führen in Deutschlands schönste Genießerecken, wie etwa die Deutsche Weinstraße (S. 230), die auf einer ihrer Etappen die Weinberge der Mosel durchstreift.

UNTERWEGS AUF DER SCHLESWIG-HOLSTEINISCHEN KÄSESTRASSE

Das Meer liefert fangfrische Krabben, Hummer und Austern, das fruchtbare Land bringt Kohl in allen Größen, Formen und Farben hervor. Überraschend: Durch das Land und entlang der Küste zieht sich auch noch eine Käsestraße, die Käse produzierende Betriebe als Reiseroute verbindet (www.kaesestrasse.sh).

DERSAU

Der kleine Ort liegt direkt am Ufer des Großen Plöner Sees, der zu diversen Wassersportaktivitäten einlädt. Allerlei gesunde Stärkung gibt es auf dem Hof der Familie Biss, die neben Obst und Gemüse v.a. Käse anbietet, der weit über die Region hinaus bekannt ist (www.kaesehofbiss.de).

RELLINGEN

Der Hof der Familie Kruse, Teilnehmer der Käsestraße, besteht seit vielen Generationen. 230 Kühe und 100 Ziegen liefern die Milch für zahlreiche Käse- und Milchprodukte, die man im Hofladen und, ganz besonders: bei einem 24-Stunden-Automaten erstehen kann (www.kruses-hofmilch.de).

©Mapcreator.io/©HERE

PELLWORM

Die drittgrößte Nordfriesische Insel liegt mitten im Nationalpark Wattenmeer. Sie ist komplett begrünt, was vor allem den Kühen, Schafen und Ziegen gefällt. Die Inselkäserei Pellworm produziert hier seit 1909: die gute Nordseeluft und die besondere Fütterung der Tiere sorgt für ein besonderes Käsearoma (www.inselkaeserei-pellworm.de).

ALKERSUM

Das kleine Dorf auf der Insel Föhr ist umgeben von Marsch- und Geestlandschaft, die sich besonders für Fahrradtouren und Spaziergänge eignet. Familie Hartmann bewirtschaftet hier einen Bauernhof, im Hofladen verkaufen sie Käse, Marmeladen, Wurst und Likör aus eigener Herstellung (www.foehrer-inselkaese.de).

UNTERWEGS AUF DER SPARGELSTRASSE

Diese Tour schlägt einen Bogen zwischen der niedersächsischen und der nordrhein-westfälischen Spargelstraße. Vom Feld in den Kochtopf hat es der Spargel nirgends weit: Während der Saison findet sich das königliche Gemüse auf jeder Tageskarte der gemütlichen Gaststätten entlang der Route.

CLOPPENBURG

Besonders sehenswert ist das Museumsdorf Cloppenburg – eines der großen Freilichtmuseen Mitteleuropas und darüber hinaus auch eines der ältesten seiner Art. Und wer einmal selbst Spargel stechen möchte, kann dies unter Anleitung eines Gemüseexperten tun (www.pflueckselbst.de).

OSNABRÜCK

Die westfälische Prägung der Stadt macht sich u. a. in der Küche bemerkbar, zu der im Frühling und Frühsommer natürlich auch üppige Spargelgerichte – serviert zumeist mit Salzkartoffeln und Schinken oder Schnitzel – zählen. Osnabrück war 1648, gemeinsam mit Münster, Ort der Unterzeichnung des Westfälischen Friedens. In der wunderschönen Innenstadt finden sich zahlreiche Stätten der Erinnerung und aktiven Friedenskultur.

©Mapcreator.io/©HERE

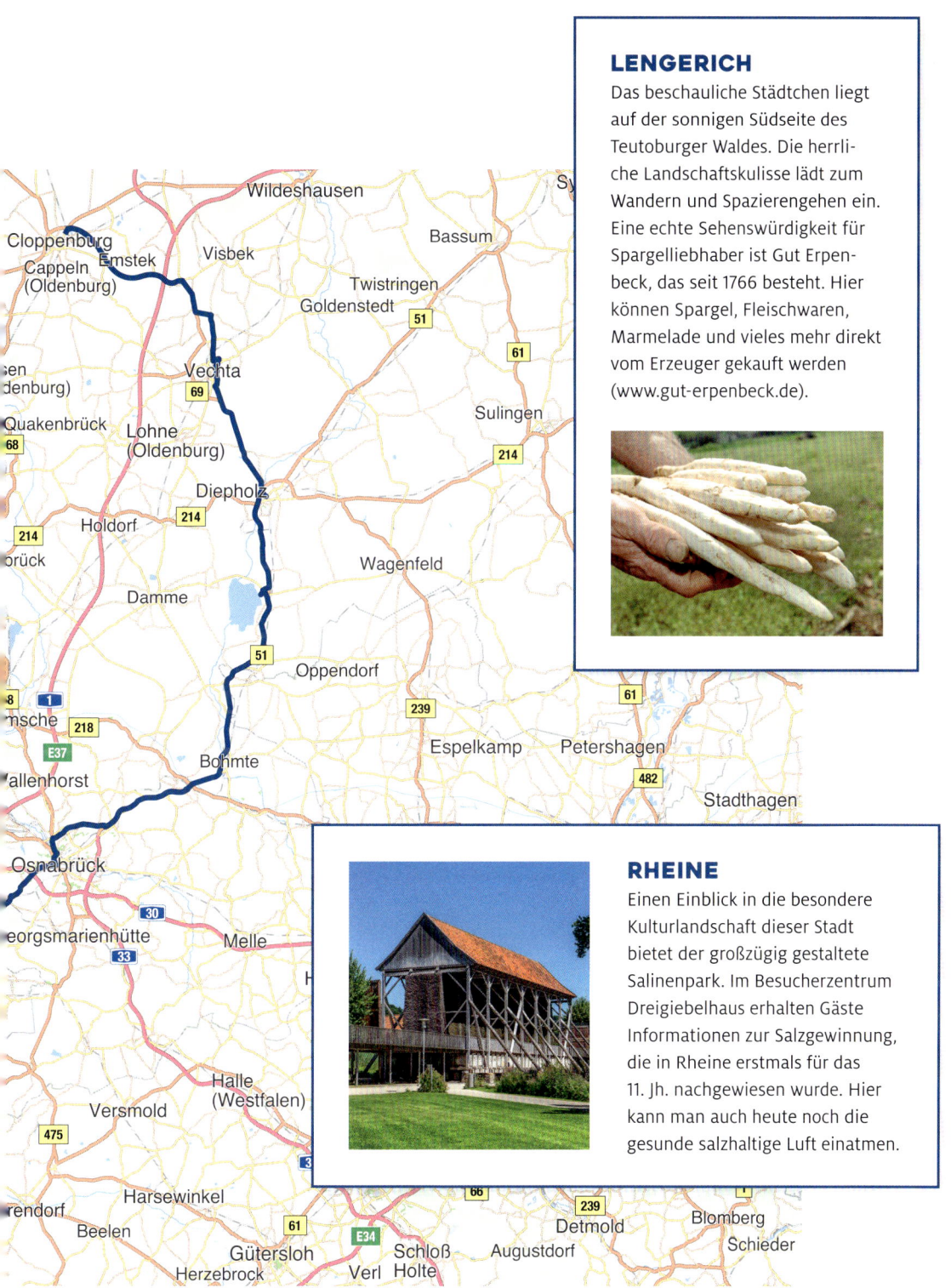

LENGERICH

Das beschauliche Städtchen liegt auf der sonnigen Südseite des Teutoburger Waldes. Die herrliche Landschaftskulisse lädt zum Wandern und Spazierengehen ein. Eine echte Sehenswürdigkeit für Spargelliebhaber ist Gut Erpenbeck, das seit 1766 besteht. Hier können Spargel, Fleischwaren, Marmelade und vieles mehr direkt vom Erzeuger gekauft werden (www.gut-erpenbeck.de).

RHEINE

Einen Einblick in die besondere Kulturlandschaft dieser Stadt bietet der großzügig gestaltete Salinenpark. Im Besucherzentrum Dreigiebelhaus erhalten Gäste Informationen zur Salzgewinnung, die in Rheine erstmals für das 11. Jh. nachgewiesen wurde. Hier kann man auch heute noch die gesunde salzhaltige Luft einatmen.

BIER- UND BURGENSTRASSE

Entlang der Bundesstraße 85 schlängelt sich diese Ferienstraße durch Thüringen und das östliche Bayern: zu Kulinarik der weltweit einzigartigen Bierregion und zu herrschaftlichen Burgen.

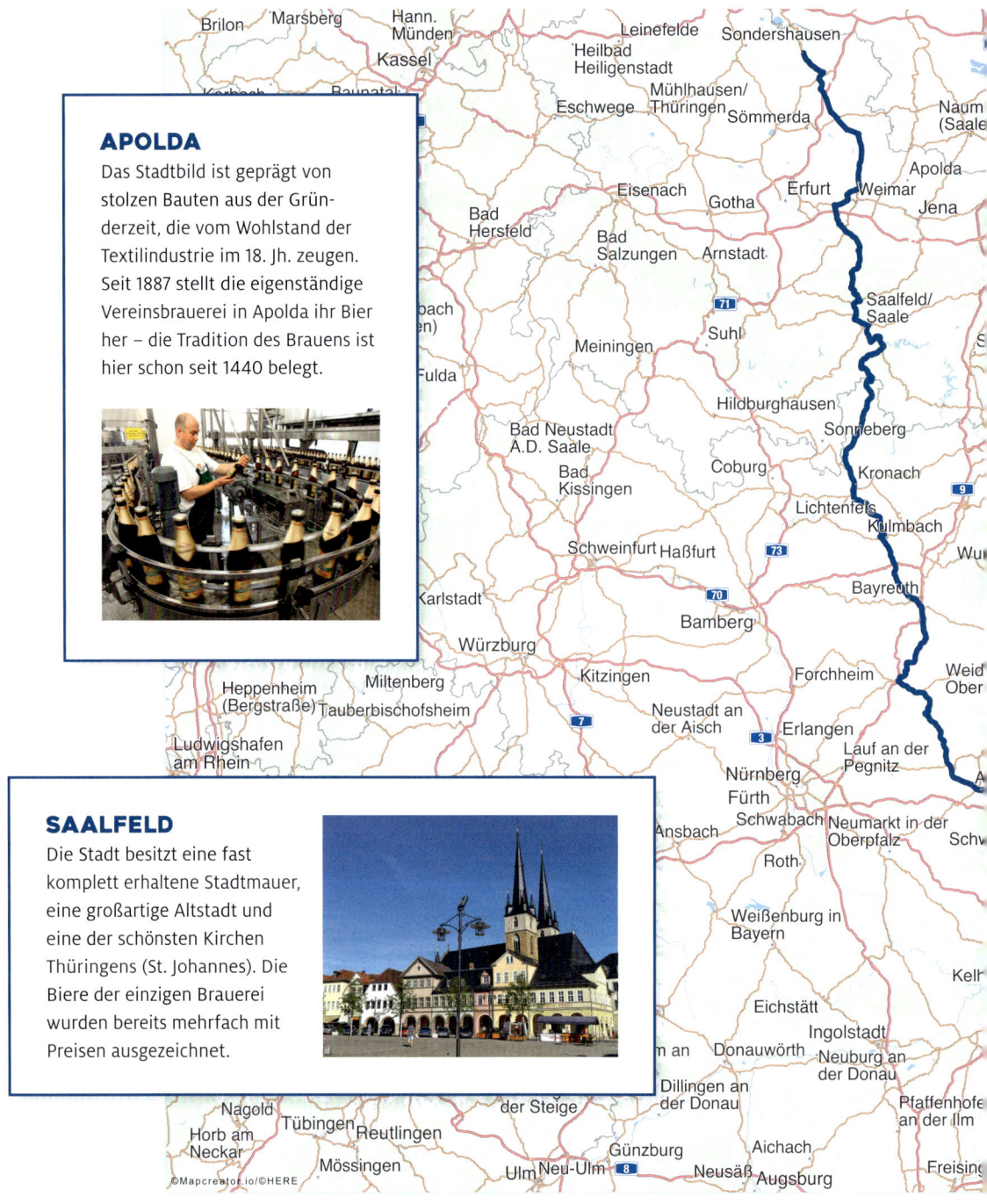

APOLDA

Das Stadtbild ist geprägt von stolzen Bauten aus der Gründerzeit, die vom Wohlstand der Textilindustrie im 18. Jh. zeugen. Seit 1887 stellt die eigenständige Vereinsbrauerei in Apolda ihr Bier her – die Tradition des Brauens ist hier schon seit 1440 belegt.

SAALFELD

Die Stadt besitzt eine fast komplett erhaltene Stadtmauer, eine großartige Altstadt und eine der schönsten Kirchen Thüringens (St. Johannes). Die Biere der einzigen Brauerei wurden bereits mehrfach mit Preisen ausgezeichnet.

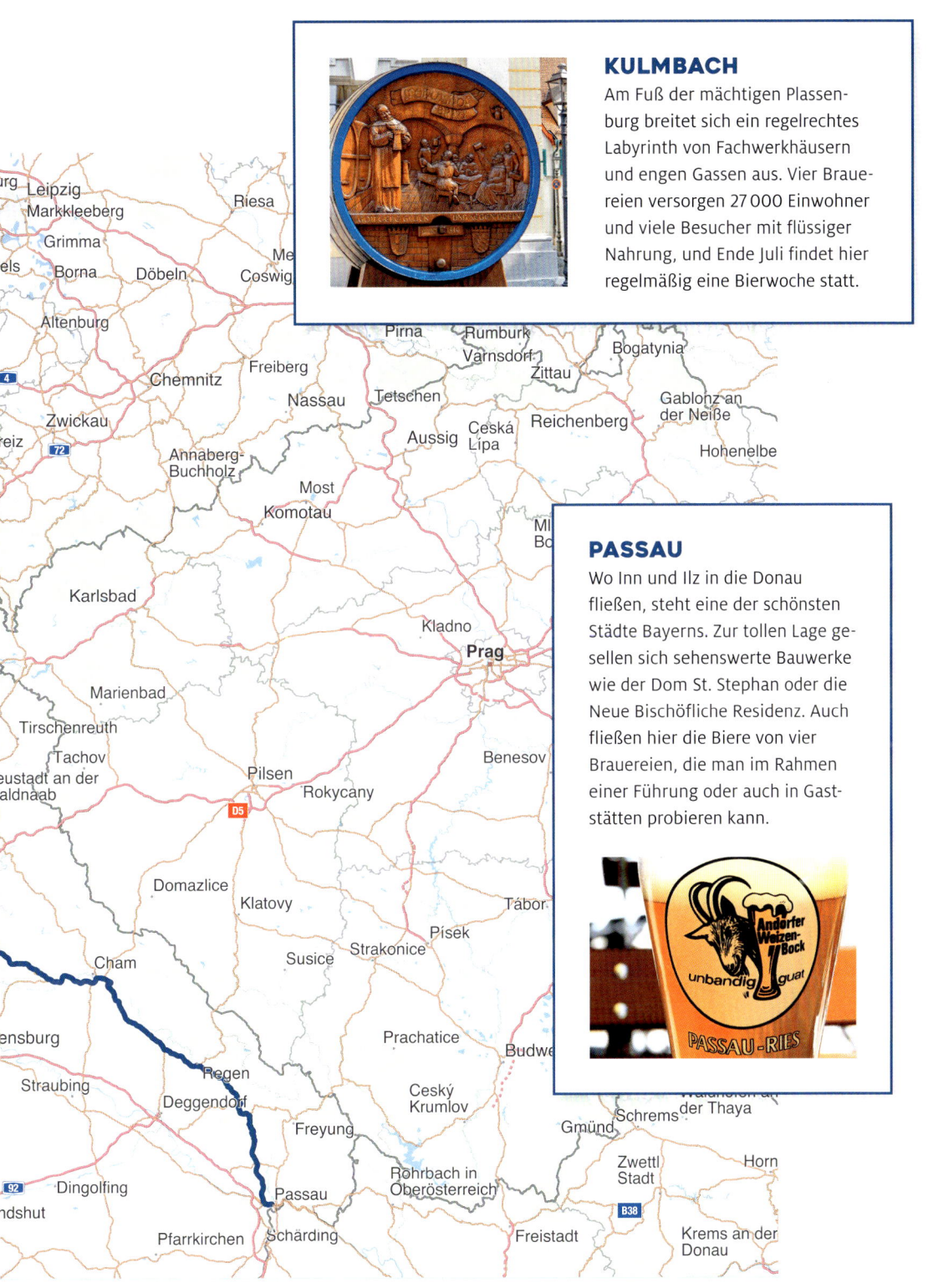

KULMBACH

Am Fuß der mächtigen Plassen-
burg breitet sich ein regelrechtes
Labyrinth von Fachwerkhäusern
und engen Gassen aus. Vier Brauereien versorgen 27 000 Einwohner
und viele Besucher mit flüssiger
Nahrung, und Ende Juli findet hier
regelmäßig eine Bierwoche statt.

PASSAU

Wo Inn und Ilz in die Donau
fließen, steht eine der schönsten
Städte Bayerns. Zur tollen Lage gesellen sich sehenswerte Bauwerke
wie der Dom St. Stephan oder die
Neue Bischöfliche Residenz. Auch
fließen hier die Biere von vier
Brauereien, die man im Rahmen
einer Führung oder auch in Gaststätten probieren kann.

ZWISCHEN PFÄLZERWALD UND REBEN-MEER: AUF DER DEUTSCHEN WEINSTRASSE

In der Pfalz dreht sich alles um Wein, Wandern und Genuss. Die Route führt vorbei an malerischen Ortschaften, trutzigen Burgen, bunten Weinbergen und dem verwunschenen Pfälzerwald.

RHODT UNTER RIETBURG

Wein spielte in dem malerischen Weindorf bereits seit den Römern eine wichtige Rolle. Sogar der älteste aktive Weinberg der Welt, 400 Jahre alt, soll sich hier befinden. Vinotheken, Straußwirtschaften und Weinstuben laden zur Einkehr ein. Besonders zum Weinfest und rund um die Weinlese ist der Besuch ein Erlebnis.

NEUSTADT AN DER WEINSTRASSE

Eine Stadt der kleinen Rekorde: zum einen zweitgrößte Weinbaugemeinde Deutschlands, zum anderen befindet sich im historischen Zentrum der umfangreichste Fachwerkhausbestand der Pfalz. Dank des milden Klimas gedeihen hier nicht nur Trauben und Tabak, sondern auch Obst und Gemüse aller Art. Selbst Mandel-, Feigen- und Zitronenbäume tragen Früchte.

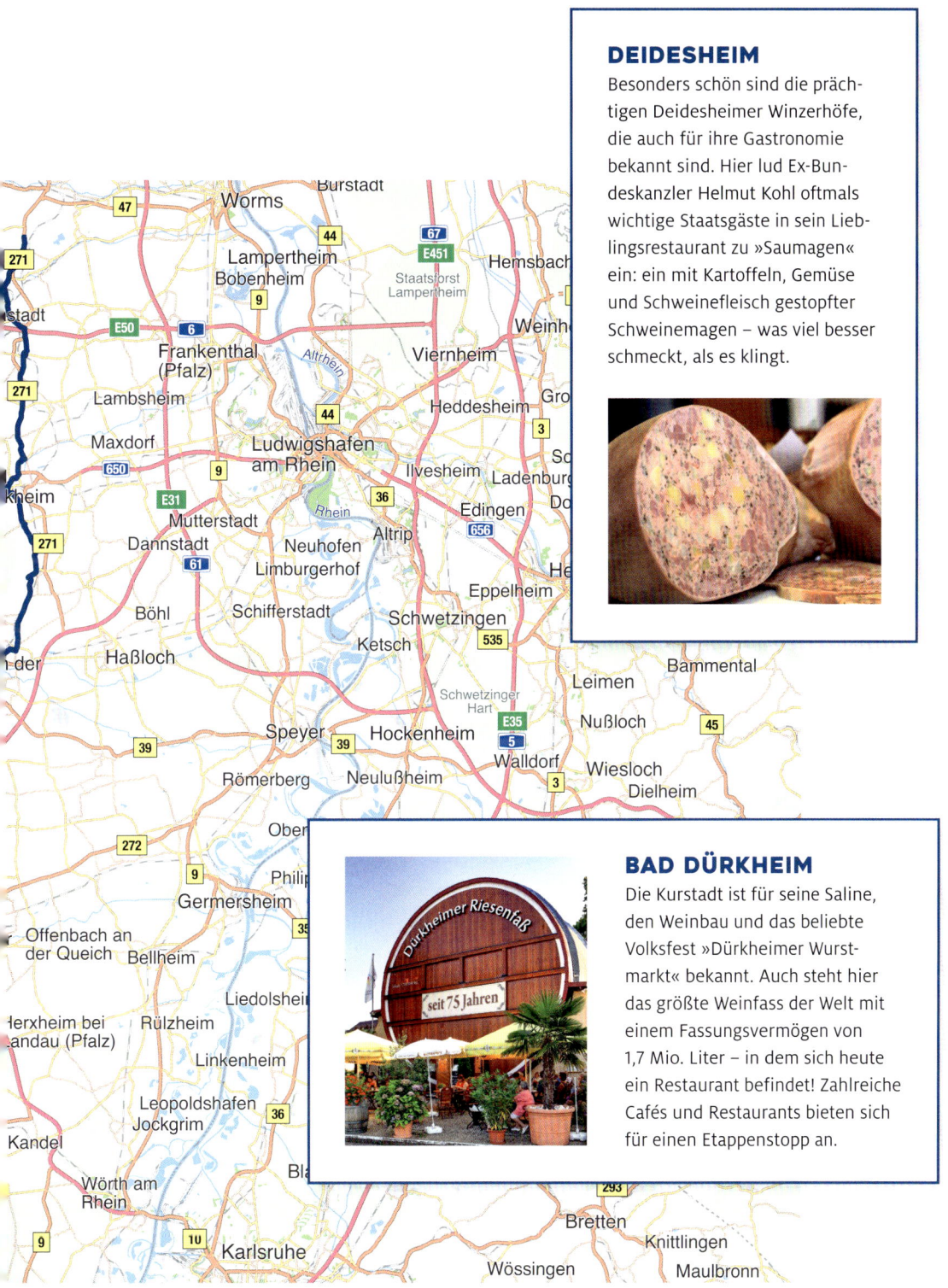

DEIDESHEIM

Besonders schön sind die prächtigen Deidesheimer Winzerhöfe, die auch für ihre Gastronomie bekannt sind. Hier lud Ex-Bundeskanzler Helmut Kohl oftmals wichtige Staatsgäste in sein Lieblingsrestaurant zu »Saumagen« ein: ein mit Kartoffeln, Gemüse und Schweinefleisch gestopfter Schweinemagen – was viel besser schmeckt, als es klingt.

BAD DÜRKHEIM

Die Kurstadt ist für seine Saline, den Weinbau und das beliebte Volksfest »Dürkheimer Wurstmarkt« bekannt. Auch steht hier das größte Weinfass der Welt mit einem Fassungsvermögen von 1,7 Mio. Liter – in dem sich heute ein Restaurant befindet! Zahlreiche Cafés und Restaurants bieten sich für einen Etappenstopp an.

TRAUMTOUR FÜR GENIESSER: MIT DEM WOHNMOBIL ENTLANG DER MOSEL

Schon die alten Römer wussten, dass die Wahrheit im Wein liegt. Und dieser schmeckt nirgends so gut wie zwischen Rhein und Mosel – zumindest der Riesling.

KOBLENZ

Die Moseltour startet am Deutschen Eck, wo Mutter Mosel auf Vater Rhein trifft. In Koblenz' romantischer Altstadt spaziert man durch kleine Gassen, über gemütliche Plätze und in versteckte Hinterhöfe – und probiert »Debbekoche« (eine Art Kartoffelkuchen mit Zwiebeln und Dörrfleisch) und dazu ein Glas Riesling.

COCHEM

Cochems Altstadt weiß mit gut erhaltenen Resten von Stadtmauer, Wehrtürmen und Toren zu begeistern, während am Marktplatz Barock und Fachwerk das Bild dominieren. Hier lässt man sich in einem der vielen gemütlichen Weinlokale nieder oder probiert in der Historischen Senfmühle einen Mostrich aus einem 200 Jahre alten Rezept.

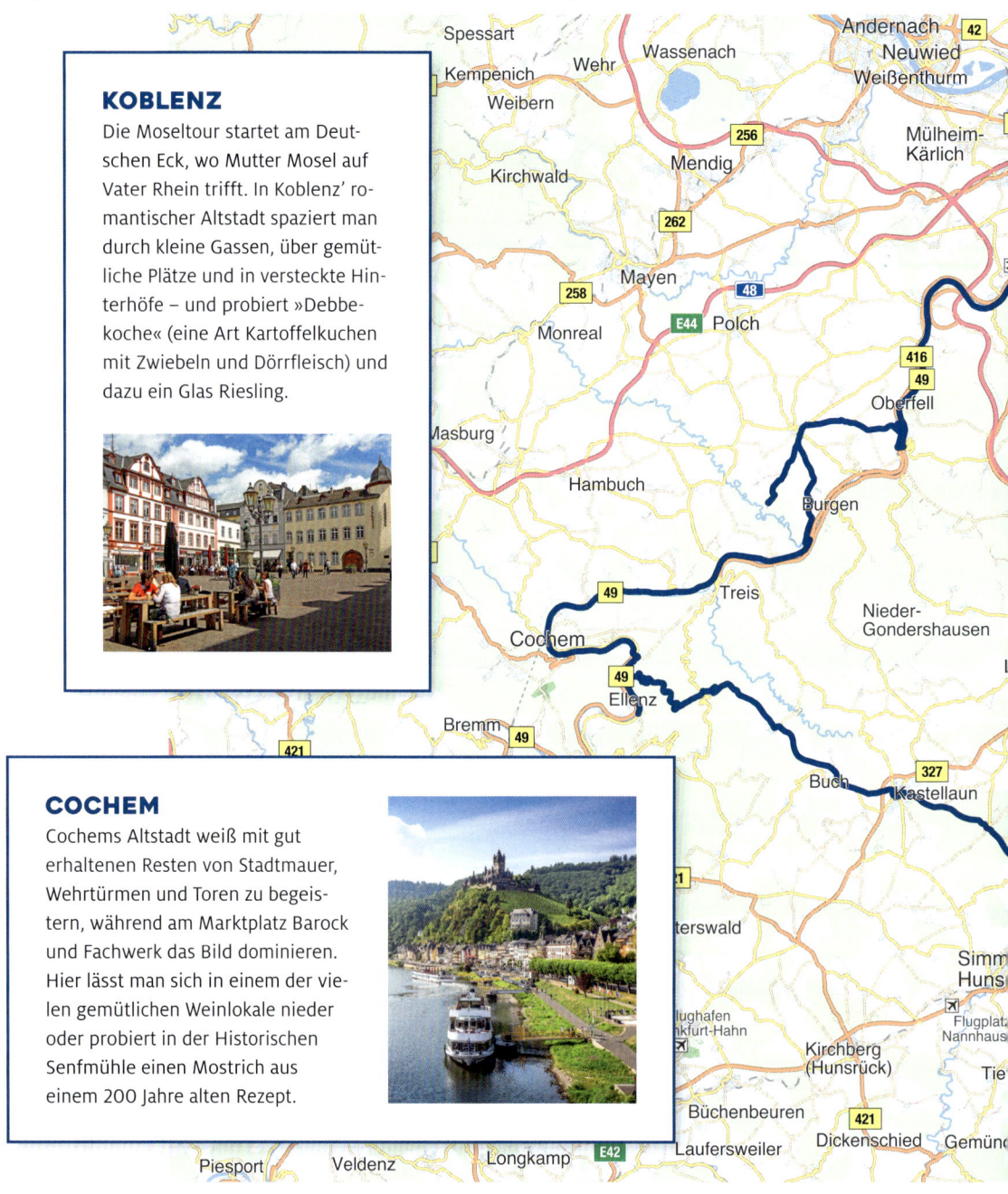

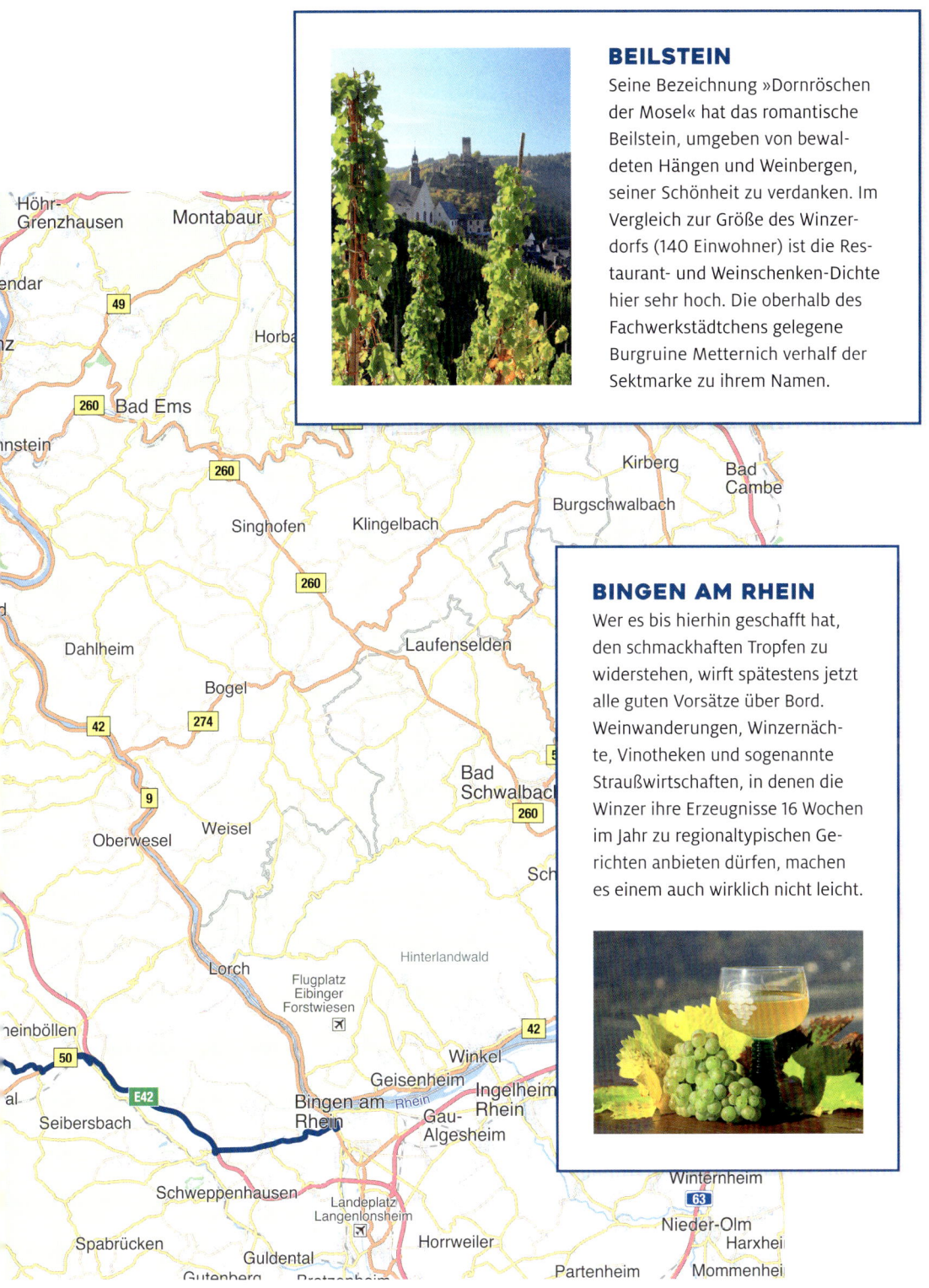

BEILSTEIN

Seine Bezeichnung »Dornröschen der Mosel« hat das romantische Beilstein, umgeben von bewaldeten Hängen und Weinbergen, seiner Schönheit zu verdanken. Im Vergleich zur Größe des Winzerdorfs (140 Einwohner) ist die Restaurant- und Weinschenken-Dichte hier sehr hoch. Die oberhalb des Fachwerkstädtchens gelegene Burgruine Metternich verhalf der Sektmarke zu ihrem Namen.

BINGEN AM RHEIN

Wer es bis hierhin geschafft hat, den schmackhaften Tropfen zu widerstehen, wirft spätestens jetzt alle guten Vorsätze über Bord. Weinwanderungen, Winzernächte, Vinotheken und sogenannte Straußwirtschaften, in denen die Winzer ihre Erzeugnisse 16 Wochen im Jahr zu regionaltypischen Gerichten anbieten dürfen, machen es einem auch wirklich nicht leicht.

REGISTER

Entdecke neue
Abenteuer und Ausflüge
vor deiner Haustür

gleich Neues
entdecken

GREEN ⬥ ADVENTURES

Das neue Online-Portal für die spannendsten Aktivitäten in deiner Umgebung

Auf greenadventures.de verraten dir die bekanntesten **Outdoor-Bloggerinnen und -Blogger** ihre besten Tipps für **besondere Naturerlebnisse** in ganz Deutschland. Ob Biken auf dem Gipfeltrail Hochschwarzwald, die Thüringer Drachenschlucht erkunden oder Kraniche im Moor beobachten – **überall gibt es Neues zu entdecken.** GREEN ADVENTURES zeigt dir, wo und wie!

Wandern

Radfahren

Rund ums Wasser

Über-raschendes

In Eis und Schnee

In deiner Region

greenadventures.de

BILDNACHWEIS

Coverbild: Symbolbild/Collage, Gasthaus: **Bildagentur Huber**, Reinhard Schmid; Campervan: **iStock**, pchoui
Rücktitel: Hotel Restaurant Verst

Adler Brauereigasthof: 138.2 – Aischblick Restaurant-Cafe: 105.2 – Aixcellence: 194.1 – Alamy Stock Photo: Kuttig-Travel 13.2 – Andreas Franke: 52.2 – Aprico: 210.1 – AWL Images LtdCornelia Doerr Photodesign: 154/155 – Berger's Landgasthof: Maike Hilbert 13.2 – Brauereigasthof Sperber-Bräu: Marcus Brodt 110 – Bräuhaus Ummendorf: 136.1 – Cafe Hein: 112.1 – Cafe-Restaurant Vedder: 203.1 – Camping Au an der Donau: 220 – Camping Sternberger Seenland: 47 – Camping Thüringer Wald: 90 – Camping Walsheim: 152 – Camping Weinland: 221 – Campingpark Heidewald: 204 – Campingpark Ostseebad Kühlungsborn: 46 – Campingplatz Bostalsee: 153 – Campingplatz Kransburger See: 34 – Campingplatz Mainkur: 181 – Campingplatz Murner See: 120 – Campingplatz Trixi Ferienpark: 80 – Comfort-Camp Eider: 17 – Die Mühle Jork: 22.2 – Die Windmühle Fissenknick: 186.2, 187.2 – Dietmar Denger: 114/115 – dpa-Zentralbild: euroluftbild.de 201.1 – Egidiwirt Murau: 217.2 – Familienpark Senftenberger See: 62 – Ferienanlage Erzeberg: 180 – Flair Hotel Neeth: Marcus Brodt 12.1 – Gasthaus zum Grundstein uff de Hessenaue: 177.2 – Gasthaus Zur Goldenen Sonne: 101.1 – Gasthausbrauerei Zum Alfons: Johannes Kernmayer 211.2 – Gasthof Knappenwirt: Ch. Buchegger – Brandlion 216 – Gasthof Stegmühle: 102.1 – Gasthof Zahler: 104.1 – Gaststätte am Eichwald: 128 – Hans-G. Unrau: 176 – Haus am Berg Seelscheid: 199.1 – Haus Stemberg: 191.1 – Heidsmühle: www.phormat.de 159.1 – Heuriger Langenloi: 210.2 – Hofgut Domäne: Jan Will 127.1 – Hotel Liebmann: 214.2 – Hotel Marienturm: 86.1 – Hotel Restaurant Haus Dumicketal: 200.2 – Hotel Restaurant Humlerhof: 212.2 – Hotel Restaurant Tresor: 172.1 – Hotel Restaurant Verst: 193.1, 193.2 – Hotel Waldschlösschen: 89.1 – Hotel-restaurant Schwarzkopf: 118.2 – Huber Images: Frank Lukasseck 18/19; Günter Gräfenhain 31.2, 224.1; Christian Bäck 36/37, 97.2; Sabine Lubenow 41; Francesco Carovillano 54, 195; Reinhard Schmid 57.2, 130, 226.2, 227.2; Andreas Vitting 82/83; Cornelia Dürr 122/123, Jürgen Busse 182/183 – imago images: Sven Simon 99.2; 126.1 – imago: Eibner 162; 232.2 – Jahreszeiten Verlag: GourmetPictureGuide 165, 200.1 – Jahreszeiten Verlag: Gräfe und Unzer KV 77.1, 198 – Jahreszeiten Verlag: Westermann Studios GbR, Nikolai 148 – Jahreszeiten Verlag: Natalie Kriwy 213.2 – Kaminrestaurant »Kleine Oker«: 33.1 – Kochen mit Lothar: 194.2 – Kräuterhotel Heidejäger: 27.1 – laif: Joerg Modrow 15; Florian Buettner 58; Peter Hirth 75.2; Martin Kirchner 88, 139; Hans-Bernhard Huber 92/93; Dagmar Schwelle 109.2; Gerald Haenel 226.1 – Landgasthaus Niedersachsen: 22.1 – Landgasthof & Hotel Zum Roß: 70.1 – Landgasthof Backers: Kaj Koenig 33.2 – Landgasthof Baunhöller-Mühle: 160.2 – Landgasthof Paulus: 146.1 – Landgasthof Restaurant Laibach: 199.2 – Landgasthof Topfmarktscheune: 76.1 – Landhaus Levitzow: 40.1 – Landhaus Nassau: 71_ – Landwehr-Bräu: 109.1 – Leonhardts Stall-Besen: 137.1 – Lochmühle Eigeltingen: 132.2 – lookphotos: Heinz Wohne 60, 174/175; Thomas Roetting 44 – mauritius images: Carolin Thiersch/imageBROKER 8/9; Günter Gräfenhain 27.2; Pitopia 43; Blickwinkel/Alamy Stock Photos, 73.2; Kevin Prönnecke/imageBROKER 78; Martin Siepmann 104.2; HTHphoto/Alamy Stock Photos 168/169; Dennis Schmelz 206/207; Martin Freinschlag/Alamy Stock Photos 218; Novarc Images 7, 222/223; Wirestock, Inc./Alamy 233.2 – melanie schmidt/helloimage.de: 116 – Mesner Stubn: 97.1 – Meyers Keller: fotohirsch 100.2 – Naturcamping Spitzenort: 16 – Ochsen Post: 132.1 – picture alliance: Bildagentur-online/McP-Waldkirch 45; Jan Haas 173; Rainer Hackenberg 196, Chromorange 233.1 – picture-alliance/dpa: dpaweb 23.1, 232.1; Mohssen Assanimoghaddam 25 – pixabay: 75.1 – ProBild Fotografie: 68, 69.1 – Prümtal-Camping Oberweis: 166 – Ratatouille: 189.1 – Rennsteig-Caravaning Valentinsteich: 91 – Restaurant Esszimmer: 135.1, 135.2 – Restaurant Haus Allendorf: 192.2 – Restaurant Renoir: 73.1 – Restaurant s'Äpfle: 133.1 – Restaurant Waldhof: Daniel Schulwitz 26.2 – Restaurant-Pension Weihermühle: 111.2 – Rhöner Botschaft GmbH: 87.1 – robertgross.com: 87.2 – Rosengarten am Park: 161.1, 161.2 – Rouladen-Bistro: 52.1 – Ruhlaer Skihütte: 89.2 – S'Antla Brauwirtshaus: 113.1 – Sascha Perrone: 189.2, 190.1, 190.2 – Schildmann Farina: 229.2 – Schloss-Café Freiberg: Phillip Maethner 77.2 – Schöne Aussichten: 31.1 – seasons.agency: Jalag/Walter Schmitz 14; Gräfe & Unzer Verlag/Julia Hoersch 96.2; GourmetPictureGuide 98, 117.2, 138.1; Gräfe & Unzer Verlag/Kramp + Gölling 99.1; Jalag/Miquel Gonzalez 102.2, 103; Jalag/Mathias Neubauer 105.1; Gräfe & Unzer Verlag/Shabnam Shameli 126.2; Jalag/Arthur F. Selbach 147; Gräfe & Unzer Verlag/Wolfgang Schardt 172.2; Jalag/Lukas Spör 230.2 – Seeterrasse Luxoase: 71.2 – Shutterstock: 12.2, 23.2, 24, 30.1, 30.2, 32, 40.2, 53, 72, 96.1, 100.1, 106, 108.1, 108.2, 111.1, 158.2, 160.1, 164.2, 178.2, 179, 187.1, 188.1, 191.2, 201.2, 202, 203.2, 211.1, 213.1, 215.2, 217.1, 219, 227.1, 228.1, 228.2, 230.1, 231.1, 231.2 – Sonnencamping Albstadt: 140 – stock.adobe.com: Frank Lambert 2; Conny Pokorny 26.1; powell83 28/29; Christian 48/49; Frank 57.1; ArTo 61; seqoya 64/65; Mattoff 69.2; Daniel Bahrmann 70.2; helmut schmidt 79; Heike Hahn 86.2; by-studio 101.2, 134.2; Animaflora PicsStock 112.2; Bernd Jürgens 113.2; Jan Schuler 117.1; Elena Schweitzer 118.1; mojolo 119.2, 188.2; Freesurf 127.2; msl33 129.1; Fischer Food Design 133.2; Pixel-Shot 134.1; fottoo 136.2; rphfoto 142/143; lotharnahler 150; Edmund Michels 151; KlausMJan 158.1; Comofoto 178.1; grinchh 186.1; Spitzi-Foto 212.1; mh90photo 224.2; eugen_z 225.1; LianeM 225.2; fotografci 229.1 – StockFood: Gräfe & Unzer Verlag/Mathias Neubauer 159.2; Gräfe & Unzer Verlag/Julia Hoersch 164.1 – Studio2: 74.2 – Touristenzentrum Zabakuck: 63 – Waldrestaurant Fischzucht: 177.1 – Waldrestaurant Höfer: Joachim Dielen 192.1 – Walter Scheucher: 214.1 – Weingut GravinO: 129.2 – Weinhaus Lindenhof: 119.1 – Wernesgrüner Brauerei-Gutshof: 74.1 – Wiesner's Teichwirtschaft: 76.2 – Wilde Klosterküche: 56.2 – www.art-photography.de: 137.2 – Zum Blauen Fuchs: 146.2 – Zur Scheune: 56.1

Von vielen der im Buch vorgestellten Gastwirte wurde uns Bildmaterial zur Verfügung gestellt. In einigen Fällen wurde jedoch mit Archivmaterial gearbeitet, um die jeweiligen Einträge zu illustrieren. In diesen Fällen sind abgebildete Speisen nicht im vorgestellten Lokal fotografiert worden, es handelt sich um Symbolbilder. Im Einzelnen wurden bei folgenden Gastwirten Symbolbilder genutzt: Landgasthof Achtruper Stuben, Gasthof Prangen, Gasthaus zum Rohrbach, Genießer Stube im Landhaus Biewald, Pension & Gasthaus Kattenstieg, Weichaer Hof, Landhotel Trakehnerhof, Burger Brothers, Landhotel Geyer, Markt-Gartencafé, Landgasthof Stark, Gasthaus Peter, Brauhaus am Kreuzberg, Gasthaus zur Eiche, Münchsmühle, Gasthof Goldenes Lamm, Restaurant Lutz am Sportpark Renningen, Gasthaus & Weinhandlung Rose Rußberg, Restaurant im Hofgut/Café-Restaurant Ausblick T-19, Winzerhofcafé und Weinhofgut Görgen, Hotel Molitors Mühle, Brunnenterrasse, Golfpark-Restaurant, Trattoria Catania, Restaurant Moorhof, Landgasthaus Ikenmeyer, Wirthshaus am See, Holzer's Traditionshaus, Nanni's Kirchhahn, Restaurant ZwanzigZehn, Waldrestaurant zur Steinkiste, Herberts Stubn, Oskar Schauer Haus/Sattelhaus. Wenn Sie einer der genannten Gastwirte sind und uns für eine weitere Auflage Bildmaterial zur Verfügung stellen möchten, schicken Sie dieses bitte direkt an folgende E-Mail-Adresse: kulinarisch-campen@graefe-und-unzer.de.

IMPRESSUM

© 2022 GRÄFE UND UNZER VERLAG GmbH, München
Postfach 86 03 66, 81630 München

Markenlizenz der ADAC Camping GmbH, München

ISBN 978-3-95689-945-4
1. Auflage 2022

Autorinnen: Gesa Noormann, Katja Hein
Texte Ausflüge: Gerd Blank (Seiten 78, 150, 151, 218, 219), Marion Hahnfeldt (Seiten 14, 15, 44, 45), Elisa Model (Seite 79)
Redaktion und Projektmanagement: Benjamin Happel, Anne-Katrin Scheiter
Lektorat: Beate Martin
Satz: Ewald Tange
Bildredaktion: Petra Ender, Nora Goth
Kartografie: mapcreator.io/©OpenStreetMap.org, Ewald Tange, Carolin Weidemann (weidemann-design.com)
Koordination Gastronomie: Markus Ritter
Umschlaggestaltung: Independent Medien Design, Horst Moser, München; Birgit Kohlhaas
Layout: Anja Linda Dicke, dickedesign.de; Rainer Maucher, Verlagsbüro Wais & Partner Gbr; Independent Medien Design, Horst Moser, München
Herstellung: Mendy Willerich
Druck und Bindung: F&W Druck- und Mediencenter GmbH

Wichtiger Hinweis

Die Daten und Fakten für dieses Werk wurden mit äußerster Sorgfalt recherchiert und geprüft. Wir weisen jedoch darauf hin, dass diese Angaben häufig Veränderungen unterworfen sind und inhaltliche Fehler oder Auslassungen nicht völlig auszuschließen sind, zumal zum Zeitpunkt der Drucklegung die Auswirkungen von Covid-19 auf das Hotel- und Gastgewerbe vor Ort nicht vollständig abzusehen waren. Für eventuelle Fehler oder Auslassungen können Gräfe und Unzer, die ADAC Camping GmbH sowie deren Mitarbeiter und die Autoren keinerlei Verpflichtung und Haftung übernehmen.

Kontakt für Gastwirte:
kulinarisch-campen@graefe-und-unzer.de

Ansprechpartner für den Anzeigenverkauf:
KV Kommunalverlag GmbH & Co. KG, MediaCenter München, Tel. 089/928 09 60

Bei Interesse an maßgeschneiderten B2B-Produkten:
roswitha.riedel@graefe-und-unzer.de

Leserservice
GRÄFE UND UNZER Verlag
Grillparzerstraße 12, 81675 München
www.graefe-und-unzer.de

Umwelthinweis
Nachhaltigkeit ist uns sehr wichtig. Der Rohstoff Papier ist in der Buchproduktion hierfür von entscheidender Bedeutung. Daher ist dieses Buch auf PEFC-zertifiziertem Papier gedruckt. PEFC garantiert, dass ökologische, soziale und ökonomische Aspekte in der Verarbeitungskette unabhängig überwacht werden und lückenlos nachvollziehbar sind.

GRÄFE UND UNZER
Ein Unternehmen der
GANSKE VERLAGSGRUPPE